최신

PCB 회로 기술학

김형록 저

홍릉과학출판사

머리말

대부분의 IT 산업이 그러하듯이 새로운 기술과 첨단 공법들은 외부로 쉽게 노출되거나 유포되지 않게 기밀을 유지하는 것이 일반화되어 있다. 특히 PCB 산업의 새로운 첨단 기술 정보 등은 그 정도가 더욱 심하며, 우리나라 PCB 업계 또한 예외가 아닐 수 없다.

결국 경쟁력 있는 기술은 기술 개발 등을 할 수 있는 여건이 되는 중견 이상의 대기업에서나 가능하며 중소기업에서는 현실적으로 대단히 어려운 실정이다.

PCB 산업의 신 기술 도입, 적용 등의 속도는 급물결을 타고 시시각각 새로운 공법, 새로운 기술, 새로운 재료, 신 장비 등이 개발되고 있으며 업체 또한 능동적으로 대처해야만 업계에서 생존할 수 있는 시대가 현재인 듯하다.

물론 중국의 저가 공세에 시달리면서 특히나 범용의 양면, 다층 PCB만 생산할 수밖에 없는 중소기업에서는 새로운 기술의 투자나 개발은 엄두가 안 날 것이다. 현재 경기 상황이 좋고 가격도 어느 정도 안정되어야지만 연구 개발도 가능한 것이다.

본 교재는 이러한 국내 PCB 업계의 현실을 감안하여 대기업보다는 중소기업에 종사하는 분들에게 초점을 맞추어 작성하게 되었고 새로운 PCB 기술 및 신 공법 등에 대해서도 나름대로 심혈을 기울여 저술하였다.

본인이 예전 PCB 업체에서의 산 경험과 새로운 기술 자료 등을 조화시켜 작성하려고 노력하였으며 가능한 이해를 돕기 위해 많은 그림과 사진들을 이용하였다.

아무쪼록 PCB 업계 및 관련 업계 종사자분들이 이 책을 읽고 작으나마 도움이 되었으면 하는 바람이다.

끝으로 이 책이 나오기까지 협조해 주신 출판사 관계자분들에게 감사드린다.

2008년 1월
저자 씀

차례

Chapter

01

최신 재료학

1.1 IC 소재용 고 신뢰성 적층판

1.1.1 개념

BGA, CSP, FC 등은 288Pin 이상의 높은 Pin count가 필요하며, Package용 PCB는 작아지고 고 기능 즉, 고 내열성, 고 신뢰성, 낮은 흡수율 등의 특성화, 추세화되고 있으며 이에 맞는 재료로써의 적층판이 BT resin 및 FR-5이다.

1.1.2 Technical data

1) 적층판 특성

도표 1.1 | 일반 BT resin, 보강된 BT resin, FR-5의 물리적 특성

특 성		일반 BT 라미네이트	NP-200 보강된 BT	NP-180 (FR-5)
두께 (mm)		0.8	0.8	0.8
구조		2116 × 8	2116 × 8	2116 × 8
수지 함량 (%)		42.5	43	43
동박 (0z)		H/H	H/H	II/II
인장 박리 강도 (1b/in)		7.0	7.1	7.0
부피 저항	C*96/35/90	5.8 × E9	6.5 × E9	6.7 × E9
표면 저항	C*96/35/90	4.3 × E9	4.1 × E9	5.58 × E9
흡수율 (%)		0.24	0.24	0.25
절연 상수		4.50	4.52	4.52
유전정접		0.015	0.019	0.019
아크 저항(sec)		120	124	125
휨성(%)		0.23	0.25	0.23
유리 전이 온도(°C)	By TMA	185	185	170
	By DMA	215	220	185
z축 열팽창(Tg 전), ppm/°C		40	43	42
z축 열팽창(Tg 후), ppm/°C		274	273	270
압력 밥솥 0.5phr · Test (PCT) 288°C, 솔더 침적 (sec)		>600	>600	>600
압력 밥솥 1phr · Test (PCT) 288°C, 솔더 침적 (sec)		>600	>600	>600

도표 1.1은 일반 BT resin, 보강된 BT resin, FR-5의 특성 비교도표이다.

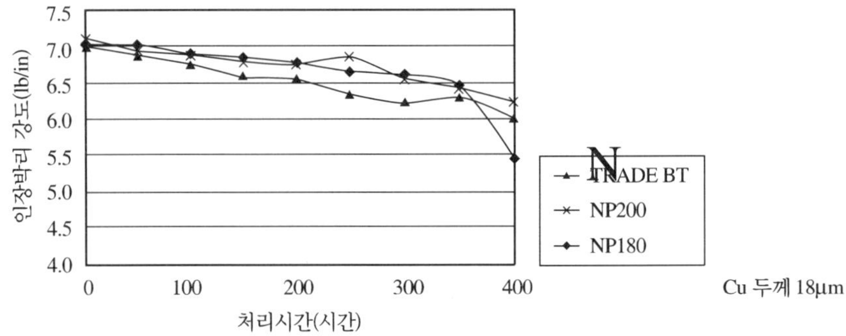

그림 1.1 열적 환경 Test (상온)

위 그림 1.1은 상온에서 열 순환 cycle 시험 결과를 나타내며 18μm Cu foil의 Peel Strength 변화를 나타내고, 결과에서 보듯이 보강된 BT resin과 FR-5가 일반 BT resin 보다 처리 시간 350시간까지는 Peel Strength가 높은 것으로 나타남을 보여준다.

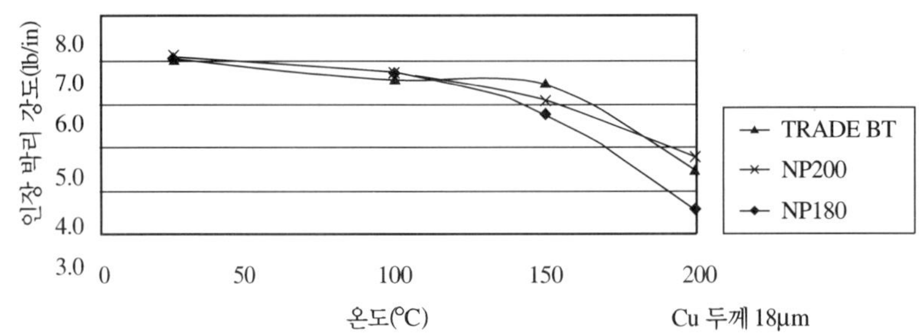

그림 1.2 열적 환경 Test (상온)

위 그림 1.2에서는 고온에서 18μm Cu foil의 Peel Strength 변화치에 대한 결과로서 FR-5는 150°C 이상에서 일반 BT resin보다 Peel Strength가 떨어짐을 알 수 있고, 반면에 보강된 BT resin은 약 180°C 이상의 고온 처리 시 부터 일반 BT resin보다 높은 Peel Strength를 보여주고 있다.

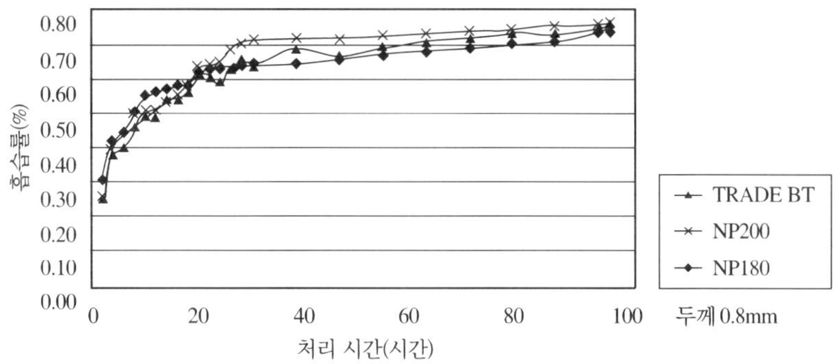

그림 1.3 PCT 흡수율 Test

PCT 흡수율 Test 결과는 FR-5가 가장 낮은 값을 나타냄을 알 수 있다.

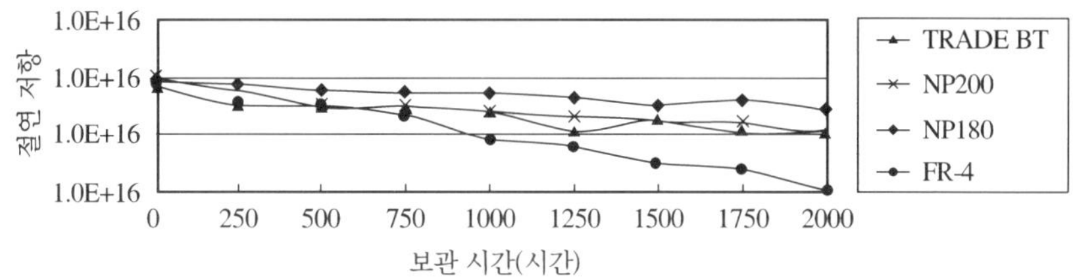

그림 1.4 CAF Test

CAF Test 결과에서 보듯이 보강된 BT resin과 FR-5가 경과시간에 따른 Anti-CAF 성질이 가장 양호한 것으로 나타난다.

2) 보강된 BT resin 및 FR-5의 기타 특성들

도표 1.2 | 신뢰성 평가 결과

항 목	결 과	
	NP200	NP180
인장 박리 강도>3.5lb/in	합격	합격
−65°C ~ 15°C에서 TCT 5,000회	합격	합격
−55°C ~ 125°C에서 TCT 1,000회	합격	합격
Tg (DMA)	221°C	185°C
열 충격(홀벽 품질) 228°C, 10초	5시간 합격	5시간 합격

다음 페이지에 계속>>>

도표 1.2 | 신뢰성 평가 결과

항 목	결 과	
	NP200	NP180
SEC<2μg NaCl/in^2	합격	합격
와이어 본딩 > 6g	합격	합격
120°C, 2atm, 100%RH, 168시간 PCT 처리 후 Delamination 발생 없음	합격	합격

위 도표 1.2에서 우리는 보강된 BT resin과 FR-5 기판이 내열성과 고순도의 물성을 갖고 있음을 알 수 있다.

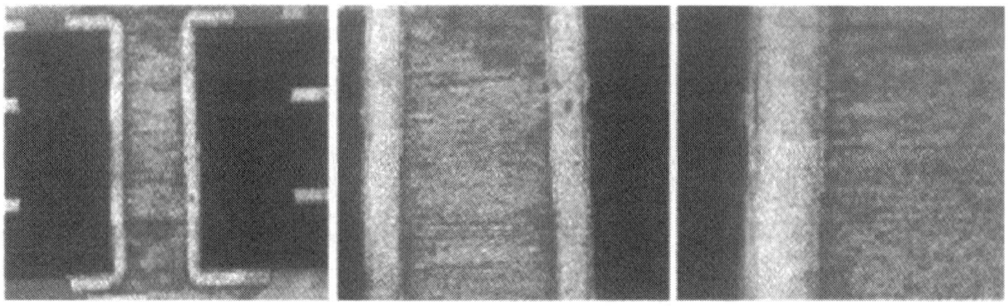

50×　200×　500×

그림 1.5 보강된 BT resin과 FR-5의 솔더링 시험 사진 (288°C 10초 5cycle 후)

위 그림 1.5에서는 보강된 BT resin과 FR-5의 솔더링 후의 홀 속 사진으로 양호한 결과를 보이고 있다.

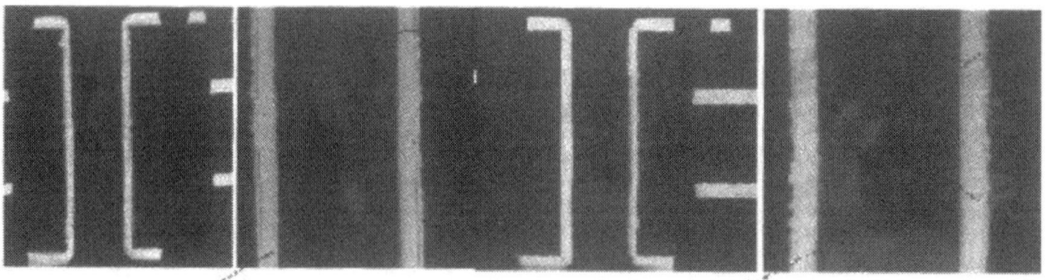

Cu crack 또는 pull away 없음

Thermal cycle test, 500 cycle
−65°C(30min)~RT(10min)~150°C(30min)

Cu crack 또는 pull away 없음

Thermal stress test, 1000 cycle
−55°C(5min)~125°C(5min), liquid to liquid

그림 1.6 보강된 BT resin과 FR-5의 TCT 500 cycle과 TCT 1,000 cycle 후의 홀 속 시간

그림 1.6에서 보듯이 TCT 500/1,000 cycle 후에 홀 속 신뢰성을 알 수 있다.

1.1.3 BGA Package의 특성

1) Package

BGA Packaging은 주로 Die Sawing, Die attach, Die Curing, Wire Bonding이 사용된다.

2) Pull Strength Test

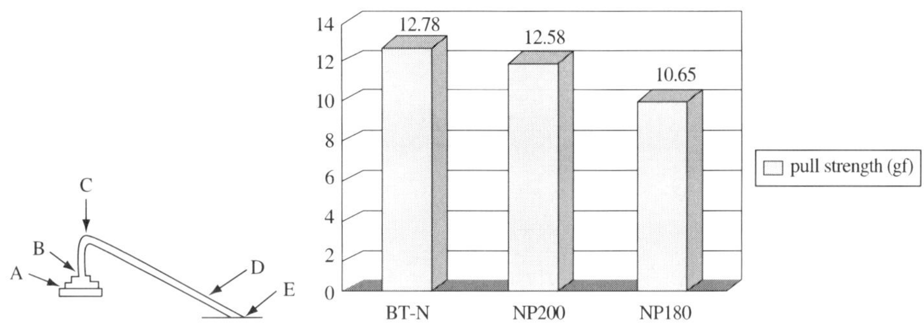

그림 1.7 Wire Pull Strength Test 결과

위 그림 1.7에서는 Packaging된 BGA로 Pull Strength의 재료별 결과로써 일반 BT resin과 보강된 BT resin과는 거의 차이가 없는 반면에 FR-5에서는 낮은 Pull Strength를 나타냄을 알 수 있다.

도표 1.3 | IC Package의 신뢰성 시험 항목

시험 항목	표준 코드	시험 조건	비 고
예비 조건	JESD 22-A113-B	수준 3 경화@125°C, 24hours → 적심@30°C,60%RH,192hours → reflow soldering 3회	흡습률 효과
PCT	JESD 22-A102-C	조건 D 121°C/100%RH/29.7psi/168hr	필요시 더 긴 시간 시험
TS	JESD 22-A106-A	조건 C −55°C~+125°C/1000cycle 전환시간~10sec/정체시간~5min	빠른 결과를 위해 공기에서 공기로, 액체에서 액체로 시험

다음 페이지에 계속>>>

도표 1.3 | IC Package의 신뢰성 시험 항목

시험 항목	표준 코드	시험 조건	비 고
TC	JESD 22-A104-A	조건 B −55°C~+125°C/1000cycle 전환 시간~5min/정체 시간~11min	Crack과 Delamination 효과 확인
HTS	JESD 22-A103-A	150°C/1000hrs	열 침해 확인
TH	JESD 22-A101-B	85°C/85%RH/1000hrs	MIR/SIR 완전성

위 도표 1.3은 IC Package의 신뢰성 시험 항목들을 나타내고 있다.

도표 1.4 | BGA Package의 신뢰성 시험 결과

시험 항목	NP200 (F/T)*	NP180 (F/T)*
PCT	0/22	0/22
TS	0/22	0/22
TC	0/22	0/22
HTS	0/22	0/22

* F/T : Test시 불량 샘플 수

위 도표 1.4에서 보듯이 보강된 BT resin과 FR−5 모두 신뢰성 평가 항목(PCT, TS, TC, HTS)에서 모두 Pass 하였음을 알 수 있다.

1.1.4 요약

위 IC Package 용의 보강된 BT resin과 FR−5는 High Tg를 갖추며, Low 흡수율도 뛰어난 내열성과 장기간의 신뢰성을 갖고 있으며, 낮은 열적 팽창률과 뛰어난 칫수 안정성을 나타내고 있음을 알 수 있다.

1.2 RSTF (Reverse Side Treated Cu Foil)

1.2.1 개념

일반 Cu Foil의 Matte Side가 Resist Side가 되고 Shinny Side를 Bonding Side로 사용할 수 있도록 제조된 Cu Foil을 말한다.

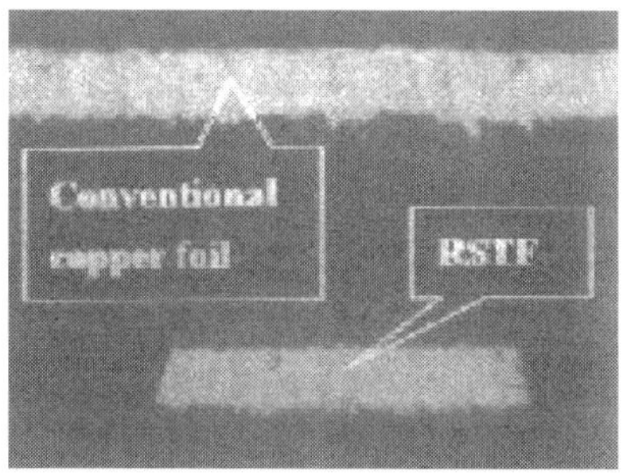

그림 1.8 RSTF & 일반 Cu Foil의 사진

1.2.2 특성비교

RSTF 기판을 이용해서 내층 회로 형성 후 Etch Factor, Oxide 처리 상태, 적층 후 신뢰성 평가, Peel Strength 등을 측정하여 평가하였다.

1) Test 방법

도표 1.5 | 특성비교 Test 방법

조건	공 정			확인 항목		
	마이크로 에칭	브라운 옥사이드(수평)	브라운 옥사이드(수직)	에칭 팩터	열 충격	인장 박리 강도 시험
1	╳	╳	╳	○	○	○
2	╳	○	╳	○	○	○
3	╳	╳	○	╳	╳	○
4	○	╳	╳	○	○	○
5	○	○	╳	○	○	○
6	○	╳	○	╳	╳	○

2) Test 별 Cu Foil 표면 상태

그림 1.9 조건 1에서 Cu Foil 표면 상태

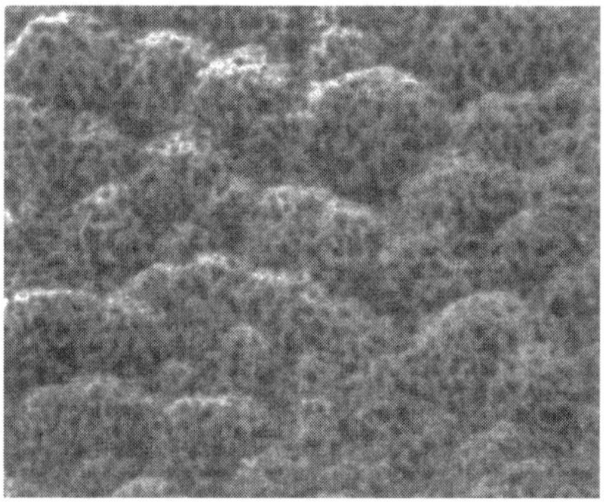

그림 1.10 조건 2에서의 Cu Foil 표면 상태

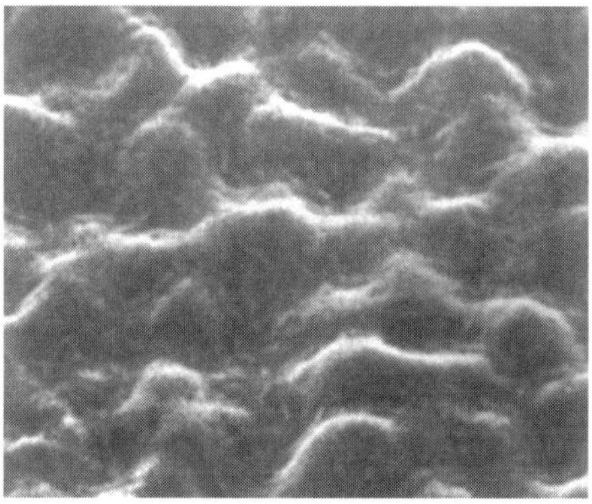

그림 1.11 조건 3에서의 Cu Foil 표면 상태

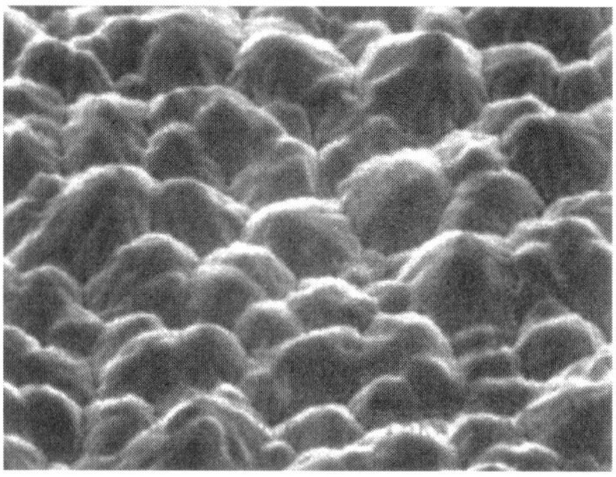

그림 1.12 조건 4에서의 Cu Foil 표면 상태

그림 1.13 조건 5에서의 Cu Foil 표면 상태

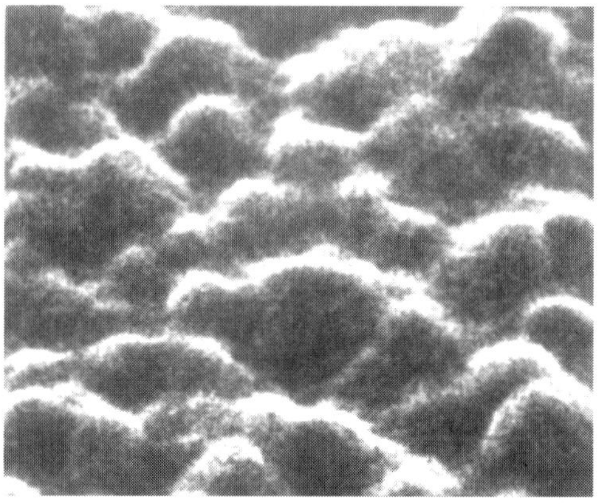

그림 1.14 조건 6에서의 Cu Foil 표면 상태

앞의 그림 1.9에서 그림 1.14까지는 RSTF Cu 표면의 각 조건 처리별 사진을 나타내고 있고, 위 그림 1.10과 그림 1.11에서 보면 동일 Oxide라도 수평처리냐 수직 처리냐에 따라 그 표면 형상이 차이가 있다는 것을 알 수 있다. 그림 1.9의 약품처리전의 Cu Foil의 표면 모습에서 RSTF의 Shinny 면이 Matte화된 것을 알 수 있다.

다음 그림 1.15에서 그림 1.18은 위 RSTF로 회로 형성 후 위 도표 5에 의해 처리 후의 회로 단면 모습이다.

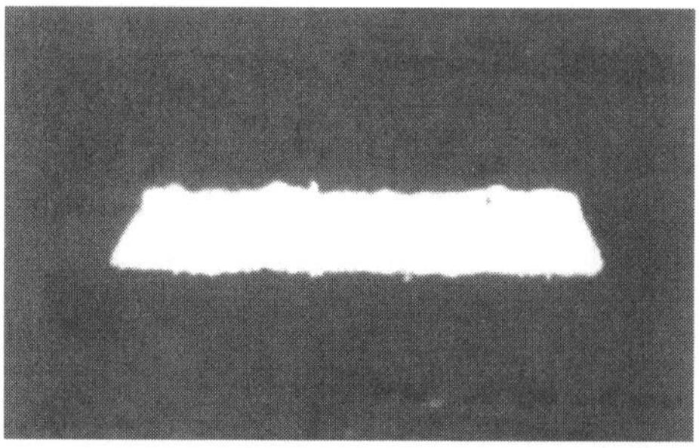

그림 1.15 조건 1의 회로 X-Section 사진

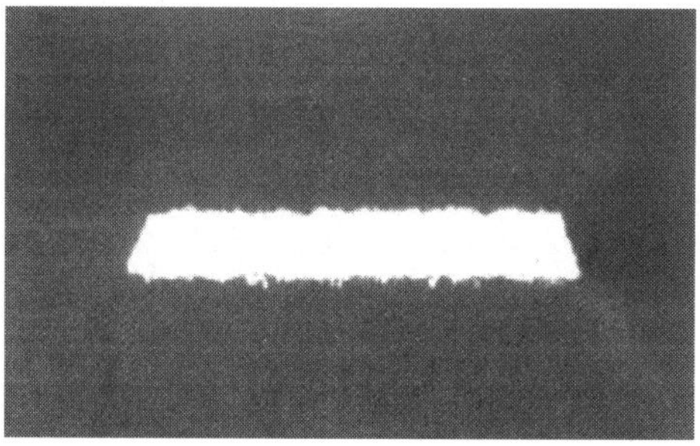

그림 1.16 조건 2의 회로 X-Section 사진

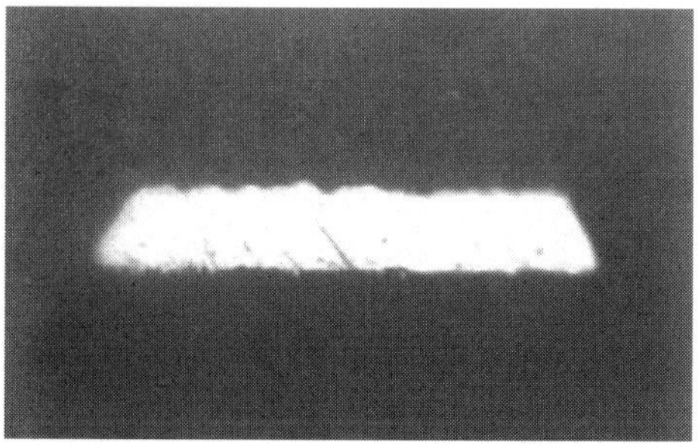

그림 1.17 조건 4의 회로 X-Section 사진

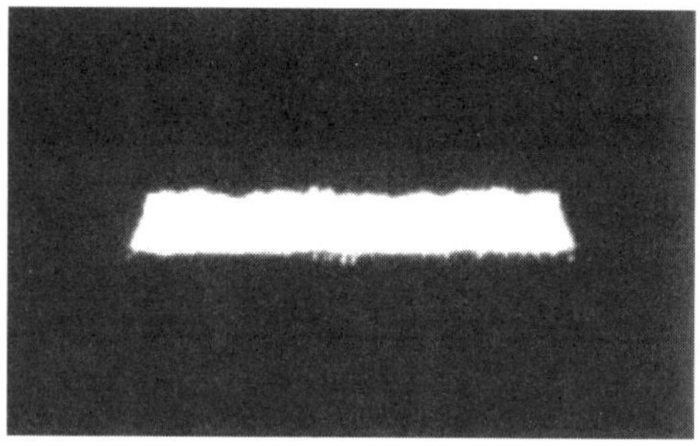

그림 1.18 조건 5의 회로 X-Section 사진

3) Test 결과

① Etch Factor

위 Test를 위해 RSTF를 3개 업체 즉 A, B, C 업체 제품으로 시험하였다. 시험결과 C 사의 RSTF에서 조건 2의 처리가 가장 좋은 결과를 보였다.

도표 1.6 | Etch Factor 측정치

	신뢰성 시험			
업체	**조건 1**	**조건 2**	**조건 4**	**조건 5**
A	4.92	5.03	3.79	3.79
B	4.08	4.10	3.43	4.07
C	4.40	5.06	4.14	4.19

② 신뢰성 Test

조건 5에서 업체에 관계없이 가장 좋은 결과를 보였다.

도표 1.7 | 신뢰성 Test

(thermal stress: 288°C, 10sec, 6 times)

	신뢰성 시험			
업체	**조건 1**	**조건 2**	**조건 4**	**조건 5**
A	×	×	×	○
B	×	○	×	○
C	×	○	×	○

× : 불량, ○ : 합격

③ Peel Strength

도표 1.8 | Peel Strength Test

	인장 박리 강도 – 평균 Cu 두께: 1 oz (단위: lb/in)					
업체	조건 1	조건 2	조건 3	조건 4	조건 5	조건 6
A	1.32	4.54	5.97	0.09	4.27	6.08
B	1.73	5.96	6.79	0.51	5.09	6.55
C	2.34	6.15	7.50	0.62	5.01	7.63

Peel Strength는 조건 3과 조건 6에서 업체에 관계없이 좋은 결과를 보였고, 조건 2와 조건 3, 조건 5와 조건 6에서는 동일 Oxide에서 수직 Type이 수평 Type보다 Peel Strength가 높게 나타남을 알 수 있다.

1.2.3 RSTF의 특징

1) 일반 Cu Foil 보다 Etch Factor가 좋고 이에 따라 수율이 향상된다.
2) Bonding 부의 Low Profile 덕택으로 회로 형성 후 Short 불량이 감소한다.
3) Etch Rate가 높아 Conveyor 속도가 빨라지므로 생산성이 향상된다.

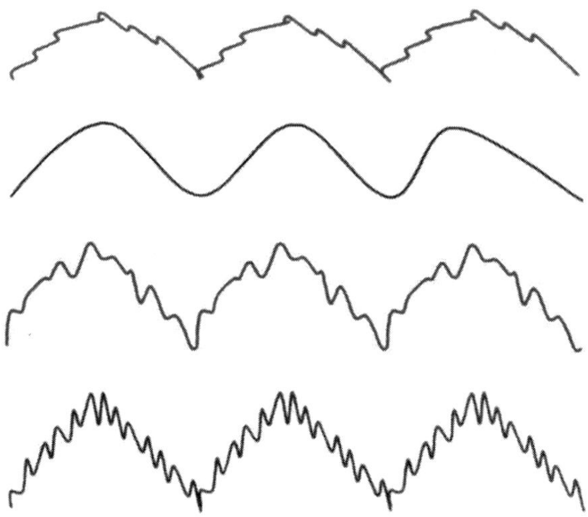

그림 1.19 RSTF의 처리별 가상 표면 구조 변화도

1.3 Flexible PCB 용 Photo Image Coverlay

1.3.1 개요

1) 현재 Fine Pattern 화, 내열성, 전기특성, 내화학성, 칫수 안정성, 박판화 경향으로 3층 Flexible 구조에서 2층 구조의 Flexible을 개발하였다. 즉, adhesiveless Flexible 소재로 되어있다.
2) 3층 Flexible 기판의 adhesive 는 구조적인 불균형, 굴곡성에 저해 요인이 된다.
3) 단층의 Photosensitive PI는 기계적 특성, 내화학성, 내열성이 우수하다.

도표 1.9 | Flexible 재료의 비교 도표

재 료 항 목	일반 Coverlay	감광성 Coverlay	감광 polyimide Coverlay
솔더 내열성 (288°C × 30 sec)	불량	합격	합격
굴곡성	양호	양호	우수
전기 완전성	양호	양호	우수
두께	열악	우수	우수
칫수 안전성	열악	양호	우수
해상성	열악	우수	우수

위 도표 1.9에서 알 수 있듯이 일반 Coverlay와 Photo Image Coverlay의 큰 차이는 솔더 내열성, 두께 균일성, 칫수 안정성, 해상성 등에서 큰 차이를 보이고 있다.

1.3.2 Photolithography Process

1) 위 Photolithography Process에 사용된 Photoresist는 산으로 현상되는 Photoresist이다.
2) 아크릴계의 Monomer 함량이 높아지면 현상 시간은 짧아지고, 박리시간은 길어진다.
3) Polyimide Coverlay의 특성은 다음과 같다.
   ① Tg가 232°C로 높다.
   ② 항장력이 16kg/mm^2 정도이다.
   ③ 신율이 50% 정도이다.
   ④ 인장 박리 강도가 PI/PI에서 1.26kgf/cm PI/Cu에서 0.75kgf/cm로 나타난다.

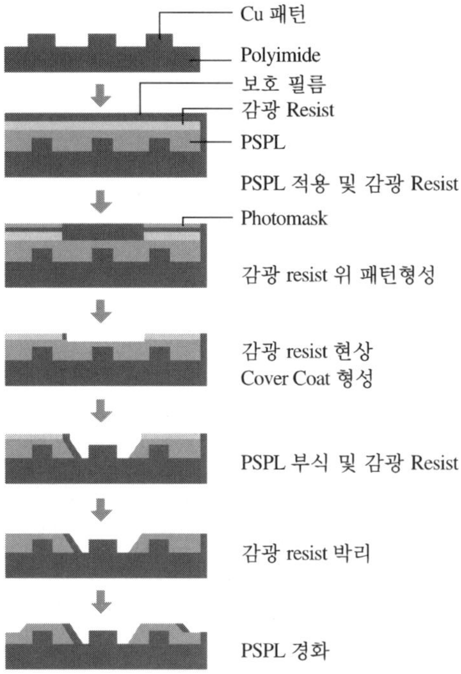

그림 1.20 Photolithography Process Flow Chat

도표 1.10 | PI Coverlay의 특성

시험 항목	결 과	시험 방식
절연 상수 (1 MHz)	3.57	ASTM D150
유전 정접 (1 MHz)	0.0103	ASTM D150
부피 저항 (Ω/cm)	3.45×10^{16}	ASTM D257
절연 강도 (Kv/mil)	5.6	ASTM D149
항장력 (kg/mm^2)	16	ASTM D882
신율 (%)	56	ASTM D882
내화학성 (MEK · Toluene · Methanol · 10% HCI)	변화 없음	···
Tg (°C)	232°C	TMA
인장 박리 강도 (kg/cm) PI/PI PI/Cu	1.26 0.79	IPC-TM-650
두께(경화 후) μm	20	Micrometer
해상도 (μm)	≦ 150μm	SEM

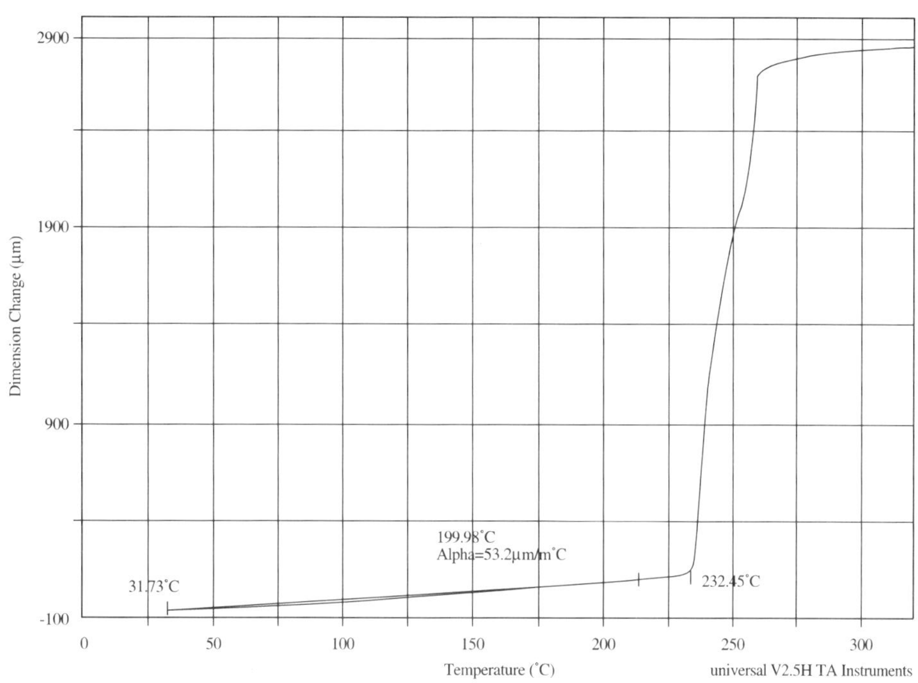

그림 1.21 PI Protective layer의 Glass Transmition Temperature(Tg) (TMA)

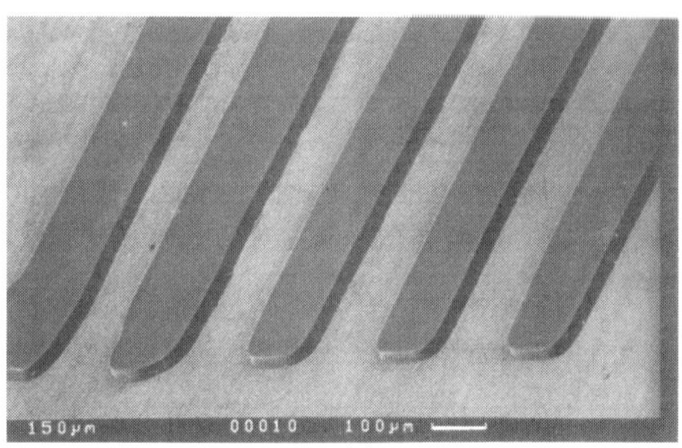

그림 1.22 PI Protective Layer의 SEM 사진

1.4 5GHz 이상에서의 신호 전송용 MLB 재료

1.4.1 개요

RF/Microwave 재료의 전기 신호적 완전성을 위한 High Speed, 저손실 Resin/보

강제로 구성된 APPE(Allylated Poly Phenylene Ether)를 개발하게 되었다.

도표 1.11 | Digital Broad band와 RF/Microwave 재료의 중요 특성들

특 성	Getek	Nelco N4000-13	Nelco N4000-13SI™	Nelco N6000-21	Nelco N6000-21 SI™	Nelco N9348	Rogers RO 4350	Taconic RF 35
수지 Type	Epoxy/PPO	Modified Epoxy	Modified Epoxy	APPE	APPE	PTEE with glass /ceramic	Thermoset with glass & ceramic	PTFE with glass /ceramic
Dk @ 10 GHz	3.8	3.6	3.4	3.5	3.0	3.48	3.5	3.5
Df @ 10 GHz	0.012	0.006	0.006	0.009	0.006	0.003	0.004	0.0025
Tg By TMA (°C)	160	180	180	160	160	NA	>280	
Z-CTE(%) UL Rating	4.6 94 V-0	4.0 94 V-0	4.0 94 V-0	4.2 94 V-0	4.2 94 V-0	~1.3-1.4 94 V-0	~1.2-1.3 94 V-0	~1.4-1.5 94 V-0
Peel Strength (lbs/in)	7.5	7.5	7.5	7.0	8-10	12-13	4-6	10.0
CAF Resistant	NA	YES	YES	YES	YES	NA	NA	NA

1.4.2 개발 배경 및 특성

도표 1.12 | E VS SI Glass의 성분들

성 분	E-Glass (Wt%)	SI™ Glass (Wt%)
SiO_2	52-56	52-56
CaO	16-25	0-10
AlO_3	12-16	10-15
B_2O_3	5-10	15-20
MgO	0-5	0-5
Na_2O, K_2O	0-1	0-1
TiO_2	0	0.5-5

도표 1.13 | E VS SI Glass의 중요 특성 비교

특 성	단 위	SI™ Glass	E Glass	Delta
열팽창 계수	ppm/°C	3.4	5.5	−38%
열 전도	Kcal/mhr°C	0.86	0.89	무시
비열	cal/°C	0.206	0.197	무시
유전율	1 MHz	4.4	6.6	−33%
유전 정접	1 MHz	0.006	0.0012	−50%

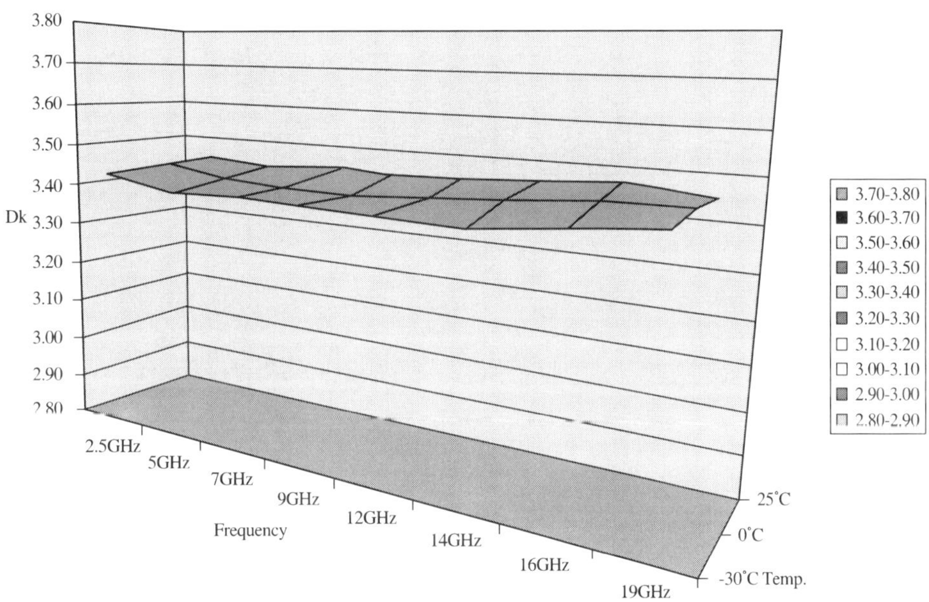

그림 1.23 APPE의 Dk VS 온도 & 주파수와의 관계도

그림 1.24에서 보면 일반 APPE 보다는 APP-SI가 Resin content에 관계없이 현저히 Dk가 낮음을 알 수 있으며, 주파수가 더 높을 수록 Dk가 떨어짐을 알 수 있고, APPEsk APP-SI 모두 Resin content가 높아질 수록 Dk가 낮아짐을 공통적으로 알 수 있다.

또한 그림 1.23은 APPE가 온도 및 주파수의 변화에 크게 좌우되지 않고 거의 일정한 Dk를 유지함을 알 수 있다.

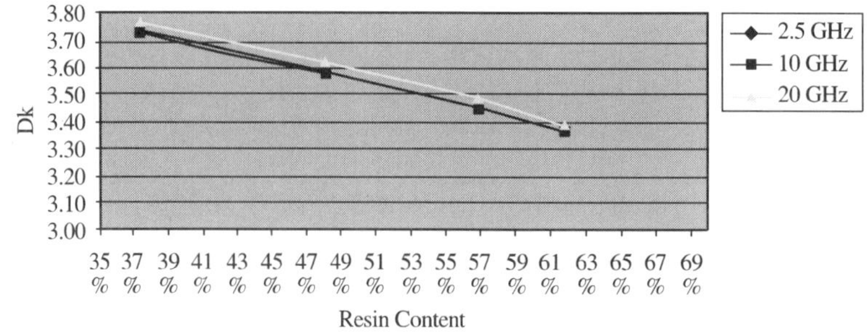

(a)

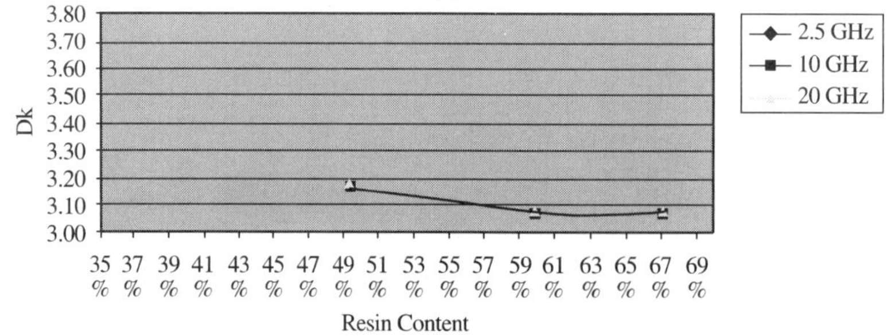

(b)

그림 1.24 (a) Dk VS Resin Content(APPE), (b) Dk VS Resin Content(APPE-SI) 관계도

1.4.3 신뢰성 Test

도표 1.14의 CAF Test에서 시료 #1.#2 모두 Pass 함을 알 수 있다.

그리고, 다음 그림 1.25는 대표적인 열 충격 Test로 Soldering Test 후의 APPE의 홀 속 X-Section 모습을 보여 주고 있다.

도표 1.14 | CAF Test 결과

N6000-21 SI™ CAF Tests	온도 (°C)	습도 (%Rh)	시간 (Hours)	전압 (V)	최소 홀 - 홀 간격 (Mils)	결과
OEM #1	65	85	500	10	10.4	합격
OEM #2	65	85	500	10	15	합격

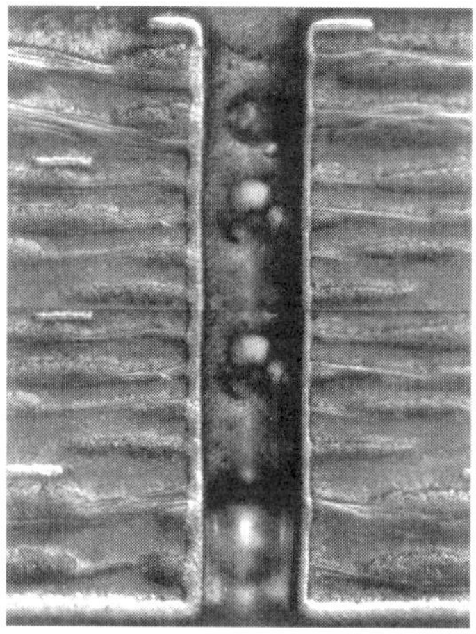

그림 1.25 Solder Float 10초, 6Cycle 후의 6층 PCB(APPE)의 0.96mm 두께의 0.25mm hole의 X-Section

1.5 Flexible PCB 제조 기술(재료 및 공법)

1.5.1 FPCB의 용도/특징

1) 배선 설계가 합리적이다.
2) 고밀도 실장이 가능하다.
3) 오 배선율이 감소하며 신뢰성이 우수하다.
4) 굴곡성이 우수하여 굴곡범위가 반복되는 용도에 사용 가능하다.
5) 일체 배선이 가능하다.
6) 소형/박형/경량화가 가능하다.

1.5.2 FPCB의 재료

1) Base Film

① Polyester Film

- 제조 과정은 다음과 같다.
  - 텔레탈산과 에틸렌글리콜을 주성분으로 하여 중축합 반응에 의해 제조한다.
  - PET를 용융하여 T Die에서 압출, 급냉하여 비 결정질의 필름을 가로, 세로 축 방향으로 가열 연신하여 분자를 배향시켜 열 처리하여 제조한다.

- PET의 기본 구조는 아래와 같다.

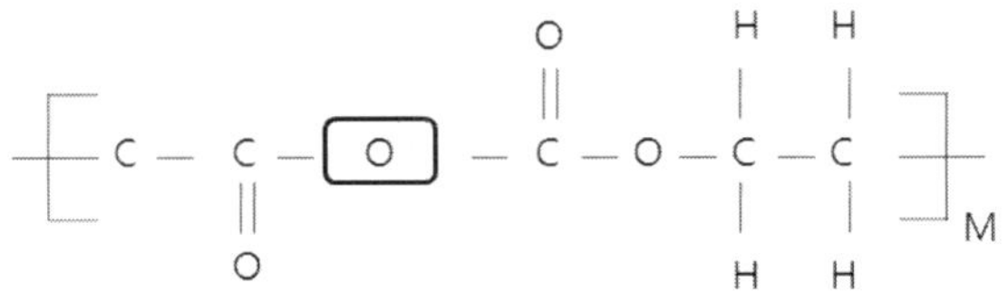

- PET의 일반적인 특성은 다음과 같다.
  - 비중 : 1.40
  - 인장 박리 강도 : 22kgf/mm^2
  - 신장률 : 120%
  - 흡수율 : 0.3%
  - 절연 파괴 전압 : 6.5KV
  - 체적 저항률 : $10^{17}\Omega \cdot cm$
  - 유전율 : 3.2
  - 유전정접 : 0.005
  - 연소점 : 262°C
  - 사용 가능온도 : 70 ~ 150°C
  - 내 약품성 : 양호

*상품명

- Dupont의 Mylar
- Japen의 테토론 Film

② Polyimide Film

- 제조 과정은 다음과 같다.
  - 방향족 지시안(DAPE)과 방향족 테트라 카르복실산 무수물과의 중 축합반응 생성물
  - DuPont의 Kapton의 경우에는 피로메리트산 2 무수물(PMDA)을 사용하고 있다.

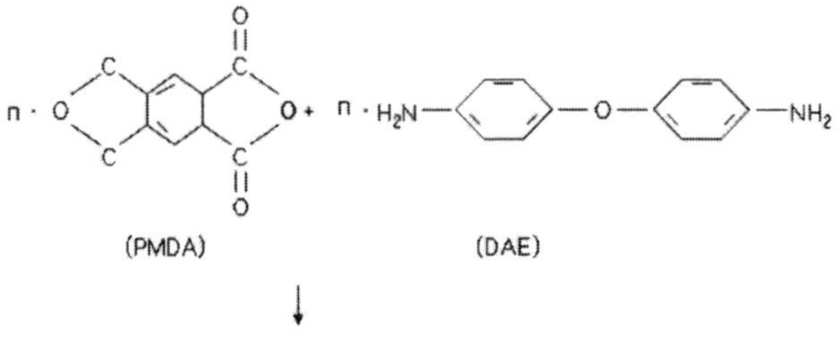

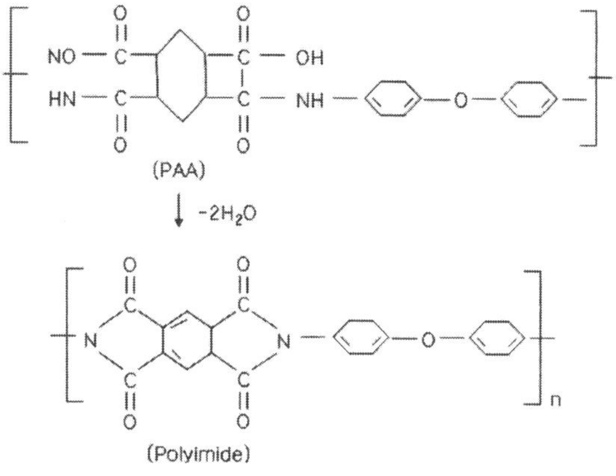

- 기타 Fapen에서 비페닐테트라카르본산 2 무수물(BPDA)를 이용한 새로운 Polyimide를 개발하였다.
  (상품명 : Upilex®)
- Polyimide Film의 일반적인 특성은 다음과 같다.
  - 기계적 성질
    - 인장 박리 강도 : 17.6kg/mm^2(상온)
    - 신장률 : 70%
    - 충격강도 : 240kg · cm/mm
    - 굴곡횟수 : 10,000회
  - 열적 성질
    - 열팽창 계수 : 2.0×10^{-5}cm/cm/°C
    - 열수축률 : 250°C, 0.3%
    - 내열수명 : 250°C, 8년
  - 전기적 성질
    - 절연파괴 강도(25μm) : 276kV
    - 유전율 : 3.5
    - 유전정접 : 0.003
    - 체적 저항률 : 1018Ω · cm
    - 표면 저항률 : 1016Ω

2) Cu Foil

일반적으로 전해와 압연 동박을 혼용하여 제조한다.

① **전해 동박 :** 기성 제품을 사용한다.

② **압연 동박**

- PI Base Film과의 접착력 향상을 위해 Cu_2O/CuO로 Oxide 배면 처리를 하여

사용한다.

- 전해 동박에 비해 굴곡 강도가 우수하다.
  (MD 방향은 뛰어나고, TD 방향은 떨어진다)

③ 동박의 특성

도표 1.15 | 전해동박/압연 동박의 특성비교 표

종류	특징	두께(μm)	25°C 항장력 (kg/mm²)	25°C 신율 (%)	피로연성 (%)	180°C 항장률 (kg/mm²)	180°C 신율 (%)
전해동박	표준동박	18	10.55	2.0			
		35	21.09	3.0			
		70	21.09	3.0			
	고연성 동박	18	10.55	5.0			
		35	21.09	10.0			
		70	21.09	15.0			
	고온신율보증동박	18	10.55	2.0		–	–
		35	21.09	3.0		14.06	2.0
		70	21.09	3.0		17.58	3.0
	anneal 동박	18	–	–		–	–
		35	14.06	10.0		10.55	4.0
		70	14.06	15.0		10.55	8.0
압연동박	아즈 roller 동박	18	35.15			–	–
		35	35.15		30.0	14.06	2.0
		70	35.15			28.12	3.0
	경냉 가공 동박	–			30.0 ~ 65.0		
		35	17.58				
		70	~ 35.15				
	anneal 동박	18	10.55			–	–
		35	14.06		65.0	9.84	6.0
		70	17.58			15.47	11.0
	anneal 처리한 아즈 roller 동박	18	10.55				
		35	14.06		25.0		
		–					

3) 접착제

접착제는 3층 구조의 FCCL 제조 시 사용되며 Base Film과 Cu Foil을 접착시킨다.

① 전기, 기계, 열, 화학적 성능이 FPCB의 여러 가공공정에서 특성을 그대로 유지해야 한다.
② 아크릴 계 수지를 주성분으로 하는 접착체로 수지 유동특성이 장기간에 걸쳐 안정적이고, 전기 특성이 우수하며, 접착 후 열 충격에 양호하지만, 내 용제성에 열등하고 장시간 가열에도 인장 강도가 저하되는 단점을 갖고 있다.
③ Epoxy계 수지 접착제는 아크릴계 수지 접착제와 반대 성질을 갖고, 특히 접착제로 사용 가능한 기간이 짧다는 단점을 갖고 있다.

1.5.3 FCCL의 제조 공법

1) FCCL 제조법

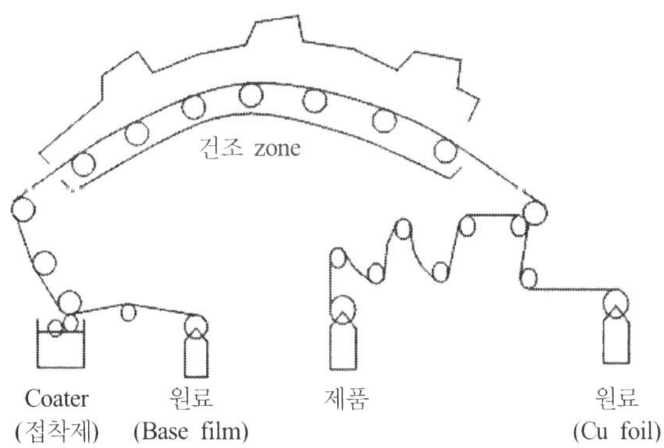

그림 1.26 FCCL 제조도 (Roller Coating법)

FCCL 제조법에는 Roller Coating 방법과 열 Press 방법이 있다.

2) FCCL의 표준 칫수

도표 1.16 | FCCL의 표준 칫수 사양

Base film 두께	25.50.75.100.125μm
Cu foil 두께	18.35.70μm
접착제 두께	15 ~ 25μm

다음 페이지에 계속>>>

도표 1.16 | FCCL의 표준 칫수 사양

제품폭	480 ~ 490mm
제품길이	1m(sheet 상) 20.100m(Roll 상)

3) 인장 강도

① Cu Foil의 인장 강도는 1.6 ~ 2.0kgf/cm가 보통이고, FPCB 가공 공정에서 약화되지만 최소 0.6 ~ 0.8kgf/cm 이상은 되어야 한다.

② 측정 방법

- 180° 방향으로 당겨 벗기는 방법이 있고,
- 90° 방향으로 당겨 벗기는 방법이 있는데 약간의 차이가 발생 한다. 일반적으로 90° 방향으로 당겨 벗기는 방법이 측정 편차가 적어서 많이 사용되고 있다.

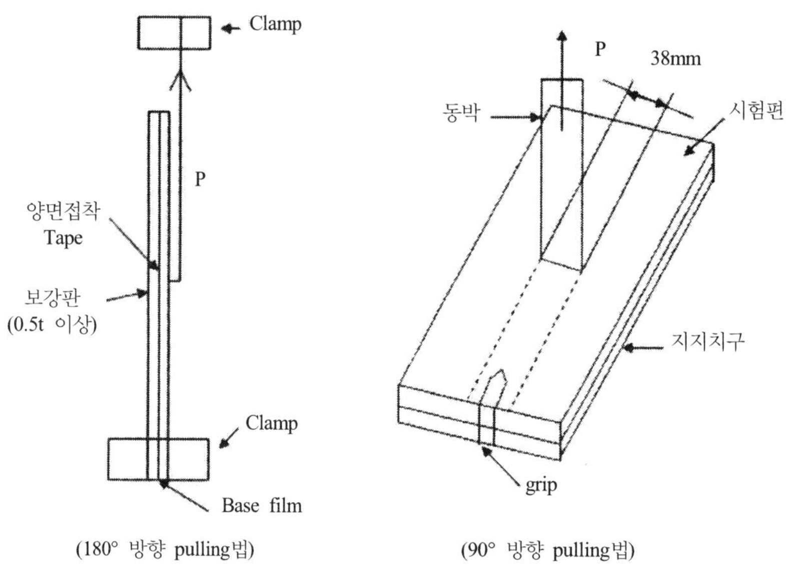

그림 1.27 FCCL Cu Foil 인장 강도 측정 방법

4) 칫수 안정성

150°C, 30분 Cure 후에 0.05 ~ 0.08%의 칫수변화를 허용한다.

5) 굴곡성

내 굴곡성이 IPSC법 및 MIT 법을 통과해야 한다.

6) 외관

외관상으로 흠집, 스크레치, 찍힘 등이 없어야 한다.

7) Coverlay Sheet

① 이형재 작업 관리가 되어야 한다.
② Coverlay 특성에 맞는 Press 조건을 설정하여야 한다.
③ Epoxy 계 수지의 경우는 보관 조건을 맞추어 resin의 Flow의 감소, 방지할 필요가 있다.

8) 접착 Sheet

① FPCB의 Rigid 기판 접착용 Sheet이다.
② 접착 Sheet(40μm)의 특성은 아래와 같다.
- 절연 저항 : $5.0 \times 10^{11} \Omega$ (C-90/20/65)
- 표면 저항률 : $5.0 \times 10^{12} \Omega$ (C-90/20/65)
- 인장박리강도 : 10Kgf/cm(A)
- 솔더 내열성 : 280°C, 20 Sec 합격
- 내열성 : E-1/150후 외관에 이상이 없어야 한다(A).
- 내약품성 : 10% NaOH 15분 침적 후 이상이 없어야 한다(A).

1.5.4 FPCB 제조공정

1) Roll-To-Roll 및 Sheet 상의 제조 방법이 있다.

2) 회로 형성 공정은 다음과 같다.

① 정면

FCCL인 관계로 주로 과수/황산 Type의 Chemical 정면 처리를 실시한다.

② Imaging

D/F 및 LPR 적용하여 회로 형성을 한다.

③ Etching

염화철(동) 부식 과 알카리 부식을 주로 사용한다.

④ Pattern/Through hole 도금

FCCL의 두께가 얇아 잔류응력에 의한 칫수 변화 문제가 발생할 수 있다.

3) 부가 가공

① Coverlay 가공

- Coverlay의 위치 맞춤이 중요하며, Cure는 30kg/cm^{2}의 압력, 140 ~ 180°C 온도, 1시간의 처리시간의 조건이 일반적이다.
- Coverlay 접착제의 회로 측면을 완전 Cover 하는 것과 외부 접속 홀로 접착제가 Flow 되지 않게 조건 Setting할 필요가 있다.
- 일반 유압 Vertical Press가 적합하다. 또한, N_2, 불활성 Gas를 이용한 Auto Clave 방식도 효율적이다.

② 외형 가공

- 프레스 가공 및 Router 가공 방식이 적용된다.
  - 프레스 가공 시에는 Clearance "0"으로 금형을 제작해야한다.
  - Router 가공은 경질판 사이에 여러 장의 FPC를 겹쳐서 가공한다.

1.5.5 특수 내열 Flexible 배선판

1) 특징

① 2층 구조 (동박/Polyimide)로 되어 있다.
- Cu와 열팽창 계수가 거의 같은 특수 Polyimide 재질을 개발하였다.
- 제조 공법은 도포 → 건조 → 경화의 연속 생산 기술을 적용하여 Polyimide 두께 조절을 다양 하게 할 수 있다.

② 내열성과 난연성이 우수하다.

③ 유전율과 유전정접이 낮다.

④ 주파수, 온도 의존성이 낮다.
⑤ 표면/체적 저항률이 크다.
⑥ 이온 불순물이 적고, 신뢰성이 높다.
⑦ 칫수 변화율이 적고, 가로·세로 방향이 거의 같다.
⑧ 박리 강도의 열 열화가 적다.
⑨ Wire Bonding이 가능하다.

Chapter

02

Dry Process 관련 최신 기술

2.1 LDI (Laser Direct Imaging) (I)

2.1.1 개념

① HDI PCB의 확산으로 인해 기존 공법으로 회로 형성 시 생산성, 수율이 떨어진다.
② HDI imaging의 LDI 적용은 다음과 같은 장점이 있다.

- High Quality 노광으로 Line/Space을 2/2mil 이하 까지도 가능토록 하였다.
- Focus가 높아 고회로 형성 품질을 얻을 수 있다.
- 여러 종류의 제품 Type, 재료, 두께, 제조기술, 제조 단계에 적용 가능한 구조로 되어 있다.
- 고정밀도 registration System을 갖추고 있다.
- 재료의 칫수 변화에 대한 보상치를 자유로 조절할 수 있다.

2.1.2 LDI의 특장

1) High Quality Exposure

① Phototool 및 노광기가 필요 없이 Photoresist에 직접 Laser Beam을 조사하여 Imaging이 이루어진다.
② Scan 된 Image를 고품질이 균일한 Beam으로 노광한다.
③ 정밀 Focus 기술로 고정도 Imaging이 가능하다.
④ 5μm 이하의 고 해상도를 갖는다.
⑤ 규격화된 Spot Size와 높은 평행 Beam으로 Line/Space를 35/35μm 이하까지 재현가능하다.
⑥ D/F LPR에 적용 가능하고 전용 LDI Photo – Resist가 개발되었다.

그림 2.1 일반 D/F Resist(30μm)를 사용하여 30/30μm 회로 재현 사진

그림 2.2 LDI D/F Resist(15μm)를 사용하여 30/30μm 회로 재현 사진

2) 복합 생산 단계 지원

Flat 구조, Panel을 편편하게 하기 위한 Vacuum 설비, 다양한 보드 두께를 적용할 수 있다. 보통 1mil ~ 5mil까지 두께 적용이 가능하다.

3) 정밀 Registration

기존의 u.v 노광기의 registration 방식보다 우수한 registration이 가능하다.

2.1.3 Inner Layer 적용은 Side to Side Registration 방식이 가능하다.

1) D/S 동시 노광방식

D/S 동시 노광방식 양면 정밀도는 ±25 ~ 50μm 정도이다.

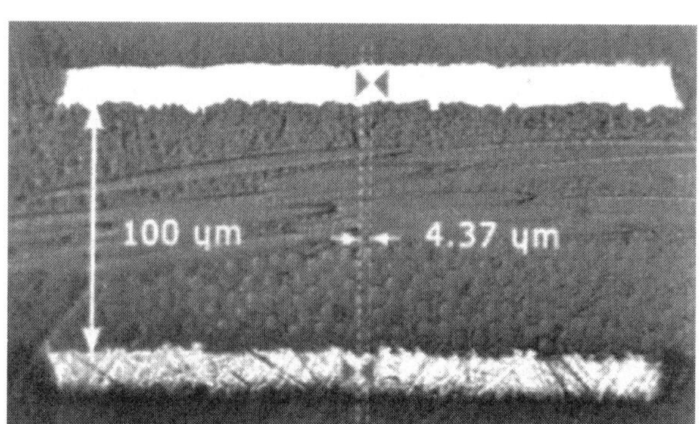

그림 2.3 LDI로 제조된 PCB의 양면 Registration 결과의 X-Section 사진

2) LDI 노광 방식

① Laser Beam +2대의 CCD 카메라(Scan용)로 2 ~ 4개의 Registration Target을 이용하므로 양면의 registration 정밀도를 상당히 높일 수 있다.

② 위치 정밀도를 ±10μm까지 높일 수 있다. 양면 노광 시 ±20μm까지 가능하다.

2.1.4 SBU Process

LDI를 사용한 Conformal mask 노광에도 적용가능하다. 이때, Registration 방식은 hole과 Inner lay pad Registration 방식이 많이 사용된다.

1) Micro Via 형성을 위해 Conformal mask를 이용하여 CO_2 Laser Drill 가공한다.
; Conformal mask가 Open된 Pattern과 내층 Land Pad Registration은 내층 Target hole을 이용한다. (Image Sensing 또는 X-Ray 방식 채택)

2) 일반적으로 ±25μm 공차를 극복하기가 어렵지만, LDI System을 적용 시 2대의 CCD 카메라로 Facing 된 내층 Target 홀 위치의 Center를 잡고, X · Y Scaling 하여 내층 Land와 Mico Via Hole의 정밀 정합이 가능하다.

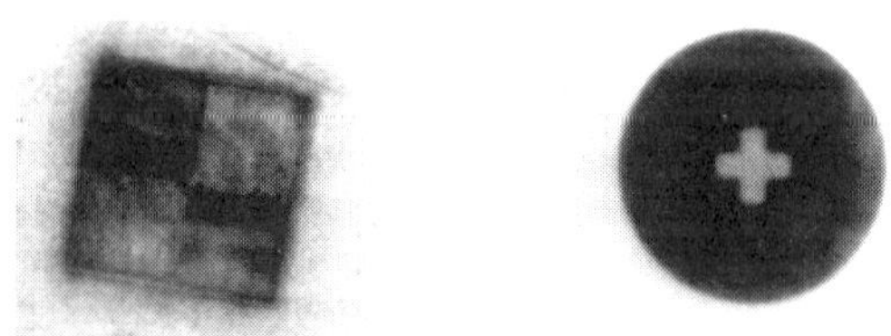

그림 2.4 resin 아래 내층 Target의 CCD Image 모습

3) HDI의 annular ring은 보통 50 ~ 70μm 정도로 Build up Layer의 Pattern과 Micro Via Hole들의 정밀 Registration이 필요하다.
가장 정확한 Registration은 Layer의 Micro Via Hole을 사용하는 것이다.

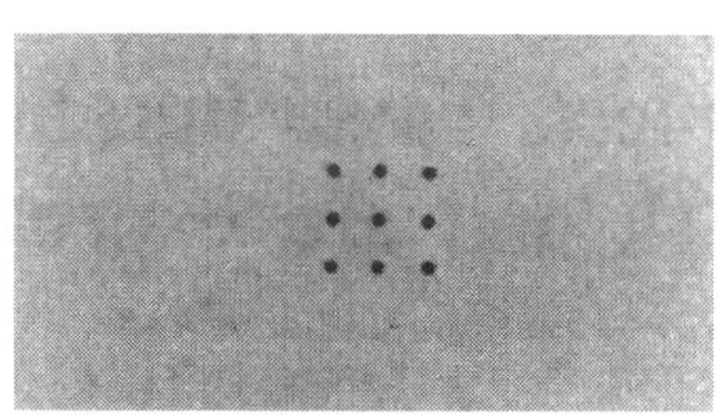

그림 2.5 non Plated Micro Via 조합 사진

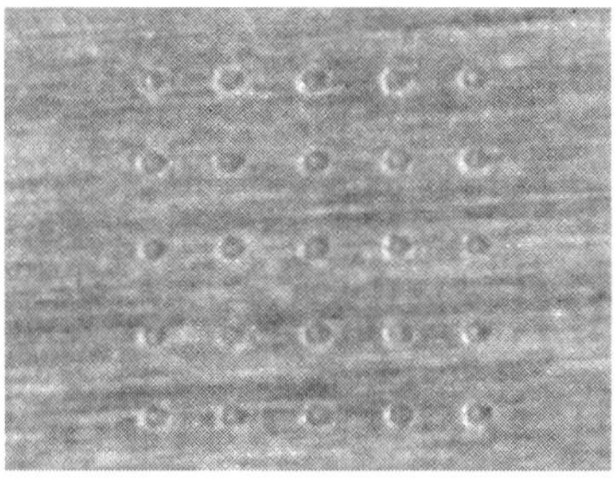

그림 2.6 Plated Micro Via 조합 사진

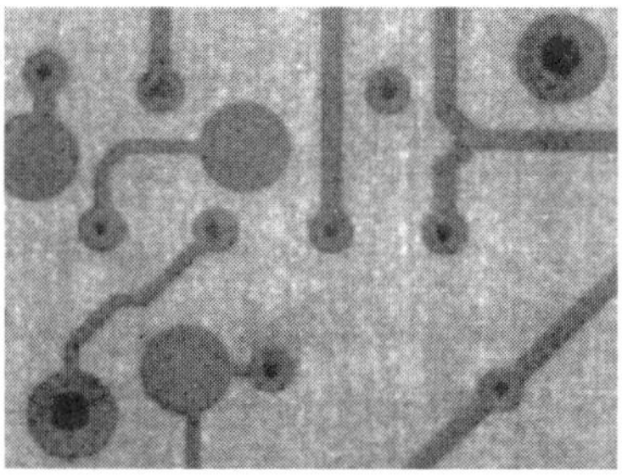

그림 2.7 Target으로서 Plated Micro Via 조합을 이용해 LDI Bu Layer의 회로형성 모습

2.1.5 LDI를 이용한 Solder mask

1) LDI S/M 단점은 Exposure energy가 너무 높아 생산성이 낮다는 것이다.
2) 최근 UV Sensitive 한 S/M를 개발하여 30mJ/cm^{2}이하로 LDI S/M 제조가 가능하다.

그림 2.8 S/M 아래 Cu 표면 Pad

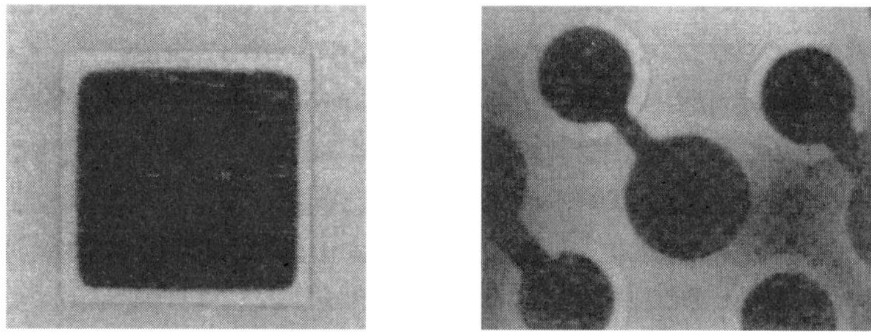

그림 2.9 LDI S/M Registration 결과 사진

2.1.6 UV LDI Resist

LDI Resist로 D/F 또는 Liquid Resist를 사용하며 12mJ/cm^2 이하의 노광량이 요구된다.

2.1.7 LDI 기술 발전 동향

1) Hole을 사용 하지 않는 내층 Registration 방식이 개발 중에 있다.
2) Multiple Step Registration 및 Imaging으로 ±10μm 정도의 정밀도가 가능하다.

2.2 Mechanical Via Hole Drill 기술 (I)

2.2.1 개요

1) Laser Drill이 Via Hole 드릴용으로 확산되고 있다.
2) 전통적인 Mechanical Drill 방식으로 Depth control 하여 대체 가능하다는 연구 결과가 나오고 있다.
3) 다음과 같은 항목들의 재평가가 필요하다.
   ① 필요한 공정 단계수가 얼마나 되는가.
   ② 공정의 Set up 시간이 얼마나 되는가.
   ③ 공정의 안정성 즉, 전·후 공정을 포함한 수율이 어느 정도인가.
   ④ Cost/Hole는 어느 정도인가.
   ⑤ 1～3 / 1～4 층의 층 연결이 가능한가.
   ⑥ 내층 정합은 문제가 없는가 등이다.

2.2.2 Mechanical Drill의 Depth control의 기본 기능

1) 각 Spindle에 Second 측정 System 부착으로 Depth 드릴 정밀도 ±50μm(100 ~ 150Hits/분)을 달성할 수 있다.
2) 새로운 System CBD(contact Bit Detection) 개발로 기능 upgrade화가 필요하다.
   ① Mushroom 형태의 Tooling plate를 사용한다.
   ② Drill Bit 간 Cu Foil 또는 A1 Foil에 접촉 시 Controller가 Z 축 위치, 깊이를 계산하여 Stroke, Spindle, 기판 높이 등을 계산하여 보상치를 적용할 수 있는 구조로 되어 있다.

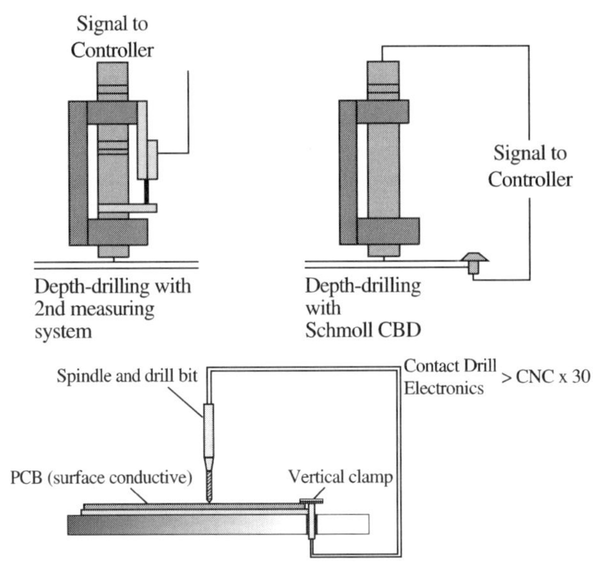

그림 2.10 일반 CNC와 CBD 적용된 CNC의 비교도

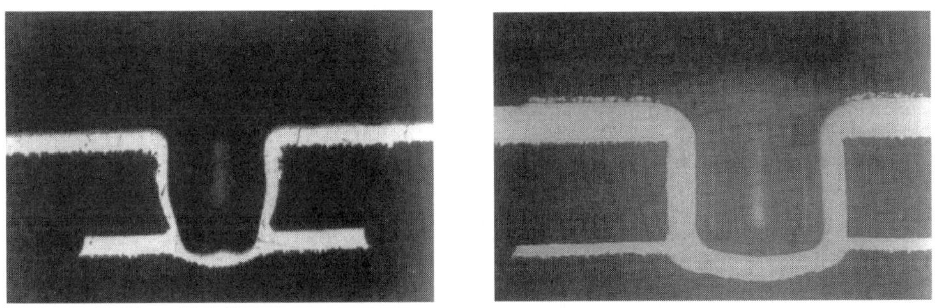

그림 2.11 Depth Control 되어 드릴된 형상

2.2.3 Via Hole Drilling의 Process 비교

Process는 줄이는 것이 생산성에 직결된다.

도표 2.1 | Laser/mechanical Drill의 적용가공 Hole

Yag Laser	Hybrid Laser	CO_2 Laser	Mech. Depthdrilling
Via-Hole Drilling	Via-Hole Drilling	Photo Mask Printing	Via/Through Hole Drilling
Through Hole Drilling	Through Hole Drilling	Pre-Cleaning	
		Dryfilm Lamination	
		Exposure	
		D.E.S.	
		AOI	
		Via-Hole Drilling	
		Through Hole Drilling	

도표 2.2 | Laser/mechanical Drill의 Setup Time 비교

Process	Yag Laser	Hybrid Laser	CO_2 Laser	Mech. Depthdrilling
Photo Mask Printing			15	
Storage Time			480	
Pre-Cleaning			5	
Dryfilm Lamination			5	
Waiting for m/c idle			20	
Exposure			10	
D.E.S.			10	
AOI			15	
Waiting for m/c idle	20	20		20
Via-Hole Drilling	20	20	20	
Waiting for m/c idle	20	20		50
Through Hole Drilling	10	10	10	
Total (hours)	**50**	**50**	**590**	**70**
Total (min)	**0.8**	**0.8**	**9.8**	**1.2**

도표 2.3 | Laser/mechanical Drill의 Process 안정성 비교

Process	Yag Laser	Hybrid Laser	CO_2 Laser	Mech. Depthdrilling
Photo Mask Printing			100%	
Pre-Cleaning			100%	
Dryfilm Lamination			100%	
Exposure			96%	
D.E.S.			96%	
AOI			100%	
Via-Hole Drilling	99%	99%	99%	95%
Through Hole Drilling	99%	99%	99%	
Plating Process	97%	97%	97%	99%
Total Yield (%)	**95%**	**95%**	**88%**	**94%**

도표 2.4 | Laser/mechanical Drill (1~3/1~4층)의 Laser/mechanical Drill 비교

	Yag Laser		Hybrid Laser		CO_2 Laser		Mech. Depthdrilling	
Layer	Quality	Speed	Quality	Speed	Quality	Speed	Quality	Speed
Layer1-2	Cood	Good	Good	Good	Medium	Good	Good	Good
Layer1-3	Cood	Medium	Good	Medium	Bad	Bad	Good	Good
Layer1-4	Medium	Bad	Medium	Bad	Very Bad	Very Bad	Good	Good

위 도표 2.1은 Laser와 mechanical Drill로 가능한 Hole의 유형을 나타내고, 도표 2.2는 작업 들어가는데 소요되는 시간을, 도표 2.3은 각 가공별 품질 안정성을 나타내며, 도표 2.4는 층간 가공 시 가공 홀의 품질 및 가공 시간 등을 나타내고 있다.

도표 2.5 | 내층 Registration 비교

Process	Yag Laser	Hybrid Laser	CO_2 Mask	CO_2 Window	Mech. Depthdrilling
Photo Mask Printing			20		
Exposure			30		
X-ray Drilling			15		15
Via-Hole Drilling	20	20	0	20	25
Total Tolerance (Micron)	**20**	**20**	**65**	**20**	**40**

앞의 도표 2.5는 MLB Hole 가공시의 Laser(CO_2)와 Mechanical Drill의 내층 Registration의 정밀도를 나타내고 있다.

2.2.4 Mechanical Depth 드릴용 Tools

Type, dimension	∅ D_1 [mm]	∅ D_2 [mm]	α [°]	β [°]
596 (0.12 x 0.5)	0.12	(0.075)	150	20
596 (0.40 x 2.5)	0.40	(0.10)	150	25

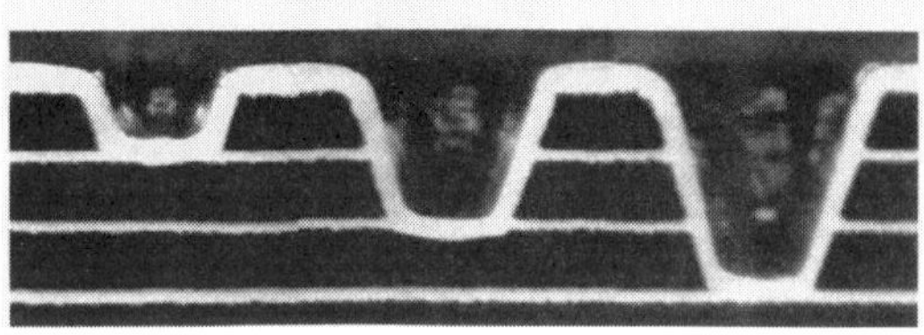

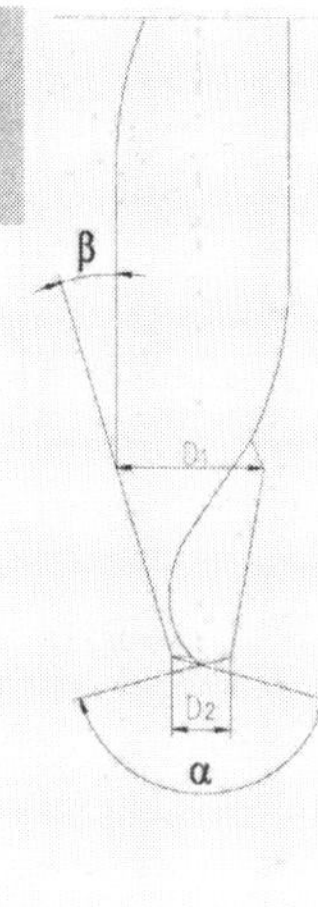

그림 2.12 Depth 드릴용 Bit와 가공된 홀의 모습

2.2.5 Depth 드릴 M/C의 요구사항

1) 기판의 높이(두께)를 감지할 수 있는 CBD 기능이 기본으로 필요하다.
2) Z 축에 고 정밀 Lead Screws가 장착되어야 한다.
3) 각 SPindle에 개별 Z 축 OFF-SET이 가능하도록 되어야 한다.
4) ∅0.05까지의 Bit 파손 감지 기능이 되어야 한다.
5) Laser 길이, ∅검출 기능 및 Run out checker가 장착되어 있어야 한다.
6) Ring을 줄인 구조로 되어 있어 정밀도를 높여야 한다.
7) 가공 속도, 정밀도를 높이기 위한 high rpm spindle 구조로 되어 있어야 한다.
8) 플라스틱 Pressure Foot을 삽입하여 기존의 steel의 위치 정밀도 문제를 해소하도록 구조 변경이 필요하다.
9) 높은 축의 가속 기능이 필요하다. 즉, 이것은 Cycle Time과 관련되어 진다.
10) 모든 Z축의 개별 모터 측정 System의 다중 Z축 구조가 필요하다.

2.3 ∅ 50㎛ mechanical Drill

2.3.1 개발 배경

1) Aspect Ratio가 큰 PCB의 홀 가공 시 Laser Drill로 Through Hole 가공에 품질 문제, 생산성 등의 한계에 부딪치고 있다.

2) Mechanical Drill은 원기둥 형태의 양호한 홀을 달성할 수 있다.

2.3.2 개념

1) 드릴 홀의 품질에서 ∅0.1mm 이하와 ∅0.15~∅0.3mm와는 크게 차이가 발생한다.

2) 홀 ∅가 0.1mm 이하일 때 Bit의 Break 성이 높아지는데 이를 방지할 Anti-Break 성이 요구된다.

	PCB 두께	
	0.4mm	0.1mm
기계적 드릴		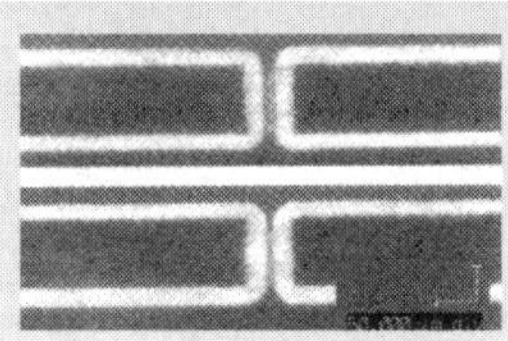
레이저 드릴	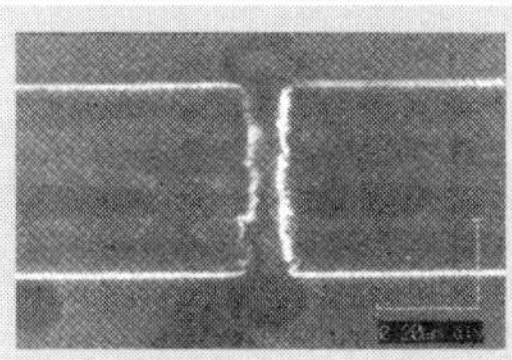	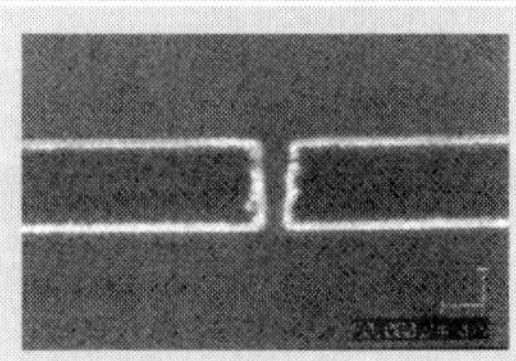
	홀의 상단의 직경은 80μm, 가장 작은 직경은 60μm임.	홀의 상단이 약간 커져 있다. 홀이 50μm의 직경을 갖고 있다.

그림 2.13 Mechanical Drill과 Laser Drill의 홀 가공사진 비교

위 그림 2.13에서 보면 가공만 성공적으로 할 수 있다면 Mechanical Drill 홀의 상태가 훨씬 양호함을 알 수 있다.

도표 2.6 | Drill Bit 파손의 영향

요인	Drill	Entry Board	Backup Board	Bush	PCB	Machine	Parameter
중요점	배출 수준	재질	관통 깊이	강도	Glass fabric	진동	속도
직경	경도	두께	이물질	flute의 형상 (flute의 수)	Cu 두께	테이블 편편도	Chipload
300μm	○	△	△	△	○	△	○
150μm	◎	○	○	○	○	○	◎
50μm	◎	◎	◎	◎	◎	◎	◎

◎ : Effectiveness(Hight) ○ : Effectiveness(Med) △ : Effectiveness(Low)

위 도표 2.6은 Bit 파손 원인 요소 별, 홀 ∅별 파손관련 정도를 나타내 주고 있다.

도표 2.7 | Micro Via 홀의 Mechanical Drill시 필요한 조건

고정 항목	고정 조건	내 용	참 조
Entry Board 재질 비교	Solid Resin t0.1mm	수지층이 Bit 파손에 영향이 있음. 진공 시 쉽게 구부러지지 않는 얇은 기판이 효과적임. 그러나, 드릴 Bit의 손상, 기판 스크레치는 요인이 됨.	그림 2.14
Backup Board 관통 깊이	Penetration depth 0.15mm	부러짐은 관통 깊이 정도에 관여한다. 관통 깊이의 변화 요인이 재검토되어야 함.	도표 2.6 도표 2.8
Bush 형상	Inner φ 10mm outer φ 19mm	최외곽 보드를 고정하는 역할이 뒤틀림을 방지함. 보드에 정확한 각도로 드릴이 되게 함.	그림 2.15
PCB Cu 효과	6/6μm	부러짐 수명은 Cu 두께를 줄여서 늘릴 수 있음. (12/12μm → 6/6μm)	그림 2.16
Parameter 스핀들 속도 영향	160krpm	Spindle 속도를 200krpm으로 올리면 효과적임.	그림 2.17

도표 2.7은 ∅0.1mm 이하의 Micro Via Hole을 Mechanical Drill을 성공적으로 하기 위한 필요 조건들을 설명하고 있다.

그림 2.14는 Entry Board 종류별 Bit 파손 Hits를 나타내는 관계도로 위 그림에서 Solid Resin이 가장 Bit 파손을 적게 주는 것을 알 수 있다.

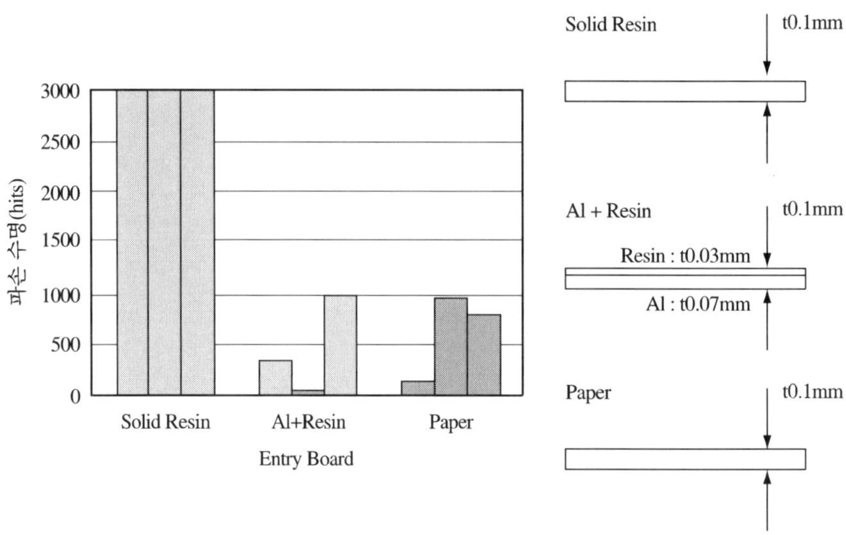

그림 2.14 Entry Board와 Bit 파손 수명 사이의 관계 결과

3) ∅50μm Drill 시 관통 깊이 조절이 Drill 경도 및 Chip 배출에 중요인자로 작용한다.

도표 2.8 | 관통 깊이와 드릴 파손 상이의 관계도

	Sample drill		
관통 깊이 (mm)	**No.1**	**No.2**	**No.3**
0.05	홀을 관통하지 못함		
0.1	홀을 관통하지 못함		
0.15	○	○	○
0.2	○	○	○
0.25	○	×	○
0.3	×	○	○

○ : 3,000hit, 파손 없음
× : 3,000hit 전 파손
관통 못함 : 테이블 편편도에 영향

4) 관통 깊이의 변화는 Flute 깊이와 부피와 변화에 따라 달라져야 한다. 즉 Bit의 Web의 두께, Web Taper 정도 등에 따라 다르다.
이것은 홀 품질과 Bit 파손에 영향을 미친다.

도표 2.9 | 관통 깊이 변화 요인들

인 자	값	목 표 (mm)	보 정
Ring 깊이	±0.1	–	자동 측정/조정(Z 축)
Back up Board	±0.13	–	자동 측정/조정(Z 축)
테이블 편편도 (spindle as basis)	max-min : 0.1	max-min : 0.03이하	–
높이 변화 (For multi-spindle)	max-min : 0.1	max-min : 0.03이하	–

위 도표 2.9는 관통 깊이 변화의 Bit 외 요인들을 설명하고 있다.
그림 2.15는 Bush의 내·외경별 Bit의 파손 Hits를 나타내는 좋은 그래프이다.
표준을 내경Ø10, 외경Ø19로 하여 평가하였다.

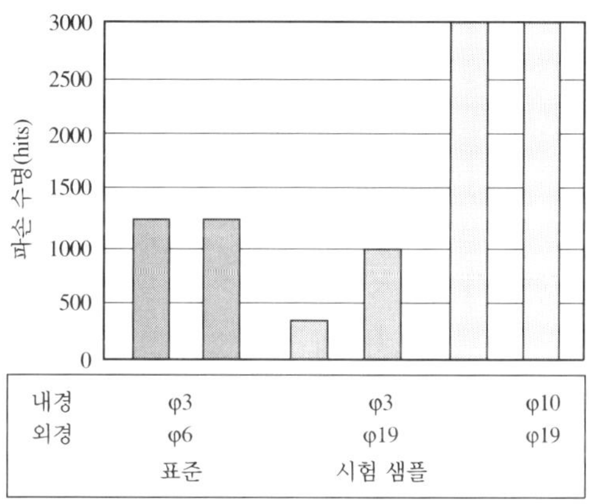

그림 2.15 Bush와 Breakage 수명사이의 관계도

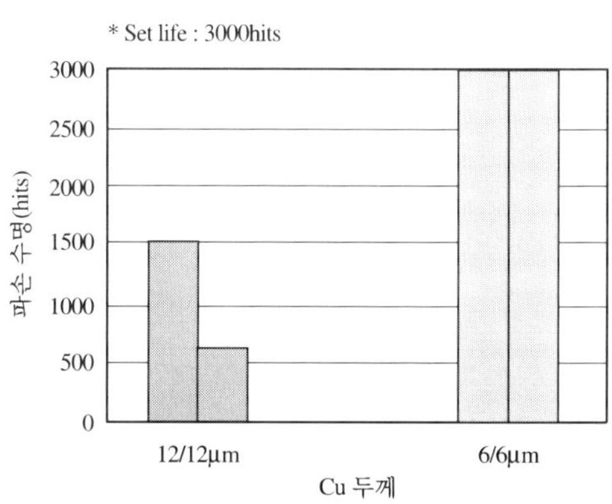

그림 2.16 Cu 두께와 Bit 파손과의 관계

CCL의 Cu Foil 두께가 얇을수록 Bit 수명이 오래간다는 것을 그림 2.16에서 알 수 있다.

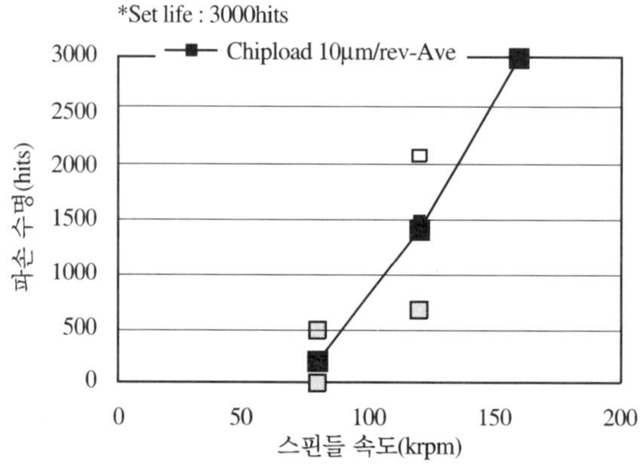

그림 2.17 스핀들 속도와 Bit 파손과의 관계

그림 2.17은 Micro Via Hole 가공 시 Spindle 속도가 높아짐 따라 Bit 파손이 현저히 줄어듦을 알 수 있는 그래프이다.

2.3.3 Technical Data

1) Bit 파손 수명과 Bit의 Helix angle과의 관계

도표 2.10 | 실험 조건

Drill Bits	MD 0.05x0.9
PCB	BT HL832HS 6/6
thickness	0.1mm
Number of stack	2
Spindle Speed	160krpm
Chipload	10/14µm/rev
Infeed	1.6/2.24 m/min

2) 결과

① Helix angle이 증가 시에 파손 수명이 길어짐을 알 수 있다.

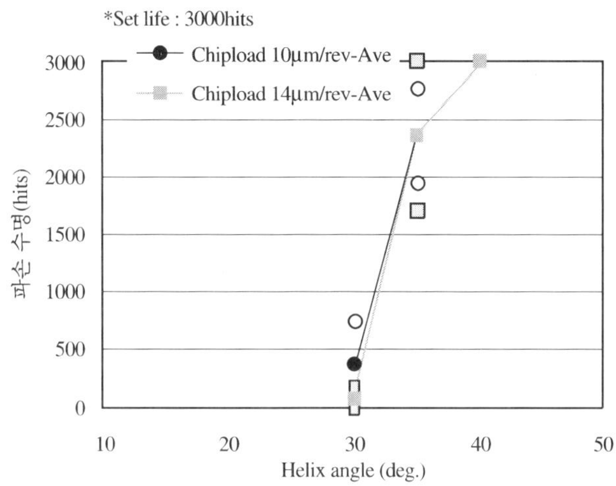

그림 2.18 Helix angle과 Bit 파손과의 관계

② Helix angle이 40deg 정도에서 no Breakage를 나타내고 있다. 이것은 Chip 배출 능력이 좋아지므로 Spindle이 Torque 증가를 도와줌으로써 가능하다.

③ 최적의 조건은 ∅3.175의 Shank의 Bit로 160,000rpm, 0.1t, 2Layer 시 no Breakage가 달성된다.

2.4 Laser Direct Imaging (LDI) (II)

2.4.1 LDI 요구사항

1) 개량된 IC 재료의 Sample 및 소량 생산을 위해 개발되었다.
2) 아주 Tight 한 Registration(50μm이하) Spec, Very Fine Line/Space 요구 시 필요하다.
3) 재료의 팽창 문제를 극복할 수 있다.
4) 원본, 샘플 등 제조 시 Cycle Time을 단축하여 Cost를 Save 할 수 있다.
5) 고 Registration 정밀도를 갖춘 Double Imaging이 가능하다.
6) Tight 한 Clearance를 갖춘 LDI S/M 제조가 가능하다.

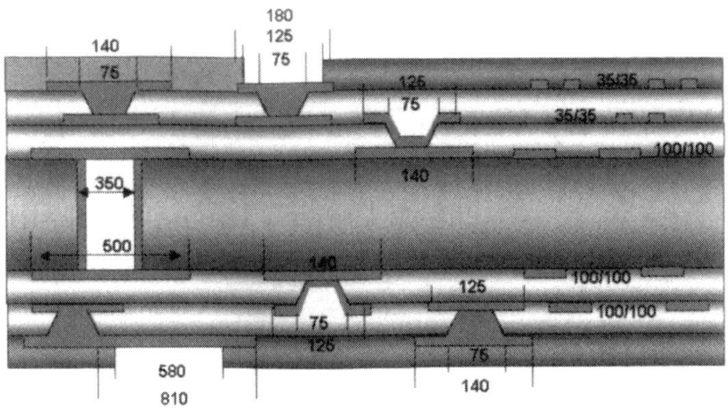

대표적인 6층 SBU(2+2+2) FC BGA 제조 시 LDI가 유용하다.

그림 2.19 LDI로 제조된 6층 SBU(2+2+2) FC BGA 단면

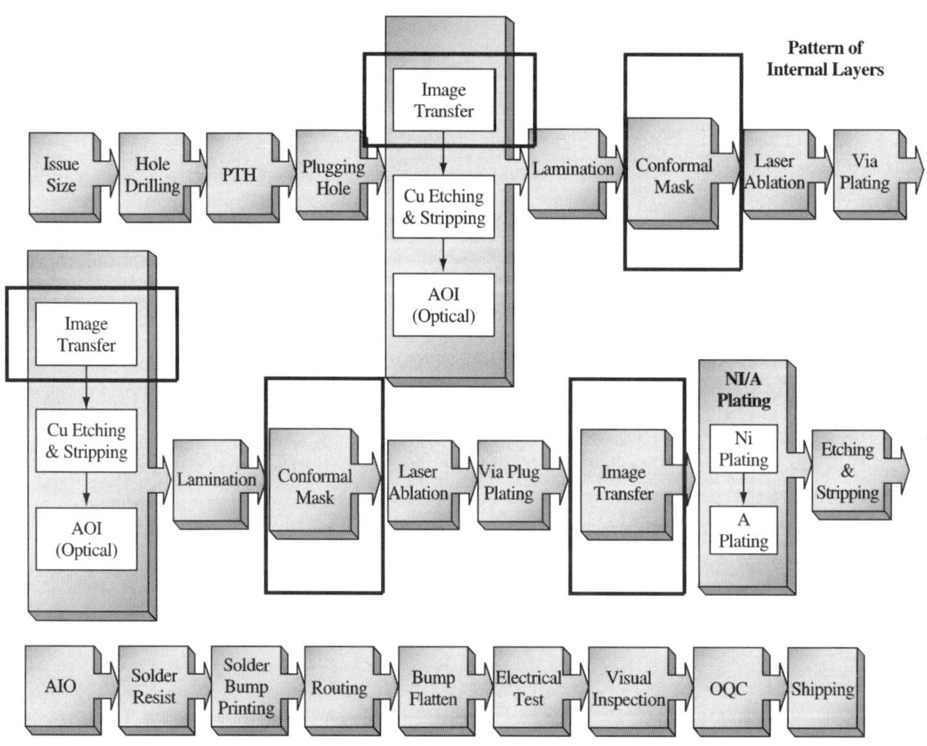

그림 2.20 LDI를 이용한 6층 FC-BGA제조 공정도 (LDI 적용 공정은 4각 틀에 해당됨)

2.4.2 Technical Data

1) Inner Layer Process

① Panel은 2~4개 홀을 Drill 하여 Registration Hole로 사용한다.
② D/F 적용하여 전처리, 라미네이션, 노광, 현상을 거친다.
③ 노광 시 LDI를 적용한다.
고 정합 정밀도, Scaling 성능으로 재료 팽창 제어, 자동 보정이 가능하다.
④ Resolution은 20μm D/F 적용 시 35/35μm이 가능하다.

2) Conformal Mask Process

① Conformal Mask를 사용하여 CO_2 Laser Drill로 Via Hole을 형성할 수 있다.
② LDI Registration은 X-ray 측정과 mechanical Drill로 Registration hole을 가공하여 진행된다.
③ LDI의 CCD 카메라가 내층 Target을 이용한다.
(Target 부위를 미리 etching 해야 한다.)
④ D/F 적용하여 전처리, D/F Lamination, Pin을 이용하여 LDI Table에 고정하여 4개의 Registration Target의 위치를 정렬하여 X, Y를 Scaling 후 자동 Conformal mask Imaging 하여 Laser 드릴이 진행된다. 이후 Plating을 거쳐 SBU Pattern을 형성한다.
⑤ Conformal Mask Open이 75μm 이하로 가능하고, Annular ring을 25μm까지 달성할 수 있다.

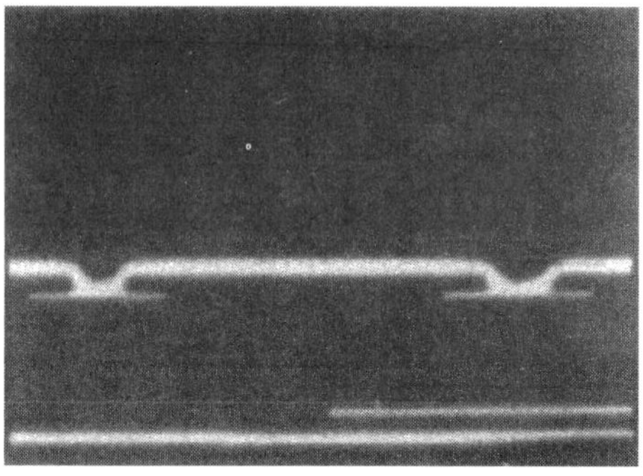

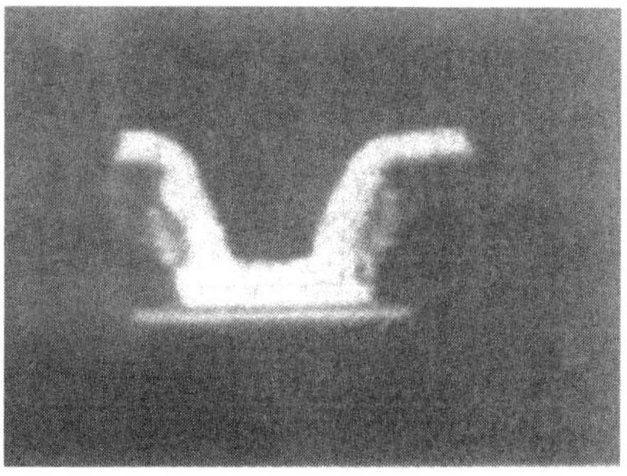

그림 2.21 내층 Pad에 Micro Via Hole의 정합된 모습

3) SBU와 외층

① D/F를 적용하여 전처리 후 Lamination 실시한다.

② LDI Registration 시 4개의 도금된 Micro Via Hole을 이용한다.

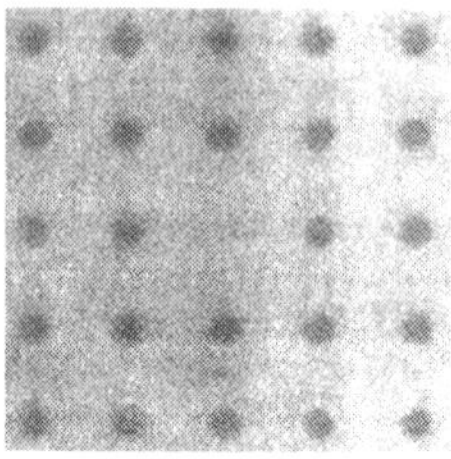

그림 2.22 도금된 Micro Via Hole 타겟

③ 2개 홀 Pin Setting은 CCD 카메라 위치 맞춤용으로 사용한다.

④ 4개 Plating Micro Via Target 위치를 자동으로 Scaling 하여 노광한다.
보통 Pad/Hole Registration을 25μm 이하의 annular ring 내에서 달성 가능하다.

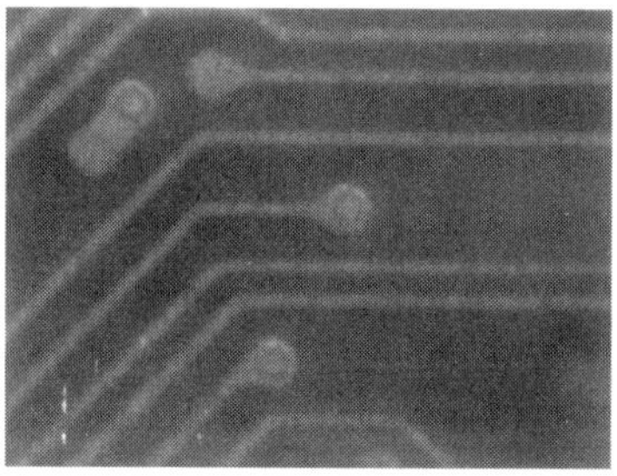

그림 2.23 125μm 랜드 위의 75μm Micro Via Hole 형성 모습 (LDI를 이용하여)

⑤ LDI 노광 50mJ/cm^2 적용 시 약 75초/면 정도 걸린다.

그림 2.24 현상 – 부식 후 회로 모습 (L/S ; 35/35μm)

4) 외층 – Gold 도금 Process

25μm 도금 Resist를 적용 시에 L/S를 $^{35}/_{35}\mu$m 회로 달성이 가능하다.

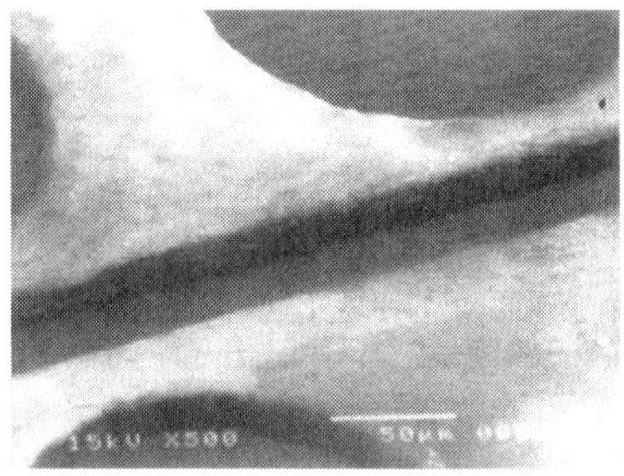

그림 2.25 현상 후 도금 Resist의 모습 (L/S ; $^{35}/_{35}\mu$m)

5) Solder Mask

Panel에 Scaling 하고 Artwork가 불필요하며 Cost/사진이 Save 될 수 있다.

도표 2.11 | Log File부터 기록된 Scaling Factor의 예

ID: 2031	X: 1.000175	Y: 1.000105
ID: 2032	X: 1.000256	Y: 1.000194
ID: 2031	X: 1.000202	Y: 1.000135
ID: 2032	X: 1.000283	Y: 1.000237
ID: 2031	X: 1.000167	Y: 1.000092
ID: 2032	X: 1.000227	Y: 1.000187
ID: 2031	X: 1.000124	Y: 1.000128
ID: 2032	X: 1.000221	Y: 1.000224
ID: 2031	X: 1.000178	Y: 1.000138
ID: 2032	X: 1.000194	Y: 1.000197

6) 환경과 Laser System 완전성

① LDI System의 안정성은 잘 관리된 환경이 주로 변수로 작용한다.
일반적으로 10,000 Class Clean Yellow room을 유지하여 Contamination 문제를 최소화하여야 한다.

② 온도 제어는 Water Cooling System을 채택하는 것이 좋다.

③ Nitrogen 정화 Unit 설치 Laser 내부의 Dust를 Clean 하고 Contamination을 정화시켜야 LDI의 안정성을 유지하며 수명을 연장할 수 있다.

7) Resist Technology

① Resist의 Resolution이 주요 Factor이다.
② High Resolution/High Speed LDI Resist가 개발되고 있다.
이것은 기존 D/F 보다 Cost가 높다.

2.4.3 LDI 주요 특징

1) 층과 층간의 Registration이 25μm 이내로 뛰어나다.
2) Cycle Time이 단축된다.
3) 외층 Scaling 기록 data를 이용할 수 있고 S/M도 자동 Scaling 할 수 있다.
4) 재료 팽창 문제를 효과적으로 처리할 수 있다.
5) A/W Cost를 Save 할 수 있다.
6) 매우 우수한 Fine line/Space를 달성할 수 있다.
7) Laser System이 높은 안정성을 제공한다.
8) 전·후 공정과 호환성이 좋다.
9) 생산성과 LDI D/F의 단가가 당면 과제이다.

2.5 Plasma 이론 및 적용

2.5.1 Plasma 란?

Plasma는 전기적 에너지를 발생시키는 Pulse Power unit와 진공처리 및 각종 제어 장치로 피 처리물을 진공으로 내부에 장착 시킨 후, 산소 혼합가스 Plasma를 발생시켜 이온화된 산소 입자들이 피 처리물 표면에 붙어 있는 유기물질들과 충돌하여 이 유기물질을 분자 또는 원자 상태로 만든 후, 이것들이 다른 산소 이온 또는 혼합가스이온들과 결합하여 물과 이산화탄소, 무해한 결합물질로 생성된 뒤 진공 펌프 배기구를 통해 진공처리 밖으로 배출되는 System으로 피처리물 표면에 부착된 유기물질을 완벽하게 제거하는 처리를 말한다. 이것을 간략히 도식화화 한 것이 다음 그림 2.26이다.

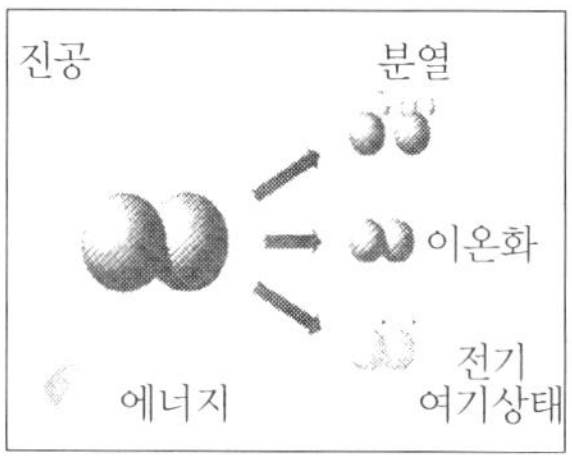

플라즈마의 기본 원리

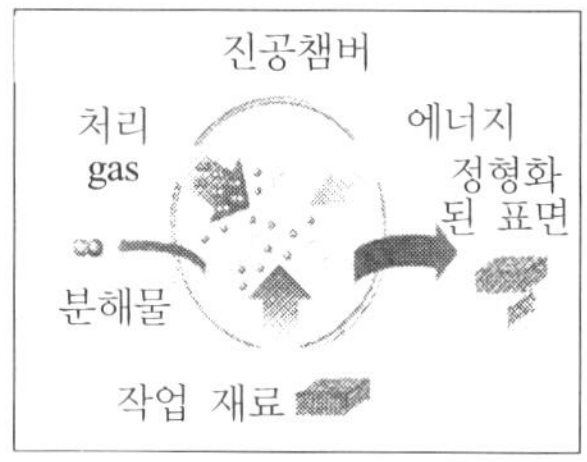

플라즈마에 의한 산소의 이온화

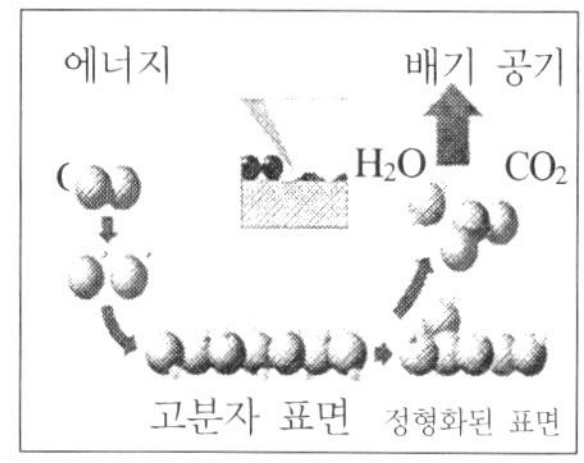

산소플라즈마에 의한 플라스틱 표면의 플리머 제거

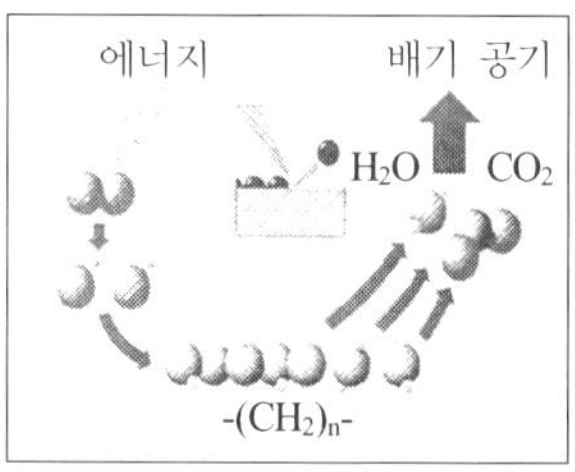

산소플라즈마에 의한 유기물 제거

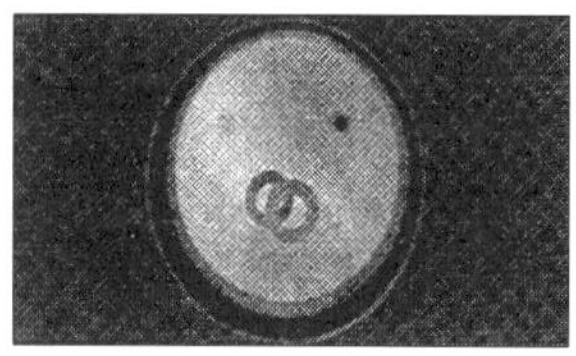

산소 플라즈마

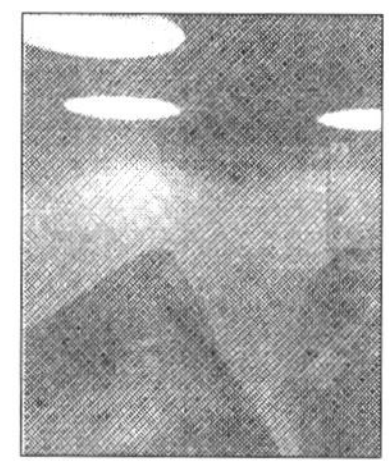

C_2H_4 플라즈마

그림 2.26 Plasma의 처리원리

2.5.2 적용 범위

1) Plasma Cleaning & Etching

① 특징

- 높은 신뢰성 ; 불순물을 입자 상태에서 제거하므로 거의 완벽하다.
- 처리 시간은 모든 공정이 10분 이내이므로 다른 Chemical 처리보다 짧다.
- 자동 System으로 조작이 용이하다.
- Chemical 없이 Plasma와 Gas로 처리되므로 환경 친화적이다.

② 효과

- 처리표면의 완벽함으로 결합(밀착)력이 증대된다.
- Wetting 성이 향상된다.

③ 적용 분야

전기 분야에 많이 적용된다.

- MLB의 접착성을 증대시킨다.

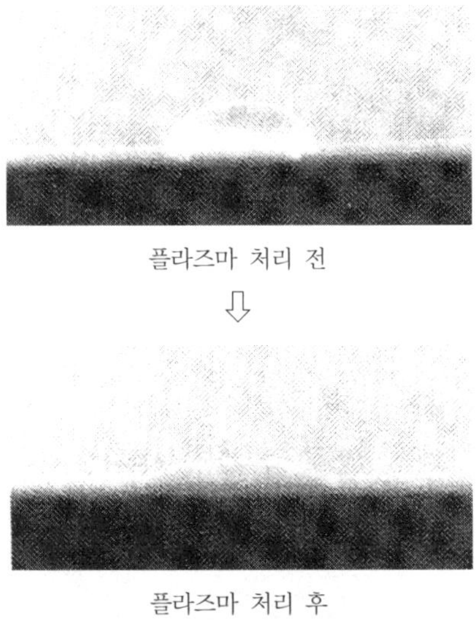

그림 2.27 Plasma 처리에 의한 Wetting 성이 향상된 모습

- PTFE의 도금 접착력을 증대시킨다.
- Wire의 접착 강도를 증대한다.
- Flexible PCB의 Cleaning에 적용된다.

④ Plasma Cleaning M/C

Vacuum Chamber, Vacuum Unit, Plasma Supply, Gas Supply로 구성된다.

⑤ Plasma Cleaning 원리

진공 상태에서 Ar, O_2, H_2 Gas를 일정한 속도와 유량으로 흘려주면서 절연된 상태

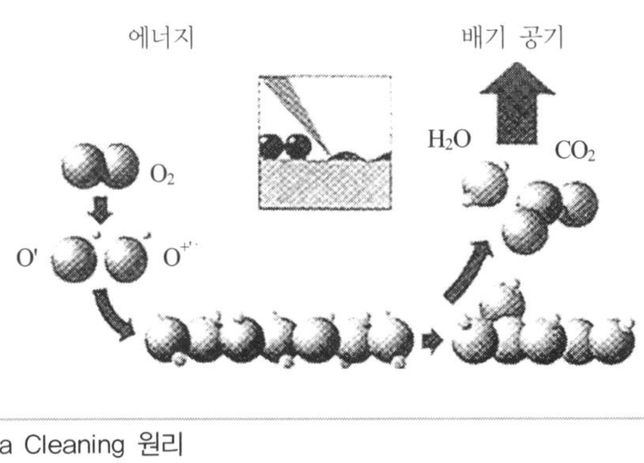

그림 2.28 Plasma Cleaning 원리

의 양극에 수백볼트의 전압을 걸면 음극 주변에 보랏빛의 글로우 방전이 발생되고 이 상태에서 Gas가 이온화하여 피처리물 표면의 수소화합물을 산화, 환원 작용을 거쳐 표면의 이물질을 제거한다.

2) Plasma Desmear System

PCB의 Via/Through Hole 내부의 Smear 제거 및 절연체 Etching으로 도금 밀착력을 강화시키기 위해 처리한다.

① 특징

- PI, Teflon 및 기타 절연체에 효과적으로 처리가 된다.
- ∅50μm 이하의 Micro Via Hole의 Smear 제거가 가능하다.
- 장비의 설치면적이 작다. (보통 3×4m 이내)

② 효과

- Through Hole 및 Blind Via Hole의 Desmear 효과가 우수하다.
- 도금 밀착력을 Chemical 방식보다 30 ~ 40% 증대할 수 있다.

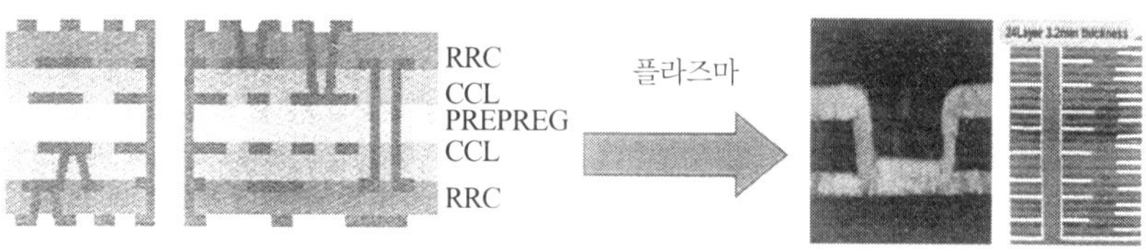

그림 2.29 Through Hole 및 Blind Via Hole의 Desmear 처리효과 사진

③ 적용

- MLB의 Desmear 처리에 적용된다.
- BGA, CSP 등의 Cleaning에 효과적이다.
- PTFE 외 절연체 종류에 관계없이 모두에 처리 가능하다.

도표 2.12 | Plasma와 Chemical Desmear의 비교표

처리방식 / 항목	Chemical Desmear	Plasma Desmear
환경 측면	공해 유발	무공해

다음 페이지에 계속>>>

도표 2.12 | Plasma와 Chemical Desmear의 비교표

처리방식 / 항목	Chemical Desmear	Plasma Desmear
Desmear 비용	2.5 ~ 7.5$/Sheet	0.8 ~ 1.6$/Sheet
작업 환경	열악	우수
처리 재질	Epoxy 계열	Epoxy, Teflon, Polyimide
$\phi 50\mu m$ 이하의 Via Hole	어려움	용이함

2.6 Bulid up 층 노광 정열 정밀도를 향상하는 방법

2.6.1 개요

1) HDI 및 Substrate의 Line Width/Space가 50/50μm ~ 20/20μm 화하면서 외층 annular ring의 정밀도가 50μm 이내로 협소해지는 추세이다.
2) 기존 노광 M/C으로 이것을 충족시킬 수 있을 정도의 정열(Registration)이 불가능해 지고 있다.

2.6.2 PCB 노광 M/C의 정열(Registration) 방식

1) Contact 노광기

① 기존의 범용 노광기로 고 생산성, 저 단가이나 Mask Film의 변형, A/W Film의 보정 등이 필요하다.
② 30μm 이하의 정열 정밀도를 요구 시에 어려움이 있다.

2) Projection Scanning System

① Optical Projection으로 양면 imaging과 고 해상력이 가능하다.
② Eximer Laser의 고 UV 출력에 의한 고 생산이 가능하다(파장대; 351 – 355 mm).

3) Laser Direct Imaging (LDI)

① 특징은 Mask Film이 필요 없다는 것과 Mask Film, A/W Film의 제조 시간, 경비가 불필요하다는 것이다.
② Prototypes, 소 Lot, 다 품종에 유리하다.

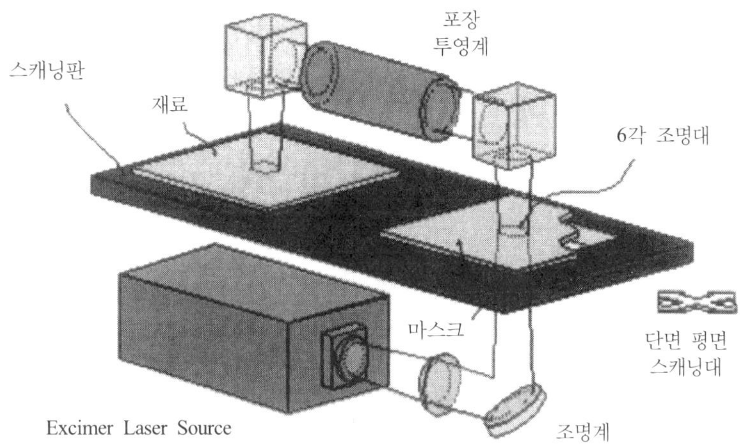

그림 2.30 Anvik LPI 구조 개념도

4) Step & Repeat System

① 작은 노광 범위로 Panel 칫수 변화를 최소화할 수 있다.

② Light Source의 파장이 다양하다.

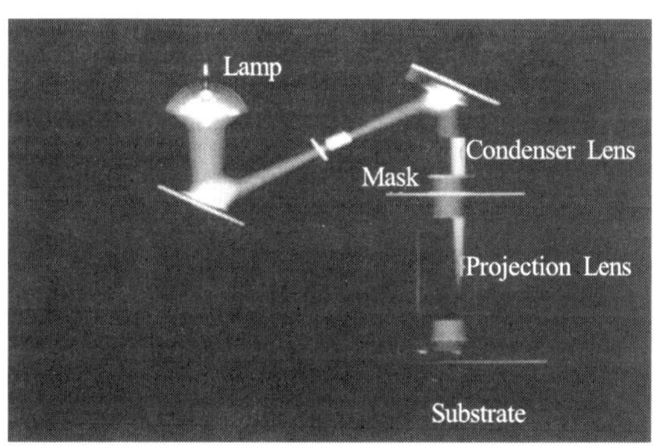

그림 2.31 Ushio의 Step-Repeat System

도표 2.13 | 다양한 Image System의 비교도표

PCB 회로 형성 기술 비교표				
기술	접촉 노광	LPI	LDI	Step-and-Repeat
Light Source	Mercury Arc Lamp	Excimer Laser	Argon Ion Laser	Mercury Arc Lamp
회로 형성 방식	Hard-Contact Shadow Printing	Large-Area Projection Imaging	Focused-Spot Raster Writing	Small-Area Projection Imaging

다음 페이지에 계속>>>

도표 2.13 | 다양한 Image System의 비교도표

PCB 회로 형성 기술 비교표				
기술	접촉 노광	LPI	LDI	Step-and-Repeat
해상력	> 3 mils	< 0.1 mil	> 2 mil	> 0.3 mil
mask 형태	1:1, Mylar or Glass	1:1, Mylar or Glass	No Mask	Needed 1:1, 1:2, etc.; Mylar or Glass
거대 판넬 작업 가능?	Yes	Yes	Yes	No
위치 정밀도	열악 (> 1 mil)	우수 (< 0.04 mil)	양호 (> 0.5 mil)	매우 양호 (< 0.1 mil)
생산성	High	High	Low to Medium	Low to Medium
특수 resist 필요성	No	No	Yes	No
S/M 상형성 가능?	Yes	Yes	No	Yes
via 형성?	No	Yes	No	No
RTR 적용 가능?	Yes	Yes	No	No
주 생산 품목	범용기판 대량 생산	넓은 범위의 HD 보드 대량 생산	범용 및 중간 정도의 보드의 소량 생산	작은 module 보드의 소중량 생산

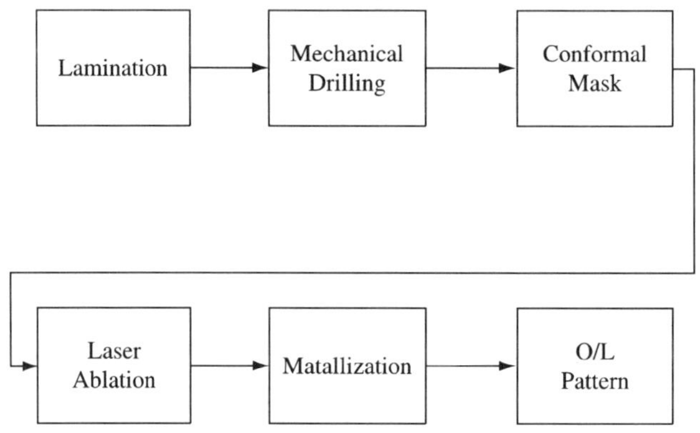

그림 2.32 Build-up Layer Process Flow

2.6.3 노광 정열 정밀도 관여 Factor별 영향

1) Panel 치수

① 재료 특성

도표 2.14 | 재료의 기본 특성

항목	high Tg 재료	일반 Tg 재료
Tg(TMA)°C	160 ~ 170	130 ~ 140
열팽창 계수 X,Y(Tg>) ppm/°C	13 ~ 14	15 ~ 16
흡수율 (wt %) PCT 5hrs	0.4 ~ 0.5	0.6 ~ 0.7

위 도표 2.14는 PCB의 Tg의 차이에 의한 재료의 열 팽창 계수 및 물 흡수율의 차이가 정열 정밀도에 영향을 줄 수 있다는 것이다.

② Lamination 공정

도표 2.15 | Lamination 방식 비교

적층 방식	유압식	진공식
적층(압력/온도)	High	Low
절연체	수지 및 Prepregs	수지만 가능
예비 건조	Yes	Yes
후건조	Yes	No
생산성	Fast	Slow
단가	Low	High

위 도표 2.15는 Lamination 방식에 따른 항목별 비교표이다.

도표 2.16 | Glass와 PET film의 열 팽창 계수

재 료		열 팽창 계수	
		온도(ppm/°C)	습도(ppm/%RH)
유리	Soda-lime	8.1	
	Low-expansion	4.1	
	Quartz	0.5	
PET film		18	9

2) A/W Dimension

A/W Film의 칫수 변화계산식에 의한 Film의 변형도 정열 정밀도에 영향을 미친다.

즉, Film의 길이변화(μm) = 0.0001×팽창계수×원길이(mm)×온도(습도)변화치로 계산된다.

3) 노광 M/C

① CCD 정밀도

- CCD의 정밀도와 안정성이 중요하다.
- 5μm 내외의 정밀도가 가능하다.

② 기계적 재현성

- 일반적으로 Moving 및 Vacuum이 정밀도에 변수로 작용한다.
- 보통 15μm 이내의 정밀도가 가능하다.

도표 2.17 | 노광 M/C 재현성

정밀도 (3σ) um	Machine A	Machine B	Machine C
CCD	1.68	1.13	1.16
Moving Stage	5.26	3.41	4.61
Total*	8.96	10.32	6.09

2.6.4 요약

노광의 정열 정밀도를 향상하기 위해서는 다음과 같은 부분의 관리 및 보완이 필요하다.

1) PCB 제조 공정의 칫수 변화를 최소화 시켜야 한다.
2) A/W 칫수 조절이 중요하다.
3) 높은 정밀도의 노광 M/C이 필요하다.
4) 적당한 Registration System이 필요하다.

2.7 Micro Mechnical Drill 연구

2.7.1 개요

1) PCB의 Hole Size가 계속해서 Small화하고 있다.
2) ∅0.075의 Mechanical Drill의 Entry 보드 및 PCB 재질별 영향을 확인할 필요가 있다.

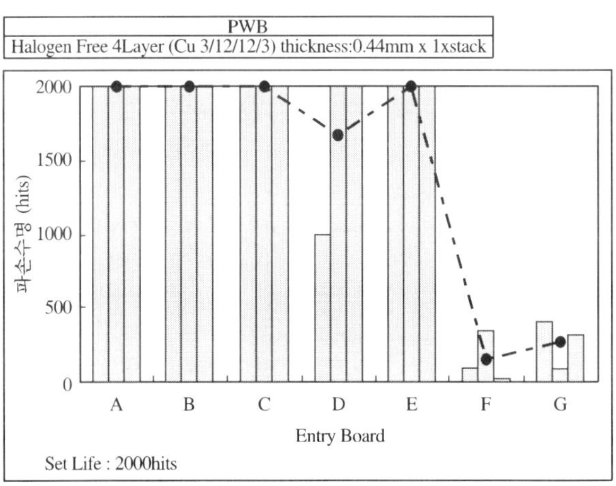

Entry Board	Structure
A	Non-Enty Board
B	Resin(100 m)
C	Resin(100 m)
D	Resin(particle)+Aluminum(70 m)
E	Resin(40 m)+Aluminum(70 m)
F	Aluminum(100 m)
G	Resin(25 m)+Aluminum(100 m)

그림 2.33 Entry 보드별 Bit가 파손되는 Hit Count 비교

위 그림 2.33에서 보면 Entry 보드가 Al일 경우 Bit가 쉽게 파손되는 것을 알 수 있고, 순수 resin(100μm)을 사용할 경우 수명이 오래 가는 것을 알 수 있다.

그림 2.34에서 보듯이 Entry 보드가 Al을 사용 시 Bit의 Thrust 힘이 많이 드는 반면, resin(0.2mm)을 함께 사용 시 현저히 Thrust 힘이 감소함을 알 수 있었다.

이것은 결국 Bit 파손과 직결됨을 알 수 있다.

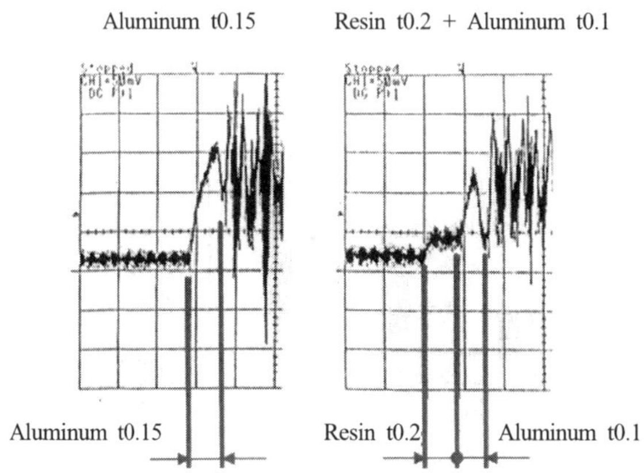

그림 2.34 Entry 보드별 VS.Drilling 동안의 Thrust 힘 비교도

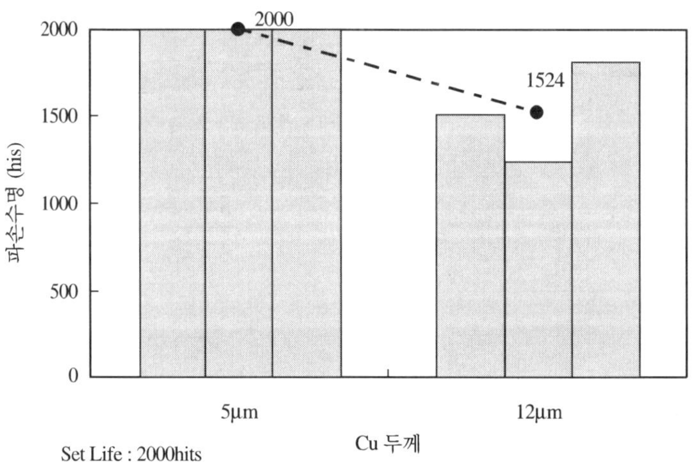

그림 2.35 Cu Foil 두께와 Tool 수명과의 관계도

위 그림 2.35은 PCB의 Cu Foil이 얇을수록 Bit 수명은 오래감을 알 수 있는 그래프이다.

그림 2.36, 그림 2.37은 Pre-Preg의 구조 및 두께와 드릴시 Hole의 Registration과의 관계를 나타내고 있다.

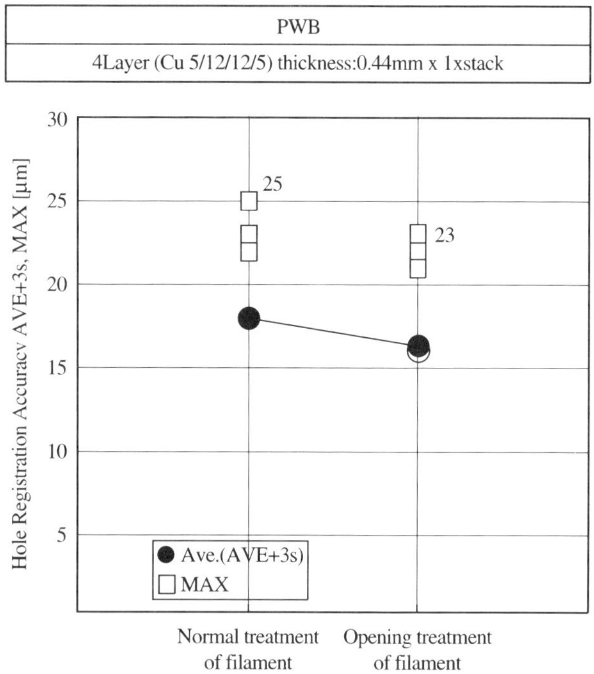

그림 2.36 Hole의 Registration 정밀도와 Filament 구조와의 관계도

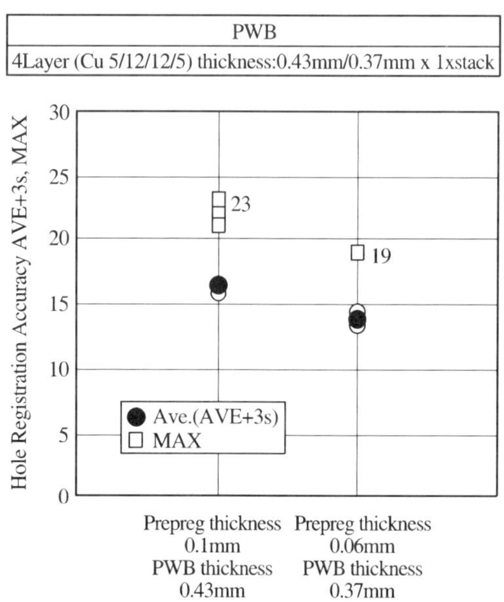

그림 2.37 Hole의 Registration 정밀도와 Prepreg의 두께와의 관계도

2.7.2 Hole의 Registration 정밀도와 Hole Roughness Technical Data

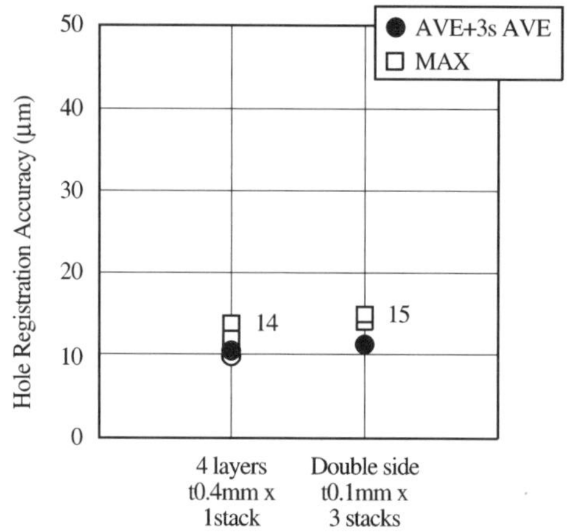

그림 2.38 Hole Registration 정밀도

위 그림 2.38은 4층(0.4t) 1Stack과 2층(0.1t) 3Stack으로 동일 조건으로 드릴 후 홀의 Registration 정밀도를 나타낸 것으로 거의 차이가 없음을 알 수 있다.

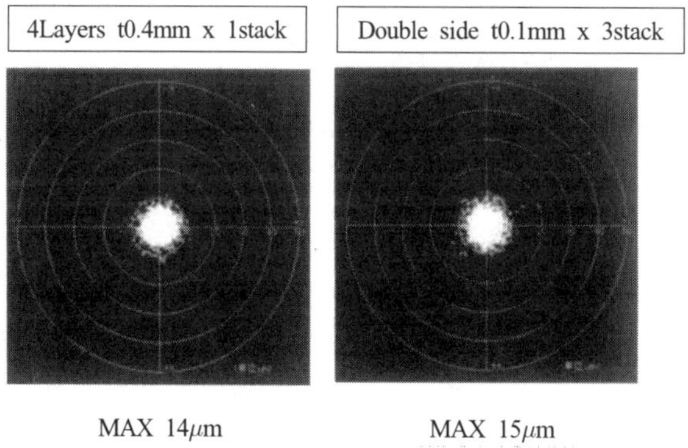

그림 2.39 가공 홀 위치 분포도

위 그림 2.39는 그림 2.38의 조건으로 동일한 홀을 반복 가공 시 가공된 홀의 분포도를 나타내고 있는데 차이가 거의 없다.

그림 2.40과 그림 2.41은 위 그림 2.38 조건으로 드릴 가공 후의 Hole 벽 거칠기와 사진으로 D/S 1~3 Stack 한 홀의 상태가 4층 1Stack 한 홀 보다 거칠기 및 홀 벽 상태가 조금 떨어지지만 큰 차이가 없음을 알 수 있다.

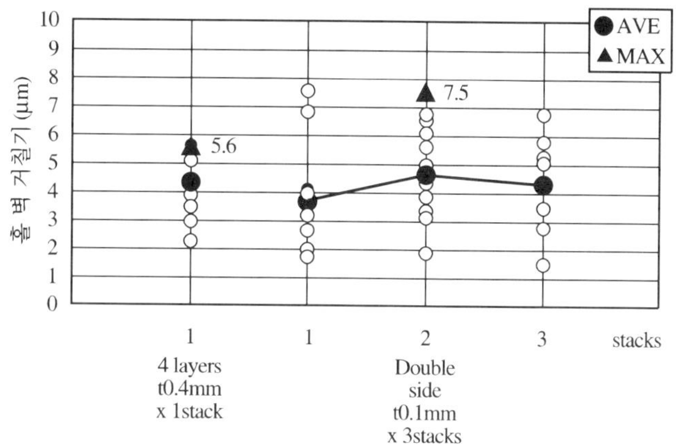

그림 2.40 Hole 벽 거칠기

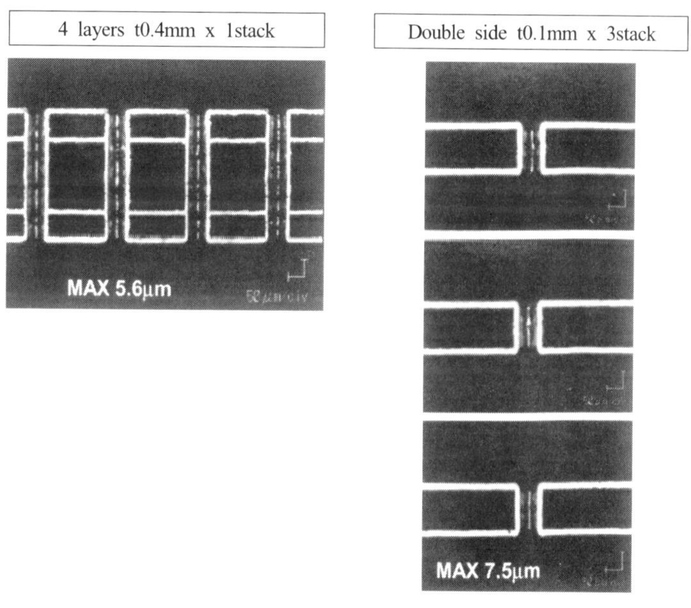

그림 2.41 Hole 벽 사진

2.7.3 요약

Micro Via의 Mechanical Drilling 시에 다음과 같은 결과를 얻었다.

1) Entry 보드는 resin Type의 Entry 보드가 Al Entry 보드보다 훨씬 Bit 손상을 줄인다는 것을 알 수 있었다.

2) CCL의 Cu Foil과 Pre Preg 역시 얇을수록 Bit 수명을 연장하고 홀의 위치 정밀도를 향상시킴을 알 수 있었다.
3) MLB와 D/S의 드릴시 동일 두께를 맞추기 위해 Stack 수를 조절함에 따른 홀의 위치 정밀도 및 거칠기는 큰 차이가 없음을 알 수 있었다.

2.8 새로운 기능의 CO_2 Laser Drill

1) 현재 CO_2 Laser Drill은 10,000μm의 파장, 4kHz 이상의 Pulse를 사용하여 Conformal Mask Etching 후에 가공을 해야 한다.
① Micro Via Hole은 보통 2~10Pulse에 의해 형성이 된다.
② Galvo Mirror를 사용하여 1,200Jumps/초의 속도, Spot Size에 의해 가공이 이루어진다.
③ 새로운 세대의 Laser Drill

Drill Tool이 100kHz의 주파수와 3,000kHz의 Galvo 조합의 Circle Punching을 사용한다.

2.8.1 CO_2 Laser System을 위한 새로운 접근

1) 기존 Co2 Laser System의 한계는 속도이다.

① Galvo Jump 속도는 최대 1,200jumps/sec이다.
② 재현 주파수 PRF는 최대 4,00Hz이다.

2) 새로운 System의 Laset는

① 100kHz PRF를 갖춘 CO_2용 Q-Switch 기술이 도입되었다.
② ∅75~∅330μm 홀 가공이 가능한 Spot Size의 Circle Punching Drill Tool을 사용한다.
③ Galvo 이동의 실제 Control을 갖춘 특수 Galvo Mirror를 사용한다.

2.8.2 CO_2용 Q-Switch 기술

그림 2.42에서 보듯이 일반 Laser의 기능은 Build up된 Laser Energy가 Hole을 가공하기 위해 Laser Beam을 쓸 경우 1Puls가 나오고 이에 따라 Energy가 소진되며,

소진된 만큼 Energy를 다시 Build up 시켜야 하는 System이다.

하지만 그림 2.43에서 보듯이 Q-Switch Laser의 기능은 Build up Energy가 Laser

도표 2.18 | Via Hole Drill에 사용되는 Laser의 비교표

	주파수	펄스폭	최대 전력
UV	5 to 80 kHz	5 to 80 ns	5 to 15 kW
Q-switch CO_2	5 to 100 kHz	100 to 200 ns	2 – 3 kW
conventional CO_2	0.1 to 4 kHz	7000 to 20000 ns	0.6 to 3 kW

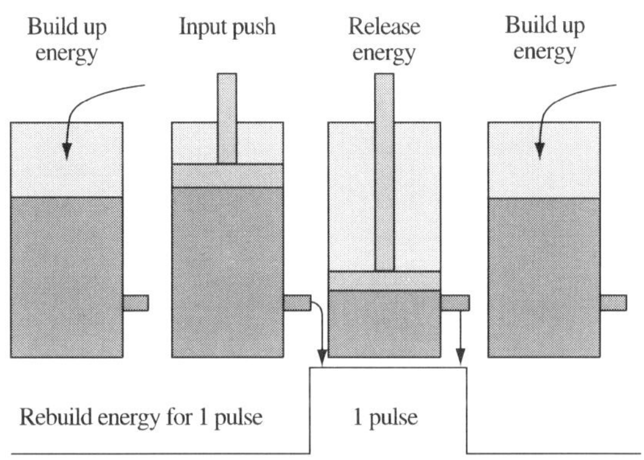

그림 2.42 일반 Laser 기능 원리

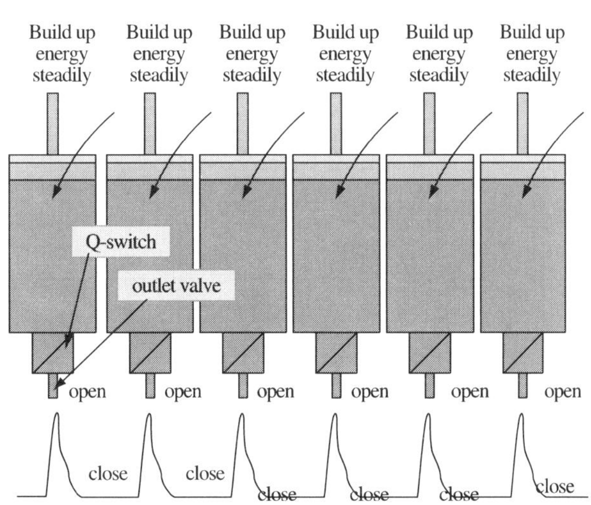

그림 2.43 Q-Switch Laser 기능 원리

Beam을 쏠 경우 Q-Switch에 의해 1 Pulse가 나오고 바로 Close 되어 연속적인 단속이 이루어지며, 위에서는 Build up Energy가 항시 준비되어 가공이 이루어지는 System으로 되어있다.

2.8.3 Circle Punching Drill Tool

Q-Switch Laser는 두 종류의 Pulse의 Overlap Circle을 적용하여 Circle 가공을 한다.

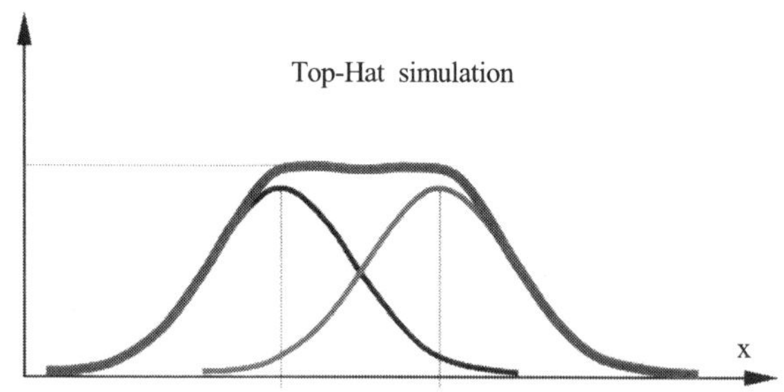

그림 2.44 Top Head Shaping

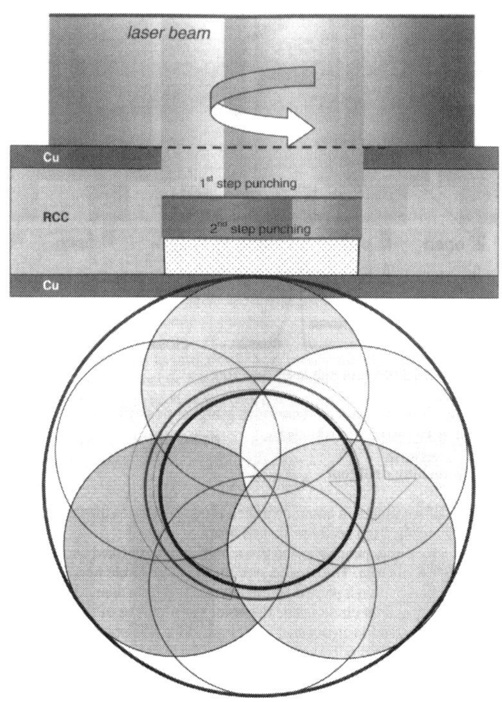

그림 2.45 Circle Punch Tool

위 그림 2.45는 Q-Switch Laser의 Circle Punch Tool을 보여주는 것으로 투명한 Circle과 색깔이 들어간 Circle 두 종류의 Pulse의 중첩된 Laser Energy에 의해 홀이 가공된다.

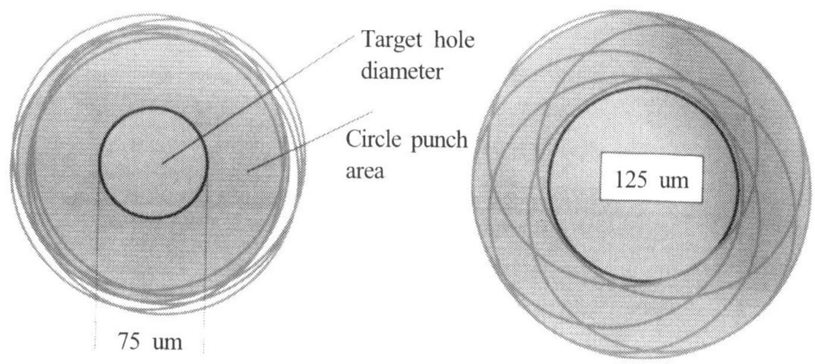

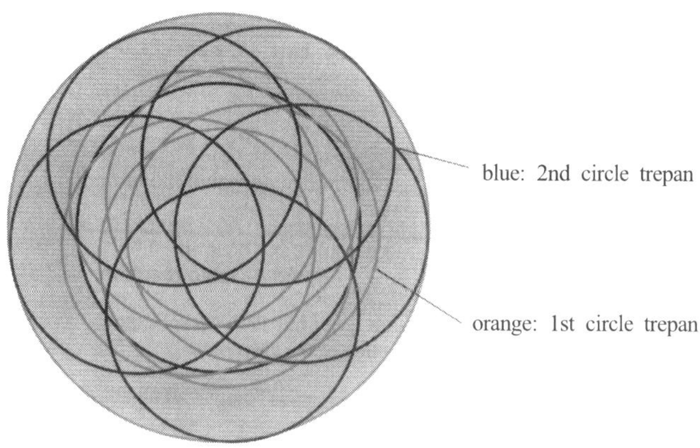

그림 2.46 Circle Punching Tool에 의한 Hole Size 적용

2.9 Screen Printing의 스크린 개념

2.9.1 Screen 인쇄의 4가지 요소

매개체가 Paste이고, 패턴 형성은 Screen으로 하며, 기재는 PCB, 도구는 Squeegee를 이용한다.

1) Frames

① 재질은 Metal 또는 AL 합금으로 되어 있다.

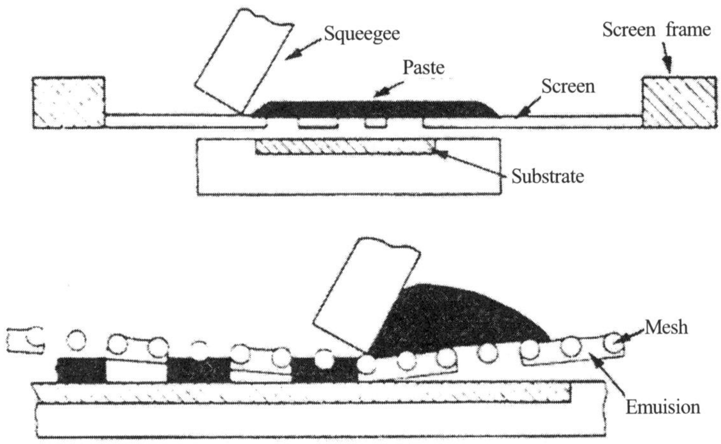

그림 2.47 Screen Printing 원리도

② 편편도는 ±0.15mm 이내에서 요구된다.

③ Screen Size ; Image Size = 1.5 : 1 ~ 2.0 : 1로 유지하여야 한다.

그림 2.49는 Screen 인쇄 시 Image (상) 변형의 개념도로 Screen이 인쇄 시 Tension에 의해 늘어나므로 사전에 이를 감안하여 Screen 상을 제작하여야 함을 설명하고 있다.

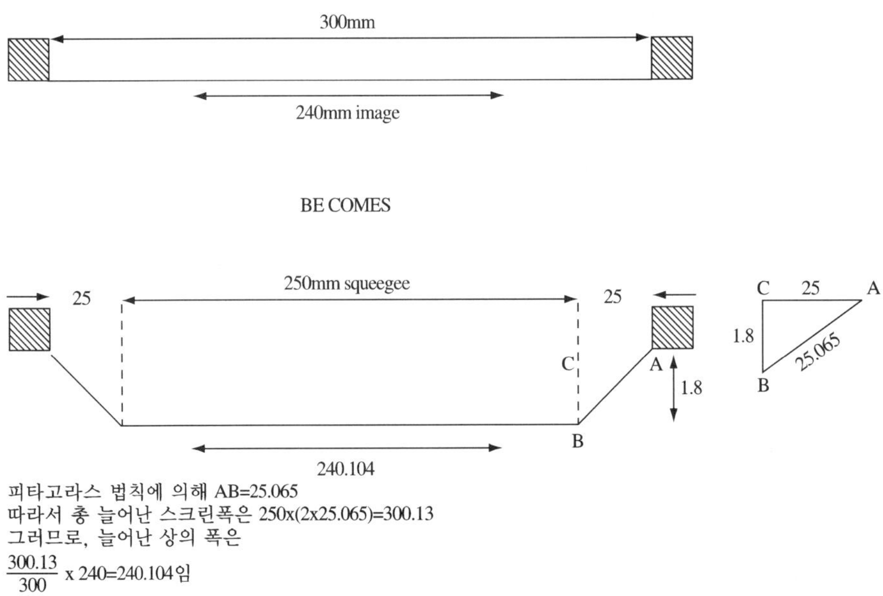

그림 2.48 Image 변형 개념도

2) Mesh(Screen)

① Mesh는 Nylon, Polyester, Stainless Steel 등의 재질로 되어 있다.

- Nylon Monofilament
  - 복원력이 좋고, 강한 성질을 나타낸다.
  - 흡수성이 많아, 습도에 의한 변형이 쉽다.
  - Finish 제품의 M/K 인쇄용에 적합하다.
  - 불균일한 표면 인쇄가 가능하다. 따라서, Package Cavity 인쇄 등에 유리하다.
- Polyseter
  - Nylon 보다 훨씬 안정적이다.
  - 불균일한 보드의 표면 인쇄를 위한 복원력과 충분한 굴곡성을 나타낸다.
- Stainless Steel
  - Nylon/Polyester 보다 강성이고, 안정적이다.
  - 높은 탄성률을 보유하나 더 낮은 탄성 한계를 가짐으로 외부 충격에 쉽게 손상을 입을 수 있다.
  - 수명이 길다.

② Mesh Count는 S, T, HD, HD Super 등으로 나누어시고, 이것은 Thread Diameter와 관련이 있다.

도표 2.19 | Nylon MonoFilament 규격표

Fabric No =Mesh Count (per sq, cm)	Mesh Count (per inch)	Weave	Thread Diameter (mm)	Mesh Opening (μm)	Open Surface (%)	Fabric Thickness (μm)	Theoretical Colour Vol (cm^2/m^2)	Weight (g/m^2)
45 S	115 S	L	0.060	160	52½	105	55	35
45 T	115 T	L	0.070	155	47½	125	59	50
45 HD	115 HD	L	0.083	140	39¾	140	56	65
48 S	123 S	L	0.060	150	51	110	56	45
48 T	123 T	L	0.070	140	44½	120	53	50
48 HD	123 HD	L	0.083	125	36½	140	51	60
51 S	131 S	L	0.060	135	47¾	105	50	45
51 T	131 T	L	0.070	125	41	125	51	55
51 HD	131 HD	L	0.083	115	33½	140	47	65
54 SS	137 S	L	0.047	136	55¼	90	50	25
54 T	137 T	L	0.060	125	45¼	105	48	45

다음 페이지에 계속>>>

도표 2.19 | Nylon MonoFilament 규격표

Fabric No =Mesh Count (per sq, cm)	Mesh Count (per inch)	Weave	Thread Diameter (mm)	Mesh Opening (μm)	Open Surface (%)	Fabric Thickness (μm)	Theoretical Colour Vol (cm^2/m^2)	Weight (g/m^2)
54 HD	137 HD	L	0.070	110	37½	125	47	55
58 S	148 S	L	0.047	120	51¾	90	47	25
58 T	148 T	L	0.060	112	42½	105	45	50
58 HD	148 HD	L	0.070	100	35	125	44	55
61 S	156 S	L	0.047	112	49½	90	45	30
61 T	156 T	L	0.060	103	39¾	105	42	50
61 HD	156 HD	Ko	0.070	90	31¾	130	41	60
61 HD Supper	156 HD	L	0.083	79	23¾	155	37	90
64 M	163 M	L	0.047	110	49	90	44	30
64 T	163 T	L	0.060	95	37½	105	39	50
66 S	169 S	L	0.047	105	47¾	90	43	35
66 T	169 T	L	0.060	91	36¼	110	40	50
68 M	175 M	L	0.047	100	46¼	85	39	30
68 T	175 T	L	0.060	85	34½	110	38	55
68 HD	175 HD	Ko	0.070	76	27	140	38	75
73 S	186 S	L	0.043	95	47½	75	36	30
73 T	186 T	L	0.047	88	42½	80	34	30
73 HD	186 HD	L	0.060	75	30½	125	38	55
77 S	195 S	L	0.043	85	44	75	33	30
77 T	195 T	L	0.047	80	39¾	85	34	45
77 HD	195 HD	Ko	0.060	68	28¼	115	32	60
81 S	206 S	L	0.037	90	50	65	32	25
81 T	206 T	L	0.043	80	42½	75	32	30
81 HD	206 HD	L	0.047	73	37	80	30	60
81 S	206 HD	L	0.060	63	25¾	115	30	60
85 T	215 T	L	0.043	74	39¾	80	32	30
85 HD	215 HD	L	0.047	67	35½	85	28	40
90 HD Supper	230 S	L	0.037	75	45¼	65	29	25
90 M	230 M	L	0.039	72	42¼	70	30	30
90 T	230 T	L	0.043	69	38¼	75	29	35
90 HD	230 HD	L	0.047	64	33½	85	28	40

도표 2.20 | Polyester 규격표

Fabric No =Mesh Count (per sq, cm)	Mesh Count (per inch)	Weave	Thread Diameter (mm)	Mesh Opening (μm)	Open Surface (%)	Fabric Thickness (μm)	Theoretical Colour Vol (cm^2/m^2)	Weight (g/m^2)
10 S	25 S	L	0.275	720	52	520	270	165
10 T	25 T	Ko	0.350	670	45	780	350	290
12 SL	30 SL	L	0.140	708	69	280	195	56
12 S	30 S	L	0.255	600	49	500	245	200
12 T	30 T	Ko	0.300	500	39	630	246	275
15 S	37 S	L	0.200	465	49	360	176	145
15 T	37 T	Ko	0.250	420	39¼	520	204	225
18 S	45 S	L	0.175	390	47½	300	143	140
18 T	45 T	Ko	0.250	350	34	520	177	240
21 T	54 T	L	0.145	310	46½	250	116	120
21 HD	54 HD	Ko	0.200	300	36	400	144	200
24 T	60 T	L	0.123	290	49¼	220	108	90
24 HD	60 HD	L	0.145	260	41¼	270	111	120
25 S	63 S	L	0.123	267	47	220	103	90
25 T	63 T	L	0.145	250	40	260	104	125
25 HD	63 HD	L	0.145	245	39½	270	107	125
27 S	70 S	L	0.100	245	50½	165	83	70
27 T	70 T	L	0.123	230	42½	220	89	100
27 HD	70 HD	L	0.145	210	35	280	98	130
30 S	76 S	L	0.100	215	46½	165	77	80
30 T	76 T	L	0.123	200	38½	220	85	110
30 HD	76 HD	L	0.145	180	31	270	84	150
32 S	83 S	L	0.090	210	49	150	73	70
32 T	83 T	L	0.100	200	44½	175	78	90
32 HD	83 HD	L	0.123	185	36	230	83	110
36 T	92 T	L	0.090	170	42¾	165	71	70
36 HD	92 HD	L	0.100	160	38	190	72	100
38 SM	98 SM	L	0.048	220	67	75	50	20
38 T	98 T	L	0.090	165	39½	165	65	70
38 HD	98 HD	L	0.100	155	35	190	67	100

다음 페이지에 계속>>>

도표 2.20 | Polyester 규격표

Fabric No =Mesh Count (per sq, cm)	Mesh Count (per inch)	Weave	Thread Diameter (mm)	Mesh Opening (μm)	Open Surface (%)	Fabric Thickness (μm)	Theoretical Colour Vol (cm^2/m^2)	Weight (g/m^2)
40 T	103 T	L	0.077	160	45½	135	61	65
40 HD	103 HD	L	0.090	150	39	160	62	77
40 HD Supper	103 HD Super	L	0.100	140	34	190	65	110
43 T	110 T	L	0.077	150	43½	140	61	70
43 HD	110 HD	L	0.090	135	36	170	61	85
45 T	115 T	L	0.070	142	45	130	58	60
45 HD	115 HD	L	0.077	130	40¼	145	58	75
48 S	123 S	L	0.055	150	53	85	45	35
48 T	123 T	L	0.070	135	43½	130	57	70
48 HD	123 HD	L	0.077	125	38¼	145	55	80
51 T	131 T	L	0.070	118	39¼	130	51	75
51 HD	123 HD	L	0.077	110	34½	145	50	80
54 T	137 T	L	0.063	115	41¾	115	45	65
54 HD	137 HD	L	0.070	104	36¼	135	49	75
58 T	148 T	L	0.063	105	39	120	47	65
58 HD	148 HD	L	0.070	100	34¾	135	47	80
61 T	156 T	L	0.063	90	34½	115	40	70
61 HD	156 HD	Ko	0.070	90	31¼	140	44	80
61 HD Supper	156 HD Super	Ko	0.077	82	26½	160	42	95
64 S	163 S	L	0.054	97	41½	100	42	50
64 T	163 T	L	0.063	88	33¾	115	39	60
64 HD	163 HD	Ko	0.070	81	29	130	38	65
66 S	169 S	L	0.048	102	46¼	80	37	50
66 T	169 T	L	0.063	87	33¾	120	40	60
68 T	175 T	L	0.054	89	38¾	100	39	55
68/2	170/2	L	2x0.038	74	24¼	70	17	45
68 HD	175 HD	Ko	0.070	73	26	140	36	75
73 S	186 S	L	0.048	85	40¾	85	35	47
73 T	186 T	L	0.050	80	35¾	100	36	50
73 HD	186 HD	Ko	0.063	70	28¼	120	34	65
77 S	195 S	L	0.048	80	39	90	35	48
77 T	195 T	L	0.054	74	33½	105	35	50
77 HD	195 HD	Ko	0.063	60	22	120	26	70

도표 2.21 | Stainless Steel 규격표

Designation Bopp Type	Number of Wires		Wire Diameter	Mesh Opening	Open Area	Theoret. Colour Volume	Cloth Thickness	Recommended Screen Tension	
	per cm	per inch (mesh)	d mm	W micron	Fo %	cm^3/m^3	micron	at 0.1% Res N/cm	at 0.5% Res N/cm
Standard Bopp-SD Stainless Steel Wire Cloth in Plain Weave									
SD 224/100	31	80	0.1	224	48	103.30	205-225		63-65
SD 200/90	34	88	0.09	200	48	94.80	185-210		56-58
SD 180/90	37	94	0.09	180	44.4	88.36	186-212		61-63
SD 160/71	43	105	0.071	160	48	83.04	154-180		44-46
SD 140/63	49	120	0.063	140	48	67.68	132-150		39-41
SD 125/63	53	135	0.063	125	44.4	62.16	130-150		42-44
SD 118/56	57	145	0.056	118	46	55.66	112-130	38-40	35-37
SD 100/50	67	165	0.05	100	44.4	49.73	104-120	36-38	33-35
SD 95/45	71	180	0.045	95	46	47.15	95-110	33-35	29-31
SD 90/40	77	200	0.04	90	48	43.20	84-96	31-33	25-27
SD 75/36	90	230	0.036	75	45.7	36.56	74-86	30-32	22-24
SD 63/36	97	250	0.036	63	41	32.80	74-86	31-33	25-27
SD 56/36	109	270	0.036	56	37	29.46	74-85	32-34	28-30
SD 59/32	110	280	0.032	59	42.0	29.6	67-77	29-31	21-23
SD 56/32	114	300	0.032	56	41	28.29	67-74	30-32	22-24
SD 50/30	125	325	0.03	50	39	24.76	58-69	29-31	21-23
SD 40/28	146	370	0.028	40	34.6	21.3	56-67	29-31	21-23
SD 40/25	154	400	0.025	40	38	21.28	48-58	26-28	20-22
SD 49/23	159	400	0.023	40	40.3	20.6	46-56	20-22	15-17
Heavy opp-SD Stainless Wire Cloth in Plain or Twilled Weave for Thick Ink Deposits									
SD 125/90	48	120	0.09	125	34	69.70	190-220		66-68
SD 100/63	61	150	0.063	100	38	54.53	135-152		50-52
SD 80/50	77	200	0.05	80	38	42.00	104-117		39-41
SD 63/40	97	250	0.04	63	38	34.20	84-96	35-37	31-33
SD 56/40	109	270K	0.04	56	34	31.45	86-99	38-40	35-37
SD 42/36	125	325K	0.036	42	29	23.20	74-86	36-38	32-34
SD 36/28	154	400K	0.028	36	31	19.69	58-69	31-33	25-27
SD 32/25	180	450K	0.025	32	31	14.36	52-60	29-31	24-23
SD 25/25	200	510K	0.025	25	25	15.25	57-65	31-33	25-27

다음 페이지에 계속>>>

도표 2.21 | Stainless Steel 규격표

Designation Bopp Type	Number of Wires		Wire Diameter	Mesh Opening	Open Area	Theoret. Colour Volume	Cloth Thickness	Recommended Screen Tension	
	per cm	per inch (mesh)	d mm	W micron	Fo %	cm^3/m^3	micron	at 0.1% Res N/cm	at 0.5% Res N/cm
Ultra-thin Bopp-SD Stainless Steel Wire Cloth									
SD 265/50	31	80	0.050	265	70.8	77.9	100–120	20–22	15–17
SD 90/36	79	200	0.036	90	51.0	40.3	72–86	26–28	20–22
SD 80/30	91	230	0.030	80	52.9	33.6	58–69	20–22	15–17
SD 67/25	110	280	0.025	67	53.0	29.2	50–60	16–18	12–14
SD 53/24	130	325	0.024	53	47.4	25.1	48–58	17–19	13–15
SD 53/20	137	350	0.020	53	52.7	23.1	38–46	13–15	9–11
SD 45/18	159	400	0.018	45	51.0	20.4	34–42	12–14	8–10

③ Mesh와 Line 폭

- 인쇄할 수 있는 최소 Line 폭은 Mesh의 Thread 직경의 3배 이상이다.
- Mesh Opening은 인쇄할 Paste의 Particle Size의 3배는 되어야 한다. 보통 Paste Size는 5~10μm이지만 Solder Paste는 40~70μm 정도이다.

④ Open Area는 스크린을 통한 Paste의 이동에 큰 영향을 미친다. Open Area는 다음 식에 의해 계산된다.

$$\text{Open Area} = \frac{(\text{Mesh Opening})^2}{(\text{Wire Diameter} + \text{Mesh Opening})^2} \times 100(\%)$$

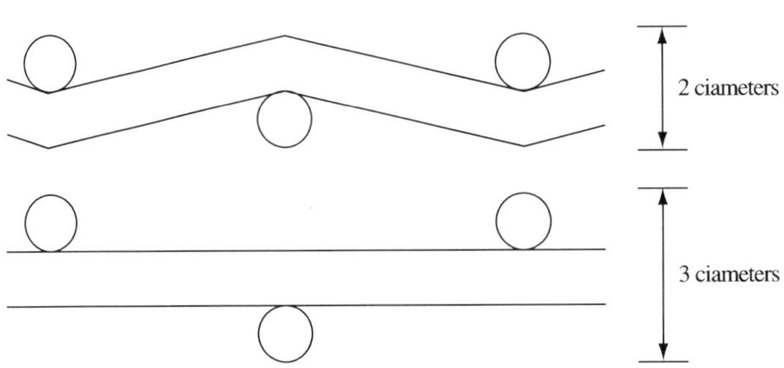

그림 2.49 Mesh 두께의 범위

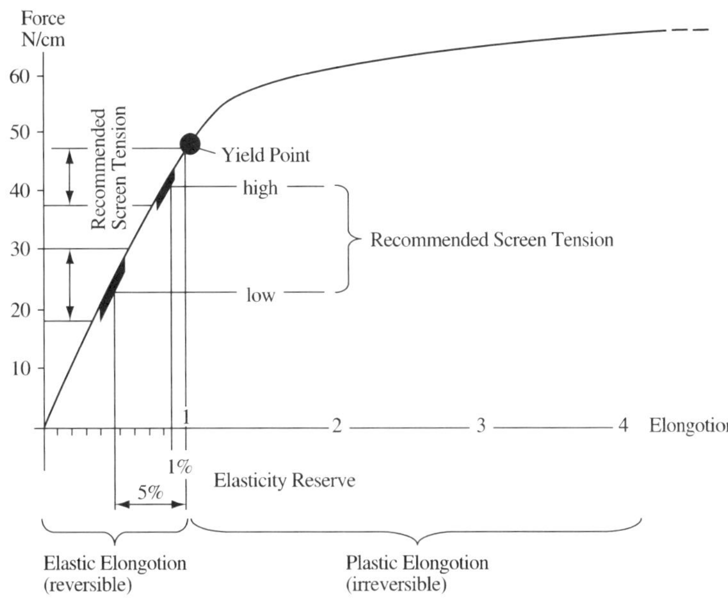

그림 2.50 Tension/Elongation 관계도

위 그림 2.50은 Screen 인쇄 시 추천되는 Tension 및 그에 따른 Elongation 범위의 Graph로 중요한 Data로 활용할 필요가 있다.

⑤ Gap(off contact)
Gap은 다음 식에 의해 계산된다.
Gap = 0.004×Screen 폭

⑥ 일반적으로 Nylon Mesh는 보통 3%(Gap =0.006×스크린폭), Polyester Mesh는 6%(Gap = 0.010×스크린폭)를 적용한다.

3) Stencils

Stencils은 Pattern 형상을 제작하는 역할을 하며, Print 두께와 Stencil 두께에 비례하며 큰 영향을 미친다. 종류로는 Photoemulsion, Metal Mask, Plastic Sheet 등이 있다.

① Plastic Sheet가 가장 대중적으로 사용된다.
- Mylar, PTFE를 주로 사용하고, 드릴 또는 라우터 된 PCB를 사용하여 요구하는 Pattern을 형성한다.

- 형성된 Sheet를 스크린의 Mesh에 Adhesive를 접착하여 붙인다.

② Metal Mask

- Solder Paste 인쇄용에 적합하다.
- Metal Foil로 Cu, Brass, Beryllium Cu, Nickel, Stainless Steel 등이 사용된다.
- 두께는 보통 75~375μm내이다.
- 제조 방법은 Foil에 상 형성을 산 Etching용 Photoresist를 도포하여 imaging 한 후, Etching 하여 형성한다.
- Metal Foil을 Mesh에 접착체로 붙여서 제작한다.

③ Photoemulsion

- PVA Base의 수용성 Polymer가 Base 재료이다.
- 제조는 Photoemulsion Coating → U.V 노광 → 현상 → 건조로 이루어 진다.
- Type은 Liguid와 Dry Film으로 나누어 진다.
- 제작 과정을 구체적으로 설명하면
  Screen Degreasing(Cleaner) → Rinse → Dry → Photoemulsion Coating (Yellow Room, 항온항습, Clean Room 내에서) → Exposure → Develope → Dry로 완료된다.

그림 2.52는 PCB 업계에서 흔히 유제코팅으로 통칭하며 자동화되어 있는 경우가 많다.

그림 2.54는 Emulsion 두께에 따라 인쇄 후 Ink 도막 두께가 Emulsion 두께와 비례하게 거동하는 것을 알 수 있는 Data이다.

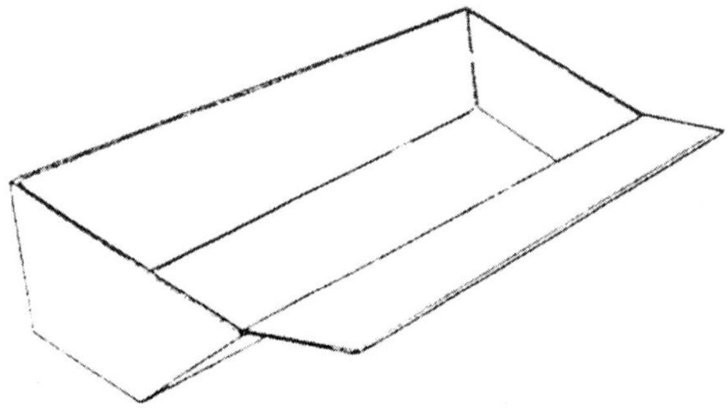

그림 2.51 Photoemulsion Coating 기구

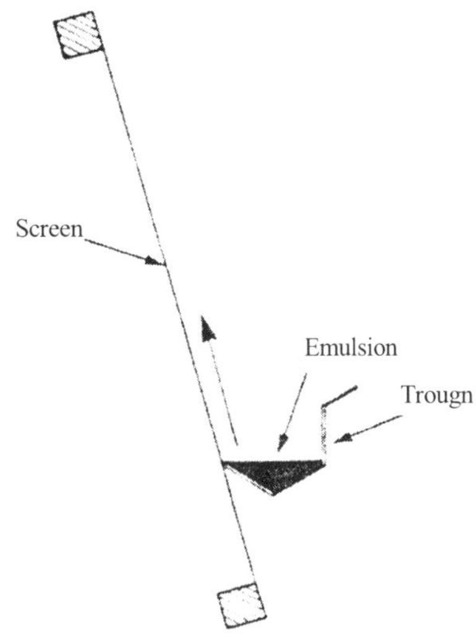

그림 2.52 Screen Coating 개념도

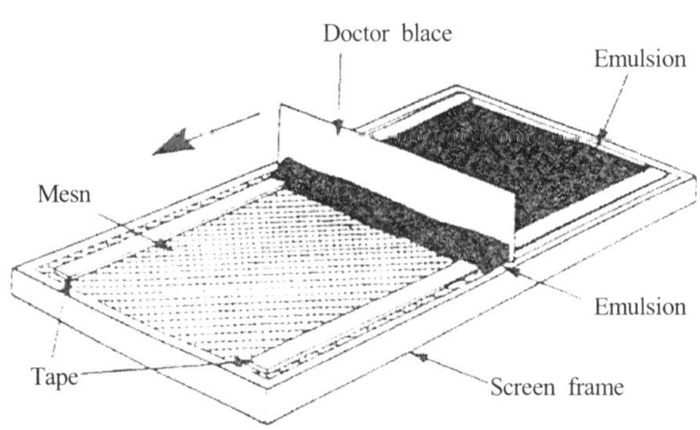

그림 2.53 개량된 Screen Coating 방식

그림 2.55는 Emulsion 두께에 따라 인쇄 품질이 달라지는 모습을 보여주는 Data로 Fine Line 인쇄에 중요한 역할을 할 수 있겠다.

그림 2.56과 그림 2.57은 Screen의 노광 방식의 2가지를 보여주고 있고, 현재 Vacuum Frame을 많이 사용하고 있다.

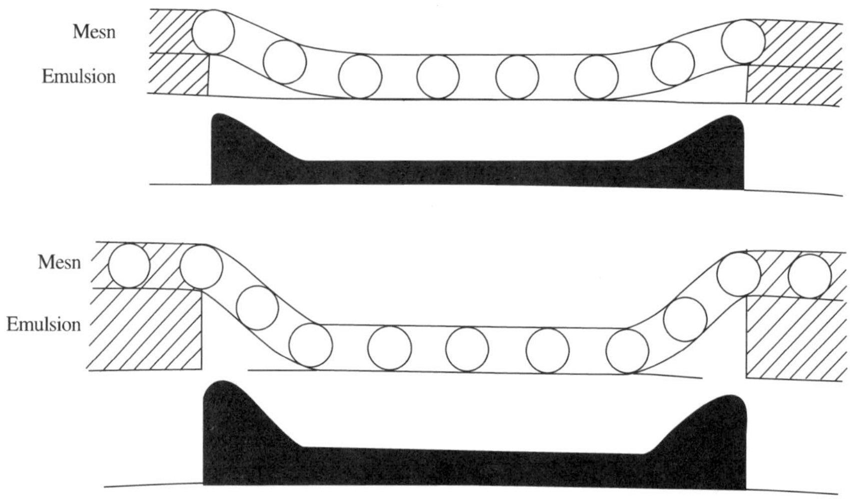

그림 2.54 Emulsion 두께의 인쇄 두께 영향

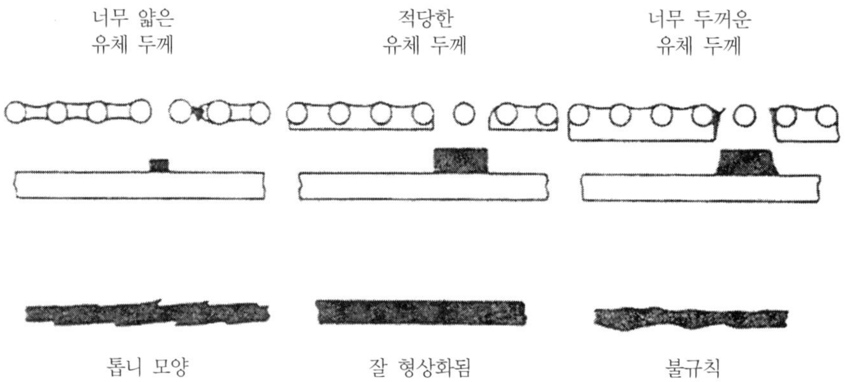

그림 2.55 인쇄 품질에 영향을 미치는 Emulsion 두께

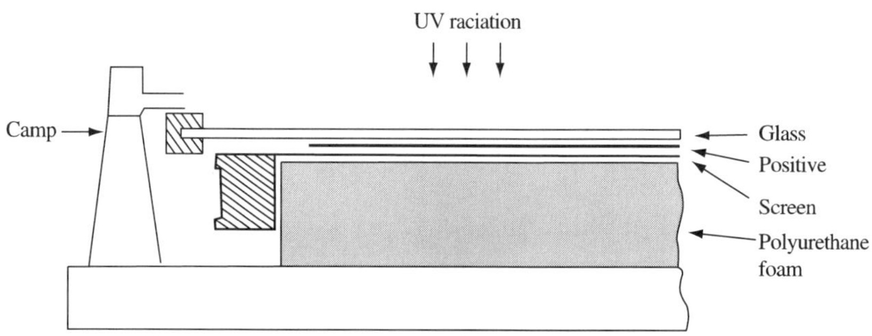

그림 2.56 Screen Exposure 방식(Contact Frame)

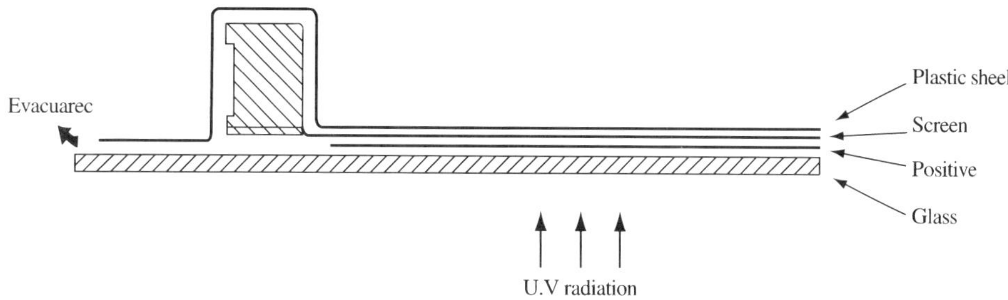

그림 2.57 Screen Exposure 방식(Vacuum Frame)

Chapter

03

Wet Process 관련 최신 기술

3.1 Desmear 공정(Sweller 종류별)

3.1.1 개념

1) Desmear는 홀 속의 Smear 제거와 etching이 됨으로써 Cu와 홀 속의 밀착력 향상을 위해 처리한다.

2) 처리종류
   ① 농황산 처리
   ② Chrome 산 처리
   ③ Permanganate 처리
   ④ Plasma etching

3) 근래에 절연체 종류의 다양화에 따른 desmear의 어려움이 발생되고 있다. FR-4, FR-5, FR-406, BT resin, halogen free의 desmear 조건별, roughness, 처리 정도, 무게손실, 신뢰성평가 등을 체크하였다.

3.1.2 재질별 Desmear 처리 Test

1) FR-4(Tg ; 125°C), FR-5(Tg ; 170°C), FR-406(Tg ; 170°C), BT(Tg ; 185°C), halogen free 등 재질별 Test를 실시하였다.

2) Desmear 처리 전 Drilling, Scrubbing 처리를 동일하게 실시하였다.

3) Test 조건
   3가지 종류의 Sweller(Hole cleaner A/B, Solvent II, Hole cleaner360)를 농도, 온도, 처리시간별로 Test를 실시하였다.

도표 3.1 | Desmear Test 조건표

스웰링 온도	스웰러 농도	스웰링 시간	스웰러
55°C	20 %	3 min	Hole Cleaner A/B
		6 min	
	45 %	3 min	
		6 min	
	70 %	3 min	
		6 min	

다음 페이지에 계속>>>

도표 3.1 | Desmear Test 조건표

스웰링 온도	스웰러 농도	스웰링 시간	스웰러
	20 %	3 min	Solvent II
		6 min	
	45 %	3 min	
		6 min	
	70 %	3 min	
		6 min	
	20 %	3 min	Hole Cleaner 360
		6 min	
	45 %	3 min	
		6 min	
	70 %	3 min	
		6 min	
70°C	20 %	3 min	Solvent II
		6 min	
	45 %	3 min	
		6 min	
	70 %	3 min	
		6 min	
	20 %	3 min	Hole Cleaner 360
		6 min	
	45 %	3 min	
		6 min	
	70 %	3 min	
		6 min	

Desmear 조건 : Mn^{7+} = 110g/l ; NaOH = 35g/l ; 온도 = 75°C ; 시간 = 2.5 = 2.5 × Swelling
중화 조건 : 중화제 10% ; H_2SO_4 ; H_2SO_4 = 5% : 온도 = 45°C ; 시간 = 3 min

도표 3.2 | PTH와 전기동도금 공정 flow

공 정	액 욕	농 도	온 도	시 간
PTH	크리너 콘디셔너	ML-371 8%	60°C	5 min
	수세		RT	2 min
	산세	H_2SO_4 5%	RT	1 min
	수세		RT	1 min
	마이크로 에칭	Co-Bra Etch Mack Up 3% Co-Bra Etch II 1% H_2SO_4 10% H_2O_2 4%	35°C	1 min

다음 페이지에 계속>>>

도표 3.2 | PTH와 전기동도금 공정 flow

공 정	액 욕	농 도	온 도	시 간
	수세		RT	1 min
	준촉매	PD-472 220g/l HCl 2%	RT	1 min
	촉매	C-473 3% PD-472 220g/l HCl 3%	45°C	5 min
	수세		RT	1 min
	활성화	A-676 15%	RT	3 min
	수세		RT	1 min
	무전해 동도금	2077-A 8% 2077-M 10%	RT	12 min
	수세		RT	2 min
Cu Plating	산세	H_2SO_4 5%	RT	1 min
	동도금	H_2SO_4 250g/l $CuSO_4$ 70g/l Cl-60ppm PC-626 20ml/L	RT	25 ASF 45 min
	수세		RT	1 min

3.1.3 Test 결과

1) Weight loss

도표 3.3 | Weight loss 결과

스웰링 온도	스웰링	스웰러 농도	스웰링 시간	FR-4	FR-5	FR-406	BT	Halogen Free
55°C	Hole Cleaner A/B	20 %	3 min	0.135	0.035	0.009	0.024	0.106
			6 min	0.171	0.064	0.025	0.038	0.180
		45 %	3 min	0.134	0.031	0.008	0.028	0.121
			6 min	0.172	0.068	0.028	0.035	0.197
		70 %	3 min	0.135	0.034	0.008	0.028	0.158
			6 min	0.184	0.068	0.024	0.037	0.198

다음 페이지에 계속>>>

도표 3.3 | Weight loss 결과

스웰링 온도	스웰링	스웰러 농도	스웰링 시간	FR-4	FR-5	FR-406	BT	Halogen Free
	Solvent II	20 %	3 min	0.116	0.030	0.012	0.022	0.095
			6 min	0.156	0.060	0.026	0.033	0.191
		45 %	3 min	0.126	0.046	0.017	0.026	0.111
			6 min	0.174	0.078	0.029	0.035	0.200
		70 %	3 min	0.242	0.089	0.015	0.030	0.122
			6 min	0.472	0.135	0.034	0.032	0.216
	Hole Cleaner 360	50 %	3 min	0.123	0.043	0.017	0.030	0.116
			6 min	0.175	0.081	0.034	0.041	0.206
		45 %	3 min	0.162	0.083	0.023	0.030	0.146
			6 min	0.366	0.130	0.058	0.045	0.228
		70 %	3 min	0.175	0.151	0.044	0.036	0.137
			6 min	0.582	0.234	0.092	0.043	0.224
70°C	Solvent II	20 %	3 min	0.197	0.067	0.026	0.034	0.117
			6 min	0.235	0.099	0.055	0.046	0.211
		45 %	3 min	0.315	0.125	0.034	0.036	0.124
			6 min	0.402	0.137	0.064	0.049	0.217
		70 %	3 min	0.549	0.222	0.072	0.035	0.146
			6 min	0.996	0.320	0.194	0.044	0.280
	Hole Cleaner 360	20 %	3 min	0.301	0.094	0.045	0.032	0.146
			6 min	0.408	0.143	00079	0.066	0.258
		45 %	3 min	0.360	0.229	0.158	0.035	0.143
			6 min	0.878	0.428	0.320	0.066	0.260
		70 %	3 min	0.357	0.252	0.155	0.053	0.151
			6 min	0.875	0.428	0.315	0.062	0.281

그림 3.1, 그림 3.2, 그림 3.3은 FR-4의 세 가지 sweller의 농도별/처리시간별/처리 온도별 etching weight loss의 관계도로 hole cleaner A/B는 농도별, 처리시간별 차이가 없이 낮고, solvent II는 농도, 처리, 시간, 온도에 영향을 많이 받으며, hole cleaner360 역시 농도, 처리시간, 온도에 크게 영향을 받는 것을 알 수 있다. 즉, solvent II와 hole cleaner360 sweller는 농도를 높이고, 온도를 올리고, 처리시간을 많이 주면 etching이 많이 됨을 알 수 있다.

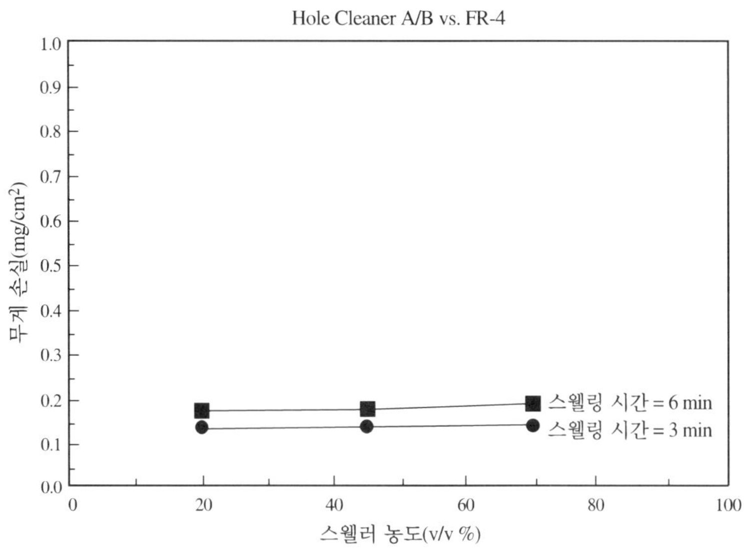

그림 3.1 hole cleaner A/B 농도별 & FR-4의 weight loss

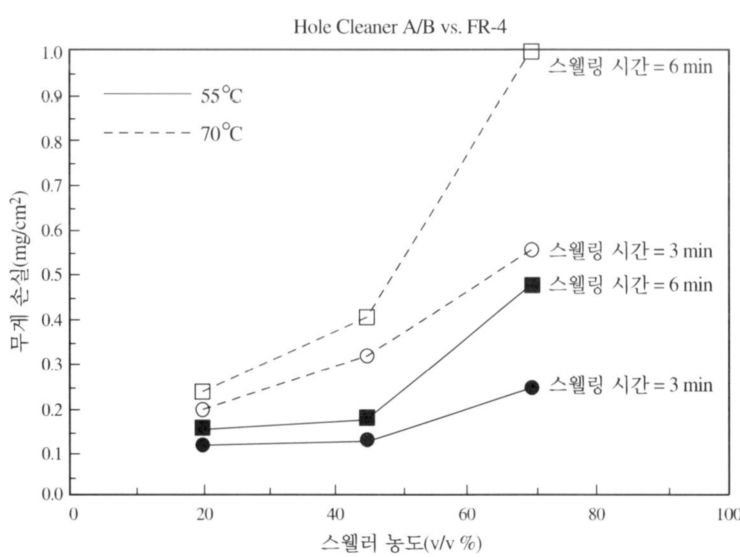

그림 3.2 solvent II 농도별 & FR-4의 weight loss

그림 3.4, 그림 3.5, 그림 3.6에서는 FR-5의 weight loss 관계도를 나타내며, FR-4와 동일한 양상의 결과를 나타내었지만, 전체적으로 etching 률은 FR-5가 낮음을 알 수 있다. 이것은 Tg가 높기 때문으로 추정이 된다.

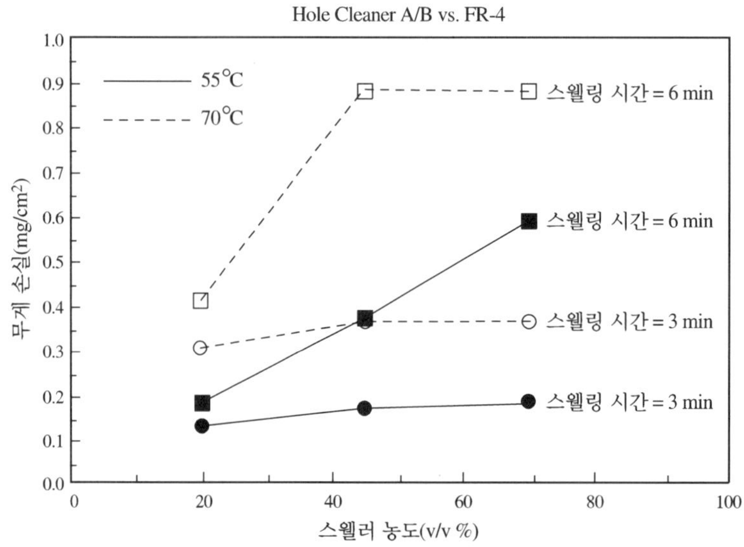

그림 3.3 hole cleaner360 농도별 & FR-4의 weight loss

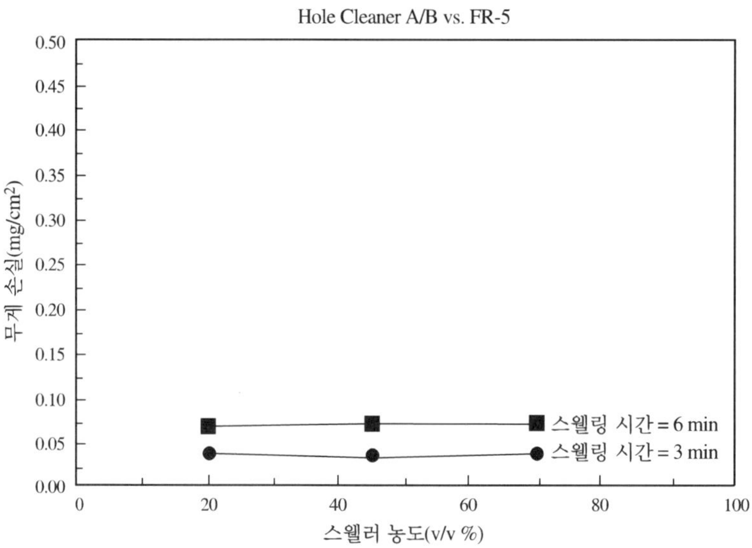

그림 3.4 hole clear A/B 농도별 & FR-5의 weight loss

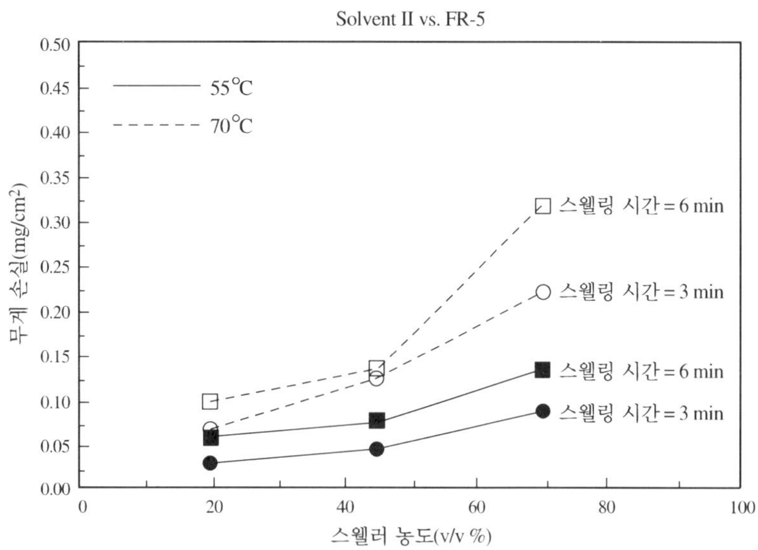

그림 3.5 Solvent II 농도별 & FR-5의 weight loss

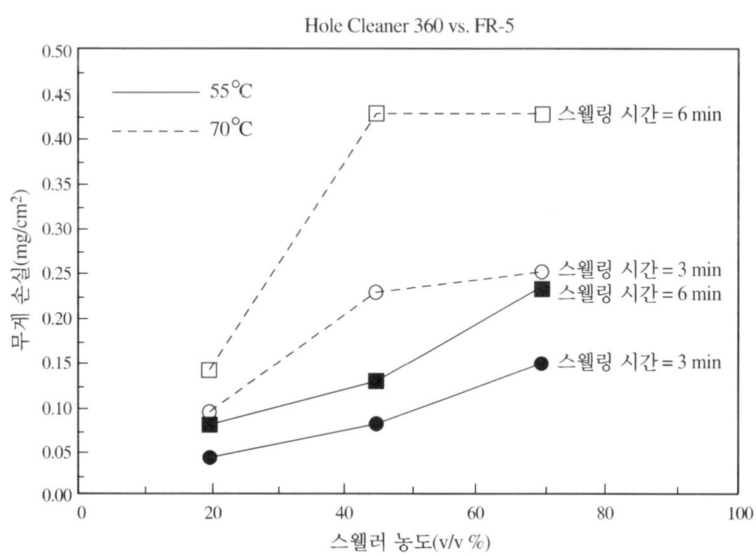

그림 3.6 hole cleaner360 sweller 농도별 & FR-5의 weight loss

그림 3.7, 그림 3.8, 그림 3.9에서는 FR-406의 weight loss 관계도로써 FR-5와 거의 같기 때문에 결과도 거의 동일하게 나타났다.

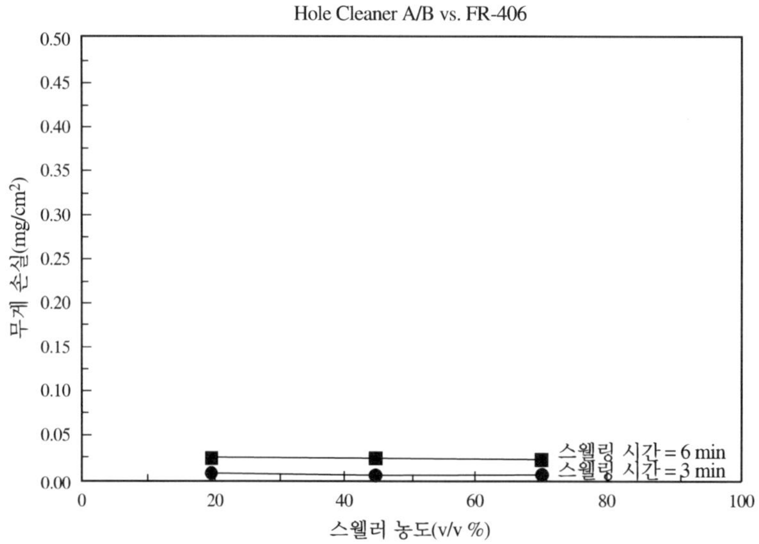

그림 3.7 hole cleaner A/B sewller 농도 & FR-406의 weight loss

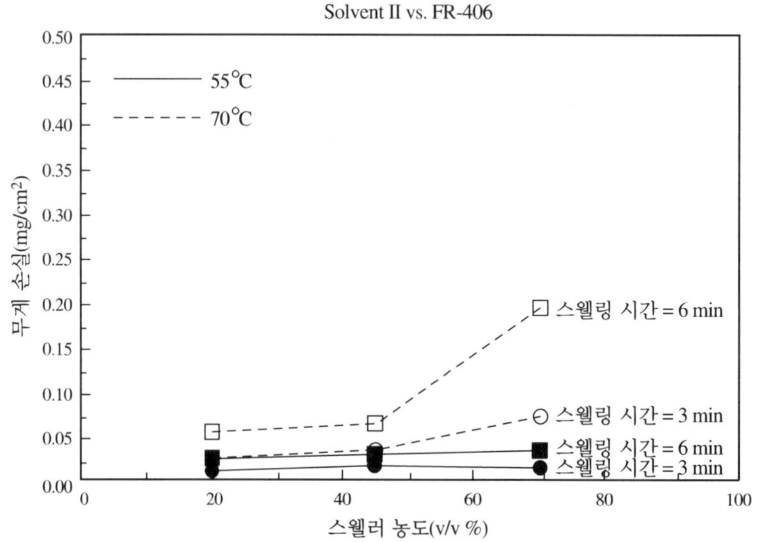

그림 3.8 solvent II swller 농도별 & FR-406의 weight loss

그림 3.10, 그림 3.11, 그림 3.12는 sweller 종류별, BT의 weight loss 관계도로써 뚜렷한 차이는 FR-5 및 FR-406 보다 전체적으로 weight loss가 낮다는 것을 알 수 있다. 이것역시 Tg가 FR-5 보다 높기 때문인 것으로 추정되며, 특이할 만한 것은

solvent II와 Hole cleaner360의 농도와 처리시간을 늘려도 weight loss가 크게 상승하지 않는다는 것이 FR-5와 FR-406과는 다른 양상을 보이고 있다.

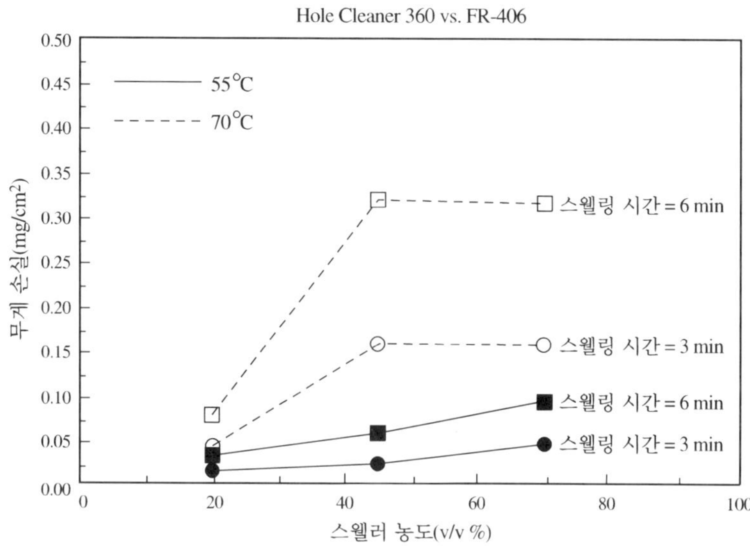

그림 3.9 hole cleaner360 sweller 농도별 & FR-406의 weight loss

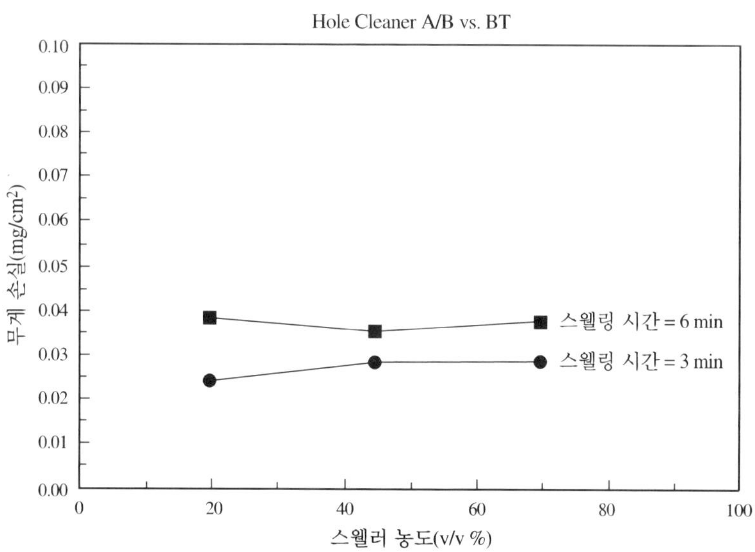

그림 3.10 hole cleaner A/B sweller 농도별 BT resin의 weight loss

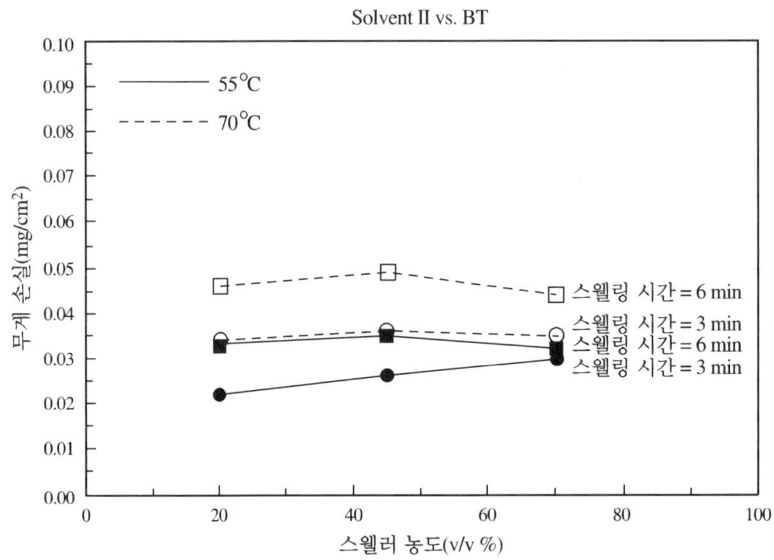

그림 3.11 solvent II sweller 농도별 & BT의 weight loss

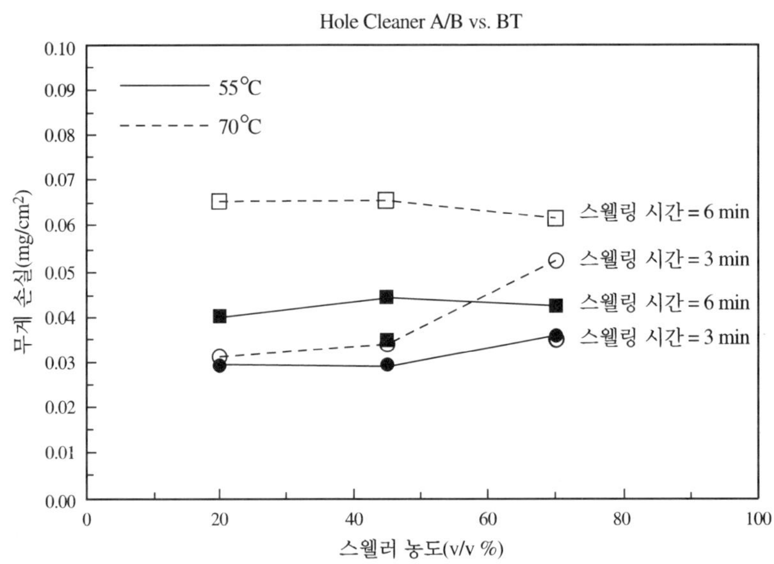

그림 3.12 hole cleaner360 농도별 & BT의 weight loss

그림 3.13, 그림 3.14, 그림 3.15는 halogen free의 weight loss를 나타내며 FR-4와 weight loss가 거의 동일함을 알 수 있다. 단, solvent II와 hole cleaner360 sweller 농

도, 온도, 처리시간별 weight loss가 FR-4 보다 덜 민감하게 처리됨을 알 수 있었다.

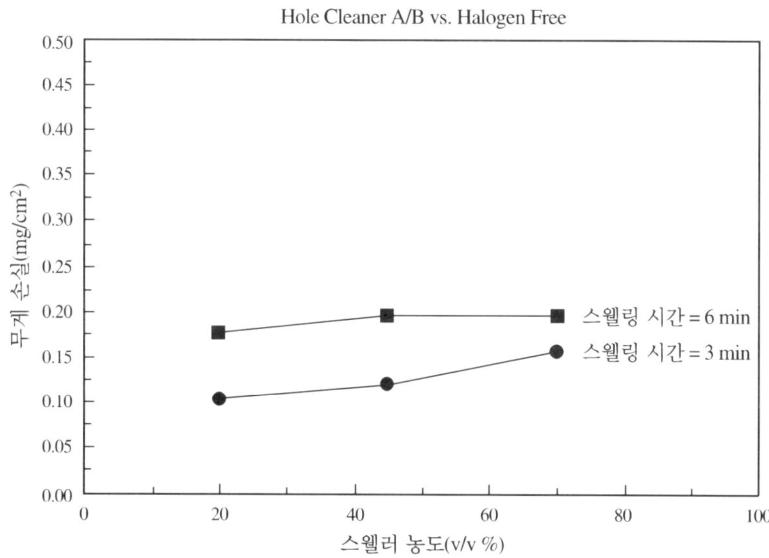

그림 3.13 hole cleaner A/B sweller와 농도별 & halogen free의 weight loss

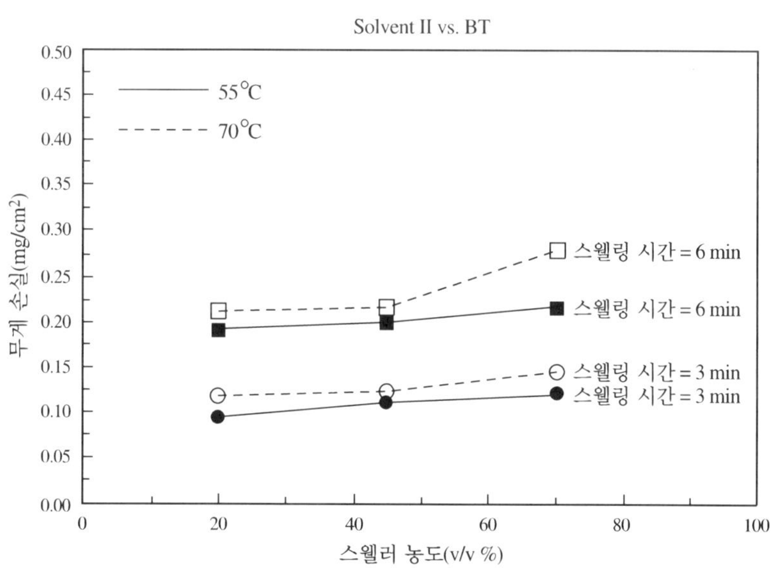

그림 3.14 solvent II sweller 농도별 & halogen free의 weight loss

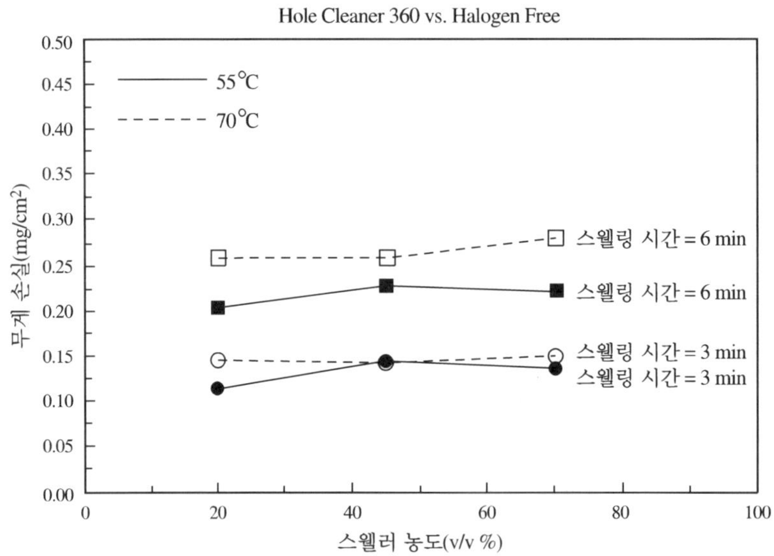

그림 3.15 hole cleaner360 sweller 농도별 & halogen free의 weight loss

2) Micro etching

다음은 위 처리된 홀 속의 SEM 사진들을 수록하였다.

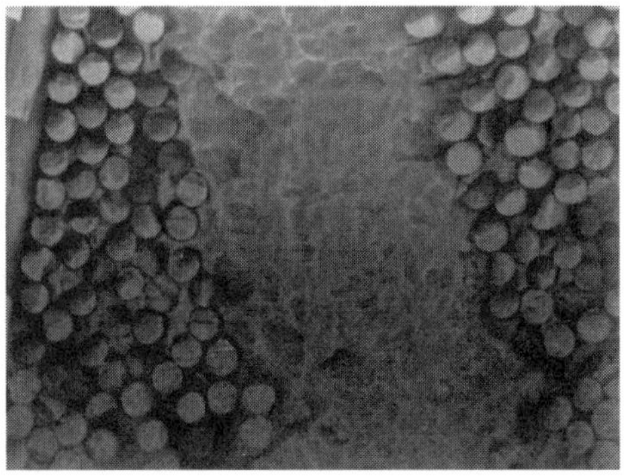

그림 3.16 hole cleaner A/B 20%, 55°C, 6분 처리된 FR-4 홀 사진

그림 3.16, 그림 3.17, 그림 3.18은 동일한 hole cleaner A/B로 동일 농도로 처리하면서 온도만 차이를 두고 처리한 결과로써 70°C에서 처리한 홀 속이 55°C에서 처리한 홀 속보다 수지부에 etching이 잘 된 것을 알 수 있다.

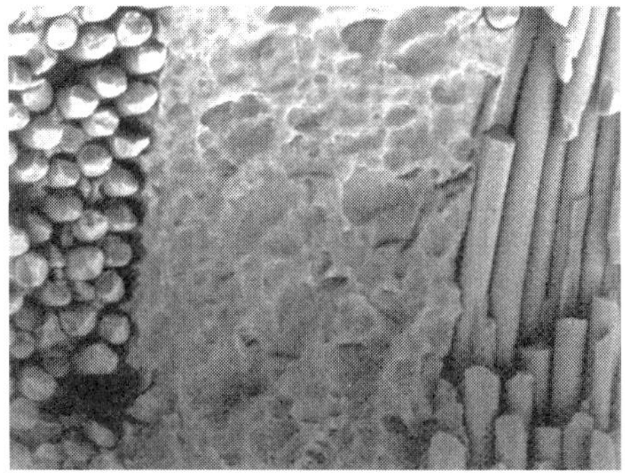

그림 3.17 hole cleaner A/B 20%, 70°C, 6분 처리된 FR-4 홀 사진

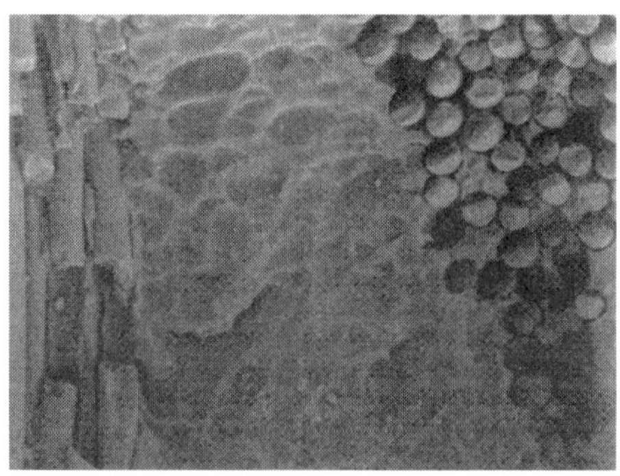

그림 3.18 solvent II 20%, 55°C, 6분 처리된 FR-4 홀 사진

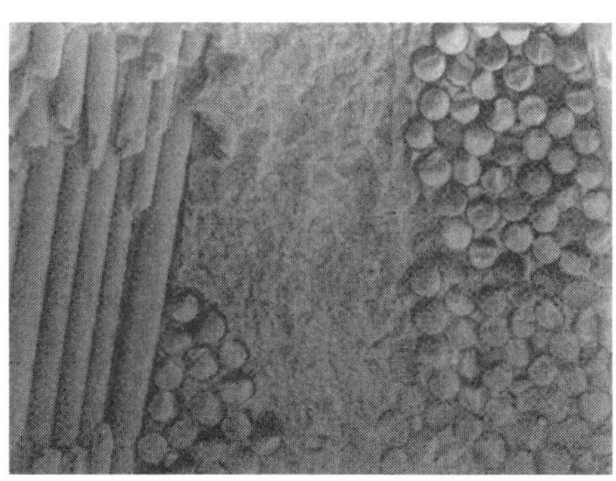

그림 3.19 solvent II 70%, 70°C, 3분 처리된 FR-4 홀 사진

위 그림 3.18, 그림 3.19는 solvent II로 처리 시 농도, 온도, 처리시간의 차이를 두고 처리한 결과로 그림 3.19가 농도를 올리고, 온도도 올리고, 처리시간은 그림 3.18의

절반으로 처리하였지만 결과는 그림 3.18 보다 etching이 많이 되었음을 볼 수 있다. 이것을 FR-4의 경우 solvent II sweller는 농도, 온도에 etching 정도가 크게 좌우함을 알 수 있다.

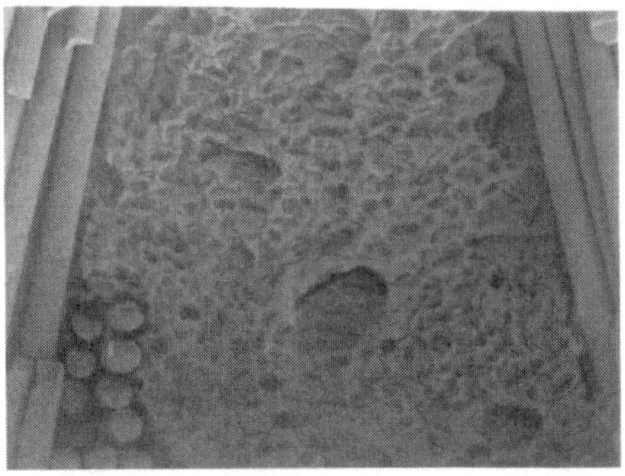

그림 3.20 hole cleaner360 20%, 70°C, 3분 처리된 FR-4 홀 사진

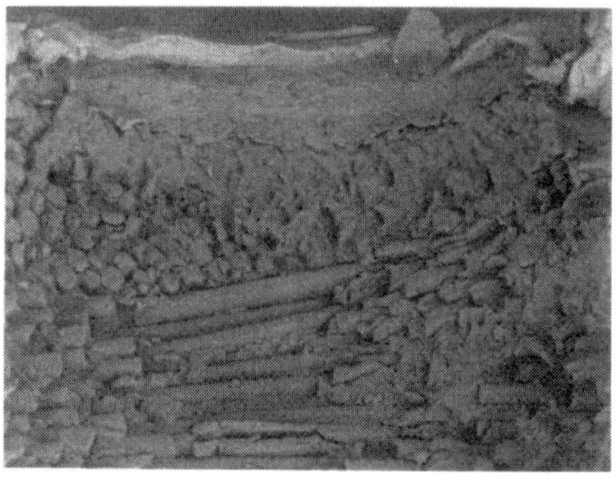

그림 3.21 hole cleaner A/B 20%, 55°C, 3분 처리된 FR-5 홀 사진

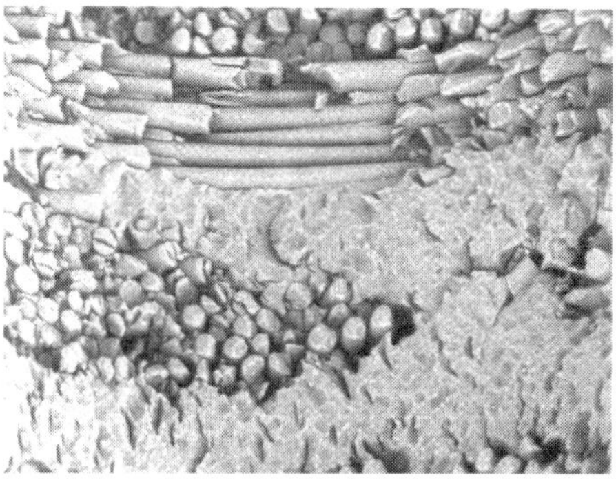

그림 3.22 hole cleaner A/B 70%, 55°C, 6분 처리된 FR-5 홀 사진

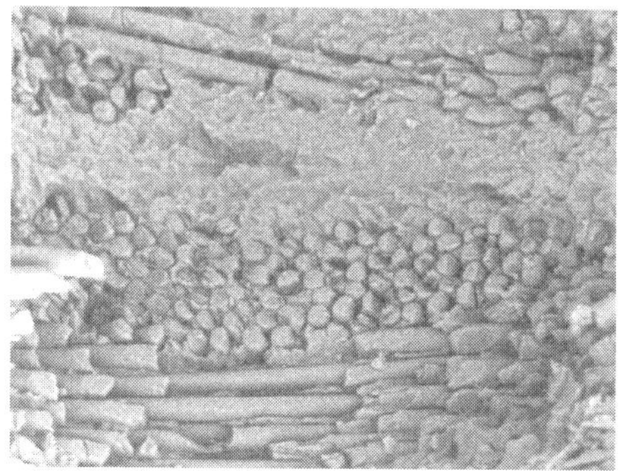

그림 3.23 solvent II 70%, 70°C, 6분 처리된 FR-5 홀 사진

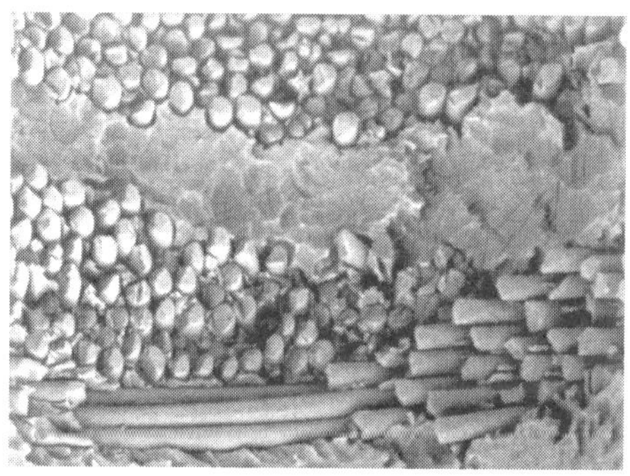

그림 3.24 hole cleaner360 40%, 70°C, 6분 처리된 FR-5 홀 사진

위 그림 3.21, 그림 3.22, 그림 3.23, 그림 3.24는 FR-5의 sweller 종류별 홀 속 사진으로 그림 3.21은 처리가 잘 안되었음을 알 수 있고, 그림 3.23, 그림 3.24는 처리가 잘 되었음을 알 수 있다.

그림 3.25 hole cleaner A/B 70%, 55°C, 6분 처리된 FR-406 홀 사진

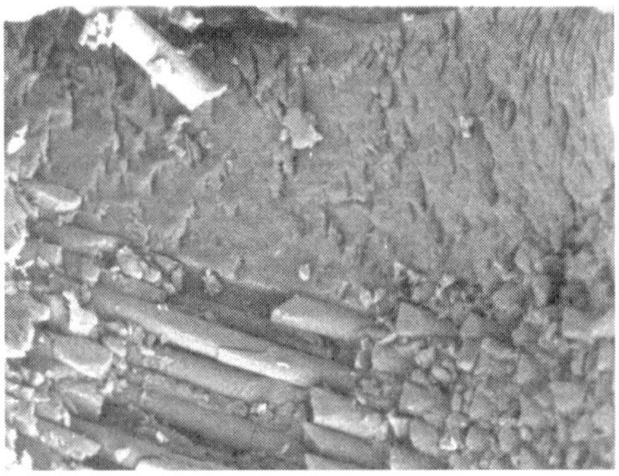

그림 3.26 solvent II 70%, 55°C,3분 처리된 FR-406 홀 사진

그림 3.27 hole cleaner360 45%, 55°C, 3분 처리된 FR-406 홀 사진

위 그림 3.25, 그림 3.26, 그림 3.27은 FR-5의 처리 사진과 거의 동일함을 알 수 있다.

그림 3.28 hole cleaner A/B 70%, 55°C, 3분 처리된 BT 홀 사진

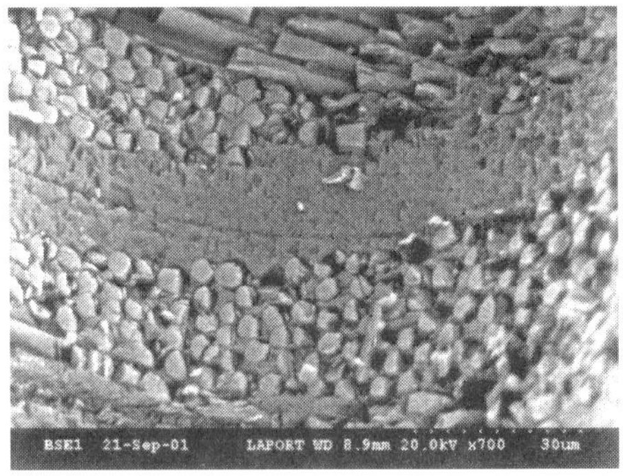

그림 3.29 solvent II 45%, 70°C, 3분 처리된 BT 홀 사진

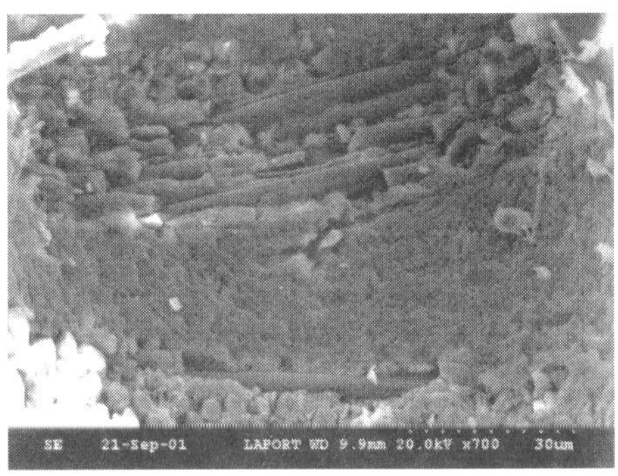

그림 3.30 hole cleaner360 20%, 55°C, 3분 처리된 BT 홀 사진

위 그림 3.28, 그림 3.29, 그림 3.30은 BT의 홀 사진으로 그림 3.28은 거의 처리가 안 되었음을 알 수 있고, 그림 3.29, 그림 3.30 역시 처리가 미흡함을 알 수 있다. BT resin을 확실하게 처리하기 위해서는 새로운 Desmear 방식이 필요함을 알 수 있었다.

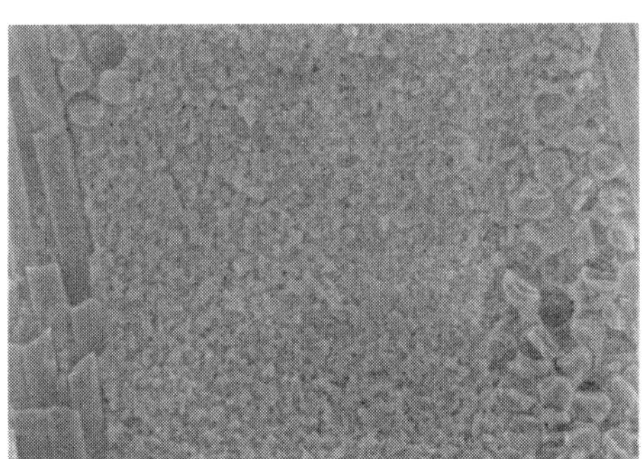

그림 3.31 hole cleaner A/B 20%, 55°C, 3분 처리된 halogen free 홀 사진

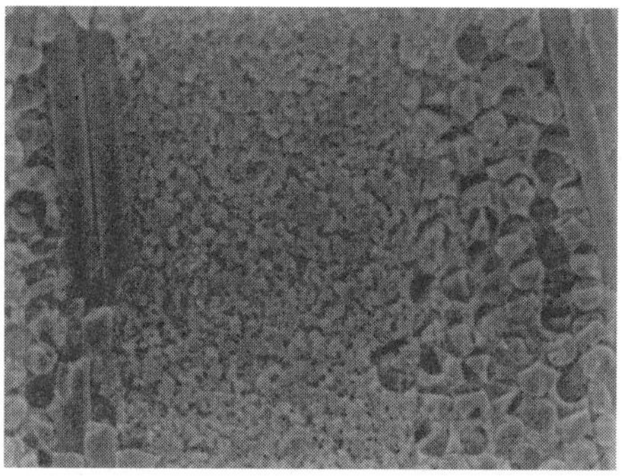

그림 3.32 Solvent II 20%, 55°C, 3분 처리된 Halogen Free 홀 사진

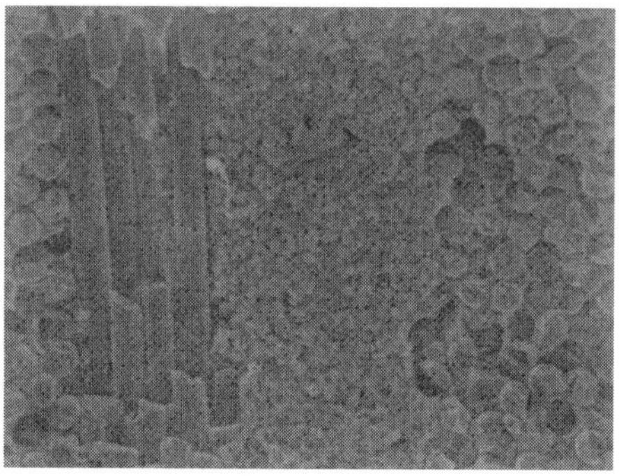

그림 3.33 Hole Cleaner360 20%, 55°C, 3분 처리된 Halogen Free 홀 사진

위 그림 3.31, 그림 3.32, 그림 3.33은 Halogen Free FR-4로 FR-4 처리보다 처리가 약한 결과를 보이고 있음을 알 수 있다.

3) 신뢰성

위와 같이 각 Sweller의 종류별/재질별로 처리된 홀 들에 대하여 최종적으로 도금 후에 신뢰성 Test를 Solder Pot에서 Flow Test를 3Cycle 실시 후 분석되었다.

그림 3.34 Hole Cleaner A/B 20%, 55°C, 2분 처리된 FR-4홀의 Soldering 후 사진

그림 3.35 Solvent II 70%, 70℃C, 6분 처리된 FR-4홀의 Soldering 후 사진

그림 3.36 Solvent II 20%, 55°C, 3분 처리된 FR-4홀의 Soldering 후 사진

그림 3.37 Hole Cleaner360 70%, 70°C,3분 처리된 FR-4홀의 Soldering 후 사진

그림 3.38 Hole Cleaner A/B 20%, 55°C, 3분 처리된 홀의 Soldering 후 사진

그림 3.39 Hole Cleaner360 70%, 70°C, 6분 처리된 홀의 Soldering 후 사진

그림 3.40 Solvent II 20%, 55°C, 3분 처리된 홀의 Soldering 후 사진

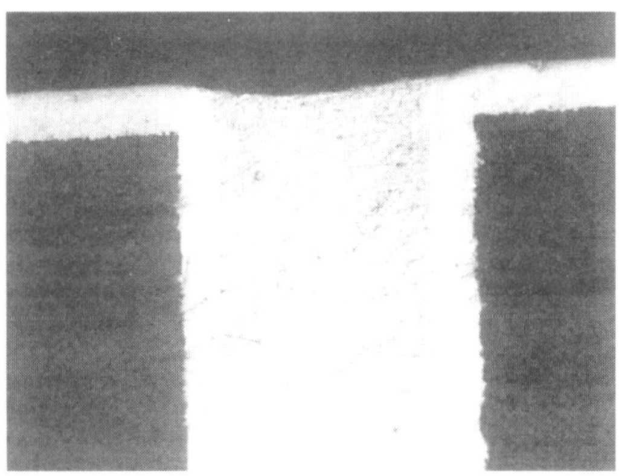

그림 3.41 Hole Cleaner360 70%, 70°C, 6분 처리된 홀의 Soldering 후 사진

그림 3.42 Hole Cleaner A/B 20%, 55°C, 3분 처리된 홀의 Soldering 후 사진

그림 3.43 Solvent II 70%, 78°C, 6분 처리된 홀의 Soldering 후 사진

3.1.4 결과

1) FR-4 ; 모든 Sweller Type에서 양호한 것으로 나타났다.
2) Glycol-ether Type Sweller(Cleaner A/B)는 FR-4 외의 재질에는 부적절함을 알 수 있었다.
3) SolventII Sweller는 고온, 고농도에서 좋은 결과를 나타냈었다.
4) Cleaner360 ; FR-406, FR-5에서 저농도에서 좋은 결과를 보였다.
5) BT resin은 3종류의 Sweller에서 큰 효과가 없음을 알 수 있었으며 새로운 형식의 Desmer 처리가 필요함을 알 수 있었다.
6) Halogen Free FR-4는 SolventII, Cleaner360의 조건 보강으로 처리하면 좋은 결과를 나타내었다.

3.2 Filled Micro Via 원리 및 적용

3.2.1 개념

1) PCB의 경박단소화의 결과 Micro Via를 Filling 함으로써 공간 활용을 극대화할 수 있다.
2) Micro Via의 도금 전·후의 Aspeet Ratio의 변화 ; Throwing Power가 일정치 않고, 도금 시간에 의존한다.

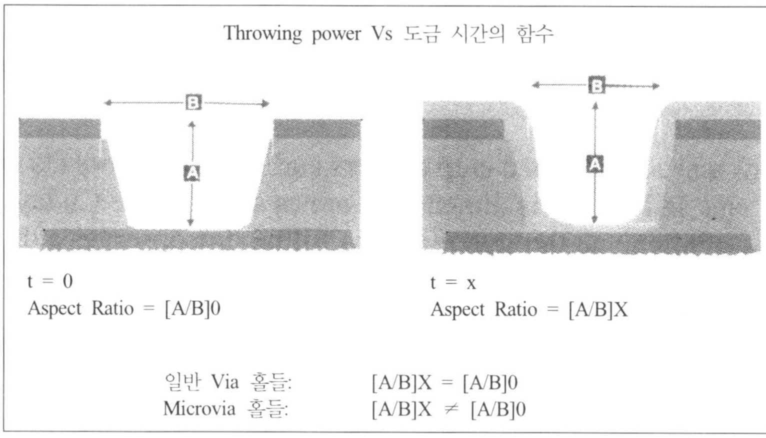

그림 3.44 Cu 도금동안 BMV(Blind Micro Via)의 Aspect Ratio의 변화

위 그림 3.44에서 보듯이 Cu가 도금되는 동안 일반적인 Via Hole은 시간경과에 따라 Aspect Ratio가 변하지 않지만, Blind Micro Via Hole은 시간 경과에 따라 Aspect Ratio가 처음과는 달라지는 양상을 보인다.

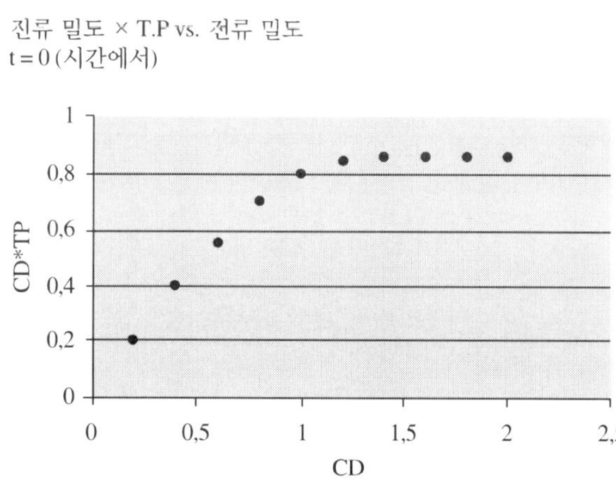

그림 3.45 CD의 변화에 따른 CD×TP의 관계도

위 그림 3.45에서 알 수 있듯이 CD가 상승함에 따라 CD×TP의 값이 함께 상승하다가 CD가 약 1.2 이상에서는 CD×TP가 일정함을 알 수 있다.

TP(Throwing Power)는 일반적으로 CD(Current Density), 홀∅, 홀 깊이(두께)의 함수로써 표현할 수 있다.

3.2.2 적용

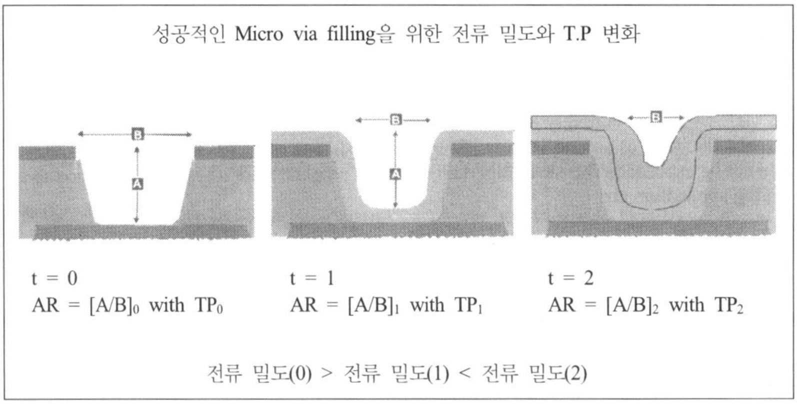

그림 3.46 Via Filling Process

위 그림 3.46에서는 Via Filling시 t=0, t=1, t=2 변화 시 AR 변화와 그에 따른 CD의 적용을 보여주고 있고 이렇게 함으로써 성공적인 Micro Via Filling이 되는 것을 알수 있다.

1) 수평 Cu 도금 Line적용

수평 Cu 도금 시에는 용해된 Cu Anode를 사용하고, Reverse Pulse 도금 정류기를 적용한다.

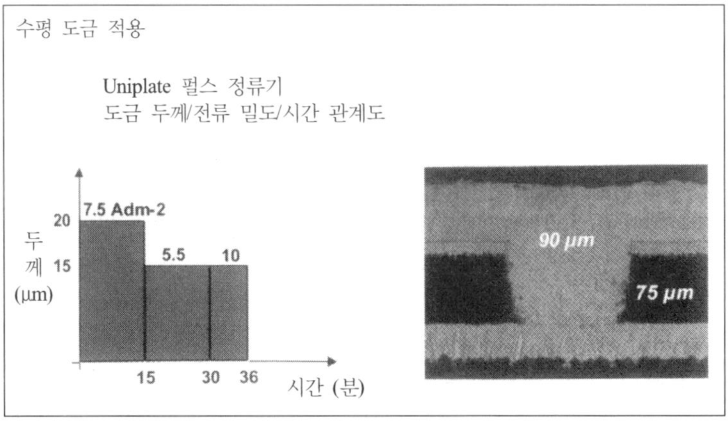

그림 3.47 Filled Blind Micro Via의 도금 조건과 X-Section 사진

위 그림 3.47에서와 같이BMV 도금 시 도금시간에 따른 CD의 변화조건과 AR= $\frac{75}{90} \simeq 0.83$의 BMV의 Filling 도금된 홀의 모습을 보여주고 있다.

2) 수직 Cu 도금 Line 적용

수직 Line에서 Filled Via 도금의 Chemical Factor는 다음과 같다.

① Cu 이온 농도(Cu^{2+})
② 광택제의 성능
③ Cl^{-}농도
④ 온도
⑤ Agitation 방식

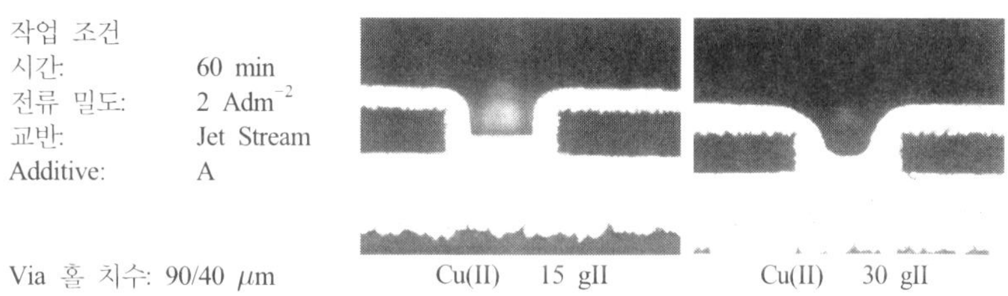

그림 3.48 Cu 농도별 Via Filling의 차이

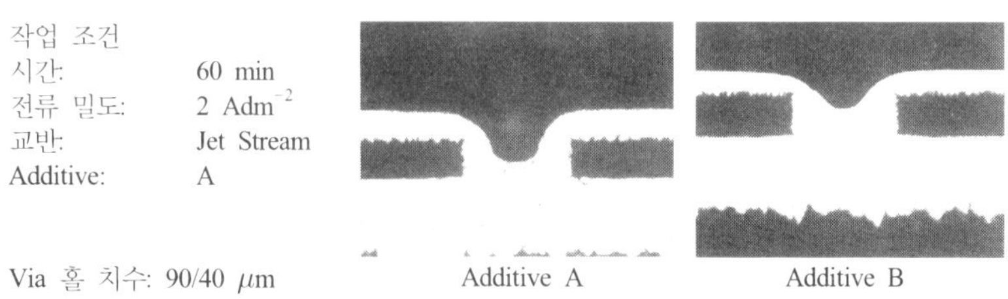

그림 3.49 광택제의 Leveller 첨가제 종류에 따름 Via Filling의 차이

위 그림 3.48에서도 알 수 있듯이 Cu 농도가 높아짐에 따라 Via Filling에 유리함을 알 수 있다.

또한, 그림 3.49에서는 광택제의 첨가제(Leveller)의 종류에 따라 additive B가 additive A보다 도금율이 좋음을 알 수 있다.

작업 조건
시간: 60 min
전류 밀도: 2 Adm^{-2}
교반: Jet Stream
Additive: A

Via 홀 치수: 50/40 μm

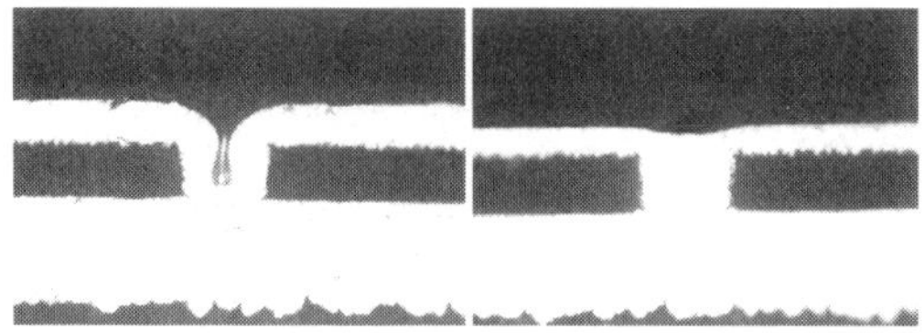

그림 3.50 agitation에 따른 Via filling 차이

위 그림 3.50에서는 agitation 방식에서 air agitation 방식과 Jet Stream agitation 방식을 적용 시 BMV filling의 현저한 차이를 보임을 알 수 있다.

3.2.3 Through Via의 filling

일반적으로 PCB에는 BMV만 있는 것이 아니라 Through Via 역시 있는데 BMV filling의 경우는 위에서 설명을 하였고, 여기서는 BGA의 초 박판 기판에 Laser Drill 된 Micro Via 홀의 filling 도금된 모습이 그림 3.51에 보여주고 있다.

Cu – Ni – Au Pattern Plating
전류 밀도: 1.5 A/dm^2
도금 시간: 60 min
Cu 두께: 20 μm

기술: T-BGA
PTH 치수: 50 × 30 × 20 μm
드릴: Laser
재질: Polyimid

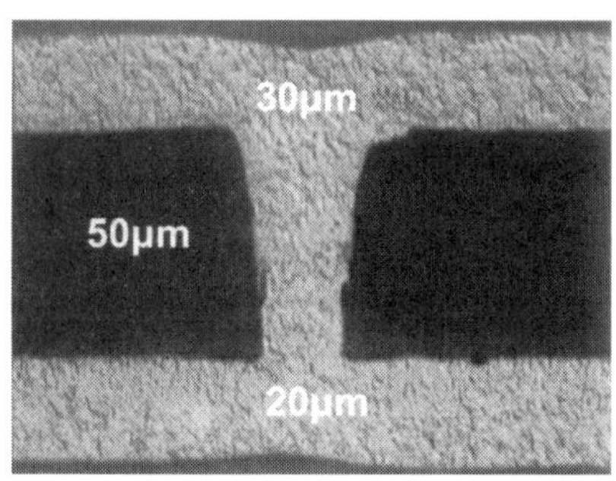

그림 3.51 BGA 재질에 도금된 filled Through Micro Via의 모습

3.3 Fine line etching 기술

3.3.1 개념

현재 25μm 이하의 회로를 형성하기 위해서는 Semi-additive 공법, differential etching, full build electroless Cu plating 공법(full additive 공법), Vapor deposition 방식 등이 개발되고 있다.

1) process 개요

① PCB는 RF(Reverse Treated Cu foil: 1/2oz)의 D/S CCL(core 두께: 0.1mm)를 요한다.
② Cu foil은 half-etching으로 두께를 더욱 얇게 해야 한다.
③ D/F resist는 강력한 접착력(특히, 세선 밀착력)이 필요하다.
④ etching 조건이 보완되어야 한다.

2) half etching

① 현재 Ultra thin Cu foil인3/8oz(12.7μm), 1/4oz(8.5μm), 1/8oz(4.3μm) 제조가 어렵고, 취급 또한 어려우며 고가이다. 따라서, half etching으로 얇게 해야 한다.
② 일반 수평 etching 시 문제로써 그림 3.52와 같이 상면의 Cu의 etchant가 Diffusion Layer의 두께 차이로 불균일한 etching이 된다는 것이다.

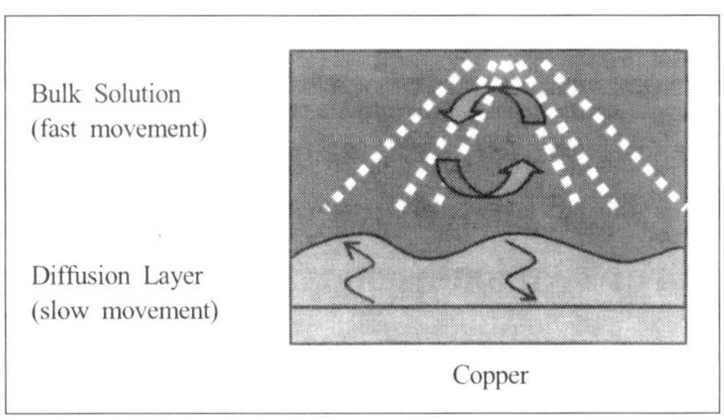

그림 3.52 수평 etching시 Cu 표면의 염화동 etchant의 상이한 Diffusion Layer

즉, Spray 되는 부식액은 ion화가 빠르지만, Cu 표면의 etchant는 느린 흐름으로 ion화 율이 떨어짐으로 하면보다 etching률이 떨어진다. 이것은 다음 식에 의해 설명된다.

$$S = 0.37\left(\frac{V\rho X}{\mu}\right)^{-0.2}$$

S ; Diffusion 층 두께
X ; panel 모서리부터의 거리
V ; 액 흐름 속도

ρ ; 액 비중

μ ; 액 점도

이것은 diffusion 층 두께가 Panel 모서리부터의 거리에 비례하고 모서리 부위가 etching이 빠르기 때문에 차별적인 Spray System이 필요하며 Spray 압력도 낮추어야 한다.

③ half etching 조건

Cu_2Cl_2의 half etching 조건은 다음과 같다.

- 비중은 36° Baume 정도로 1.33g/ml이다.
- 온도는 55°C이다.
- 산농도는 1.0N이다.
- ORP는 570mV이다.
- Spray 압력은 상은 3.1bar, 하는 2.4bar 정도이다.

도표 3.4 | half etching 된 Cu 두께 측정치

Panel 1	Panel 2	Panel 3	총 편차
평균: 7.29 μm	평균: 6.95 μm	평균: 7.06 μm	7.10 μm ± 0.72
표준 편차: 0.31 μm	표준 편차: 0.39 μm	표준 편차: 0.37 μm	편차: ± 10%

위 도표 3.4는 1/2oz Cu foil의 CCL의 half etching 후 3 panel의 평균 Cu 두께 및 두께 차이를 나타내고 있다. 평균 7.10μm ± 0.72 정도로 정밀도를 나타내고 있다.

3) Cu 표면 처리

half etching 후 D/F resist 적용 전에 Cu 표면을 처리함으로써 D/F의 강력한 접착력을 제공하기 위함이다.

① Cu의 Profile

RTF >half etching Cu Surface이다.

(2000Å) (1000Å)

② Chemical Cleaning이 추천된다.

즉, acid cleaner(탈지) → Rinse(수세) → soft etching(0.8μm etch) → Rinse(수세) → final Rinse(최종수세) → Dry(건조)로 구성되어 있다.

4) $CuCl_2$ 부식

① Imaging 공정 단계에서는 공정 관리가 중요하다.

도표 3.5 | 회로폭 측정 경로

	필름	D/F 상	D/F 하	Cu:1.8 상	Cu:1.8 하	Cu:2.0 상	Cu:2.0 하	Cu:2.3 상	Cu:2.3 하
보드 평균(μm)	19.3	21.9	21.9	15.6	17.0	18.1	18.7	20.3	20.7
보드 표준 편차	0.3	0.5	0.5	2.8	1.6	2.0	2.3	2.3	1.5
편차 $\pm 2\sigma$ (%)	3.2	4.2	4.8	35.7	19.0	22.2	24.1	22.5	14.7
수평 평균	19.2	21.9	21.9	15.1	16.9	18.3	18.9	20.5	20.2
수직 평균	19.3	21.9	21.9	16.1	17.0	17.9	18.5	20.0	21.3
수평 표준 편차	0.2	0.3	0.4	3.0	1.6	2.3	2.2	2.2	1.5
수직 표준 편차	0.3	0.5	0.5	2.3	1.5	1.4	2.2	2.2	1.1

위 도표 3.5에서는 회로폭 변화를 photo mask에서부터 D/F 현상 후 및 $CuCl_2$ 부식(부식 속도별 상면, 하면)후의 회로폭을 측정한 결과를 나타내고 있다.

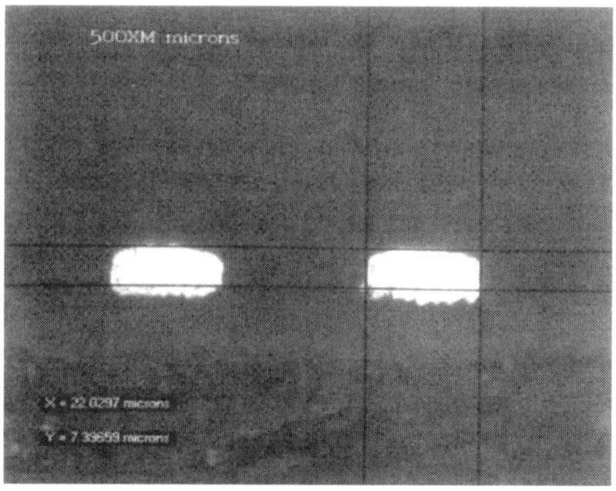

그림 3.53 etching 된 회로의 X-Section 사진(위 도표 3.5의 $CuCl_2$, 부식 속도 2.3의 경우)

② 상단에서 발생하는 diffusion Layer로 하단보다 etching 상태가 나쁘다.

③ 회로의 수평, 수직 배열에서 수직(직각으로 etchant와 만나 처리된 면)의 회로폭 감소가 크게 나타난다.

3.3.2 결과

1) 표준 조건(현상-부식-박리)설정으로 fine line 형성이 가능하다.
2) fine line 형성에서 etching step이 가장 큰 요소로 작용한다.
3) diffusion Layer는 얇은 photoresist 사용으로 줄일 수 있다.

3.3.3 요약

fine line 형성을 위한 중요한 인자는 다음과 같이 설명할 수 있다.

1) Cu를 얇게 해야 한다. 이를 위해 Cu의 half etching을 적용해야 한다.
2) Resist 접착력이 중요하다. 이를 위해 Resist 처리전 처리(Soft etching), LPR을 적용해야 한다.
3) etching을 상·하면 균일하게 처리할 수 있는 조건의 설정이 중요하거나, etching 설비의 수직화가 필요하다.

3.4 Build up process 적용을 위한 Electroless Cu plating.

3.4.1 개념

현재 BGA, CSP, MCM, Carrier 재료들이 Size가 작아짐에 따라 일반 MLB 재료 공법을 적용하는데 어려움이 있기 때문에 Build up 공법 적용이 바람직하다.

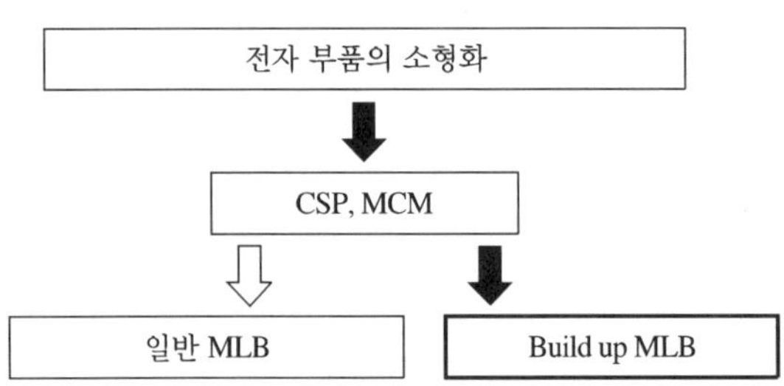

그림 3.54 Micro electronic device의 PCB 경향

3.4.2 Build up process

1) additive process

additive process는 Subtractive process와 반대의 공법으로 pattern 형성을 additive 하여 제조하는 공법으로 full additive process와 semi-additive process로 나누어진다.

아래 그림 3.55는 full과 semi-additive 공법을 나타내고 있다.

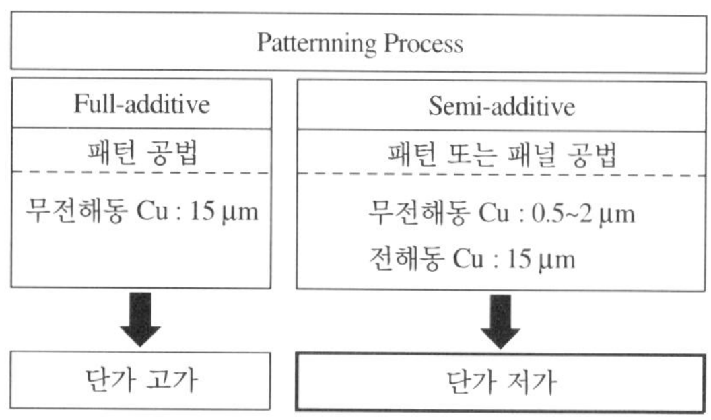

그림 3.55 Build up MLB 제조 공정

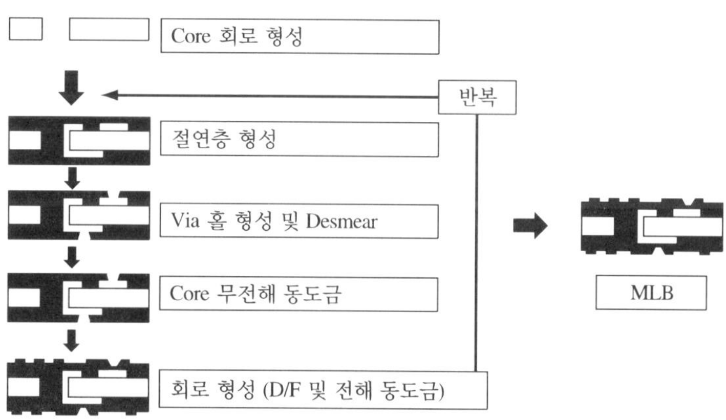

그림 3.56 Semi-additive Build up MLB 제조공정도

그림 3.56은 Semi-additive 공법에 의한 Build up MLB 제조 과정을 보여주고 있다.

2) Build up process에서 중요 factor

① 절연층과 Cu의 접착력으로 electroless Cu plating에 의해 좌우된다.

② 잔류 내부 응력은 내부 다른 층들에 Stress를 부여하여 층 사이 접착 불량을 야기한다.

③ electroless Cu 도금은 전기도금의 기저도금으로 완벽한 Covering이 되어야 한다.

④ Cu의 접착 강도(peel Strength)

- pell strength factor는 chemical, 재료 형상, 재료 강성 등이 있다.
- 여기는 electroless Cu 도금, Desmear에 의한 절연층 roughness 처리, 물리적·기계적 특성 등이 있다.

3.4.3 절연층과 electroless Cu의 접착력 증강제 ; Thru-Cup PEA

1) 기능

절연층과 무전해 동의 접착력을 극대화한다.

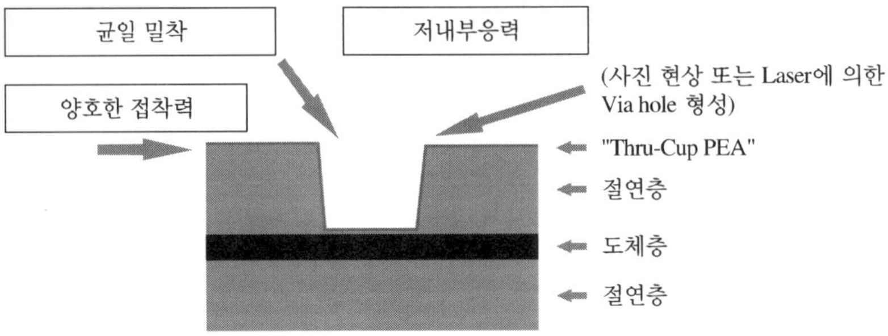

그림 3.57 Thru-Cup PEA의 성능

그림 3.57에서 보듯이 Thru-Cup PEA는 절연층과 Cu의 뛰어난 접착력을 제공하고, Cu의 균일한 도금이 가능하게 하며, Cu의 낮은 내부 응력을 보장한다.

2) peel strength

그림 3.58에서 보듯이 Thru-Cup PEA 처리된 Cu의 peel strength가 월등함을 알 수 있다.

그림 3.60에서는 다양한 종류의 epoxy들의 Thru-Cup PEA 처리 유무에 따른 peel strength의 차이를 보여주고 있다.

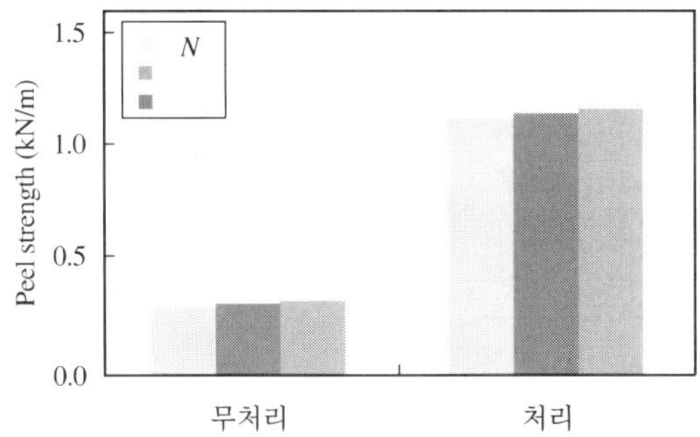

그림 3.58 전기 동도금 후 Thru-Cup PEA 처리 유·무에 따른 peel strength 비교

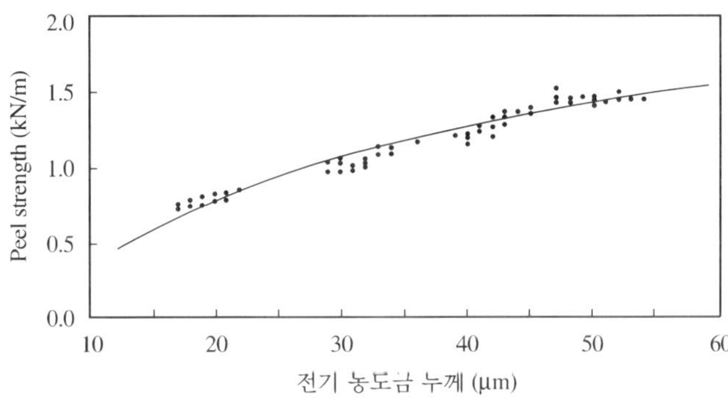

그림 3.59 무전해 동도금 후 전기 동도금의 두께에 따른 peel strength 비교

그림 3.61에서 보듯이 불량한 접착강도에 의해 Cu가 들뜬 상태를 보이고 있다.

3) 내부 stress

내부 응력에 의해 Delamination 및 Blister가 발생할 수 있으므로 낮은 내부 응력이 필요하다.

그림 3.63에서 보듯이 additive 농도가 약 40%이상에서 내부 응력이 50MPa이며, 이 때 peel strength가 1.25KN/m 정도로 이상적인 값을 지속함을 알 수 있다.

① 내부 응력의 변화는 도금막 내의 H_2 gas량에 의존한다.

② 무전해 Cu 도금 시 HCHO가 환원제로 작용한다.

즉, $Cu^{2+}+2HCHO+4OH^- \rightarrow Cu^+2HCOO^-+2H_2O+H_2\uparrow$

이 때, 발생하는 H_2 gas가 Cu 도금층에서 도금 물성을 나쁘게 하며, 내부 응력을 높인다. 이것은 열 처리함으로써 풀어 줄 수 있다.

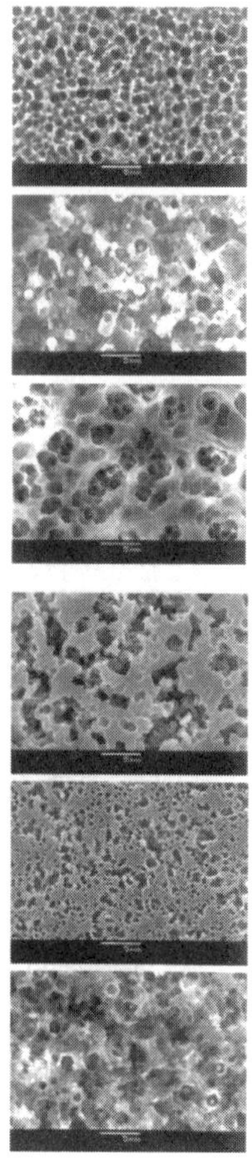

취약 (들뜸)	0.3 kN/m
취약 (들뜸)	0.8 kN/m
취약 (들뜸)	0.1 kN/m
1.2 kN/m	1.2 kN/m
취약 (들뜸)	1.4 kN/m
1.4 kN/m	1.4 kN/m

그림 3.60 다양한 epoxy들의 접착 강도의 비교

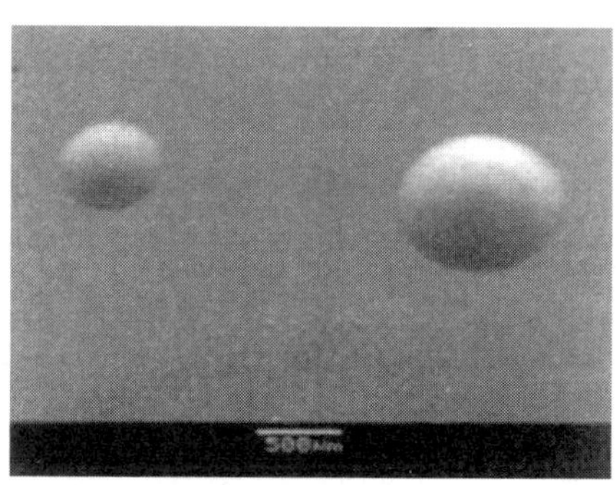

그림 3.61 불량한 접착 강도에 의해 야기된 Blister의 예

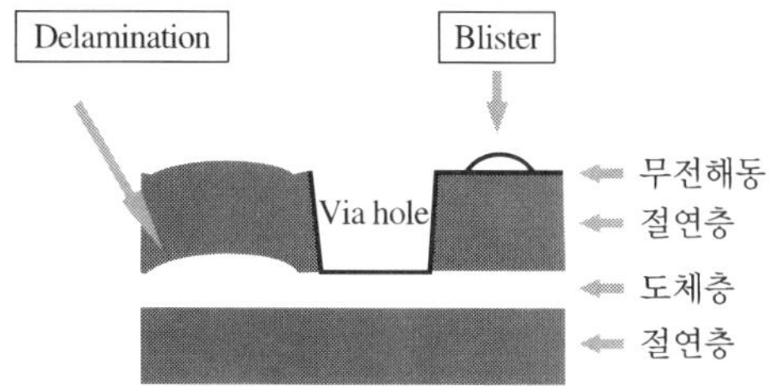

그림 3.62 높은 내부 응력에 의해 야기된 불량들

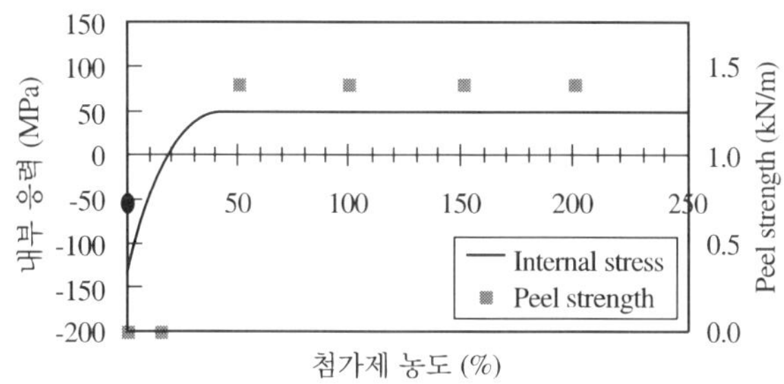

그림 3.63 Thru-Cup PEA의 additive 농도에 따른 내부 응력과 접착 강도 비교

(a) 무전해 동도금 전 (b) 무전해 동도금 후 peel 시험 (c) 접착 불량을 X-section 모형

그림 3.64 접착 불량의 예

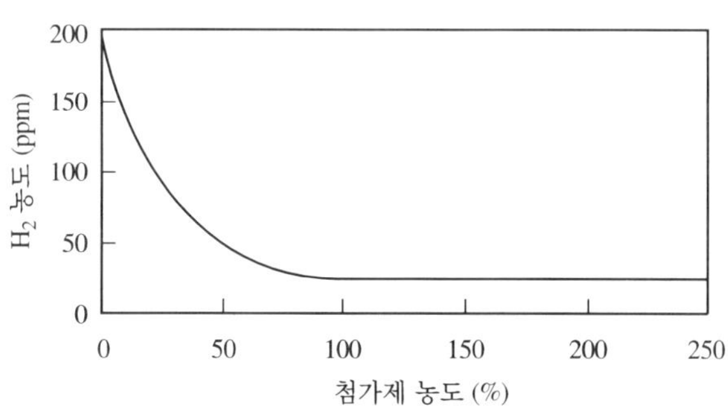

그림 3.65 Thru-Cup PEA 도금의 첨가제 농도에 따른 H_2 농도의 변화도

4) Via hole 속 균일 도금

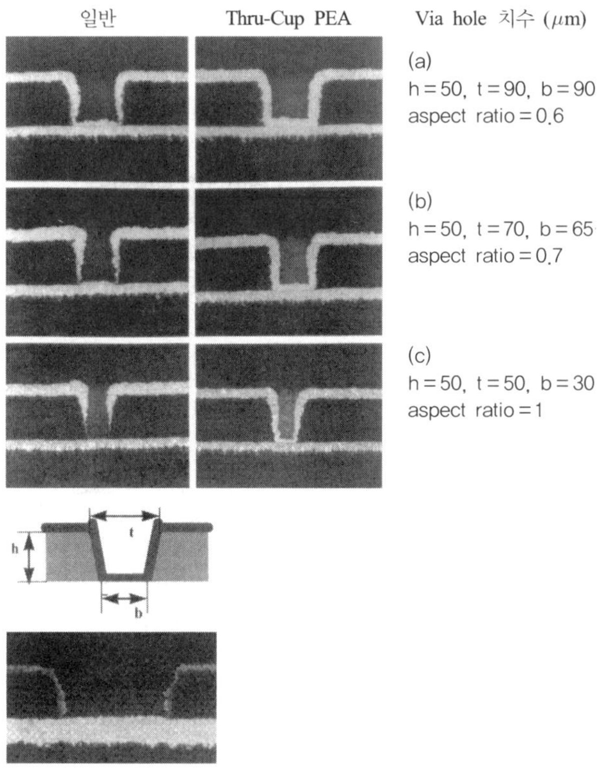

그림 3.66 high aspect ratio Via hole에 무전해 동도금 된 홀의 X-Section 사진

(a) Conventional

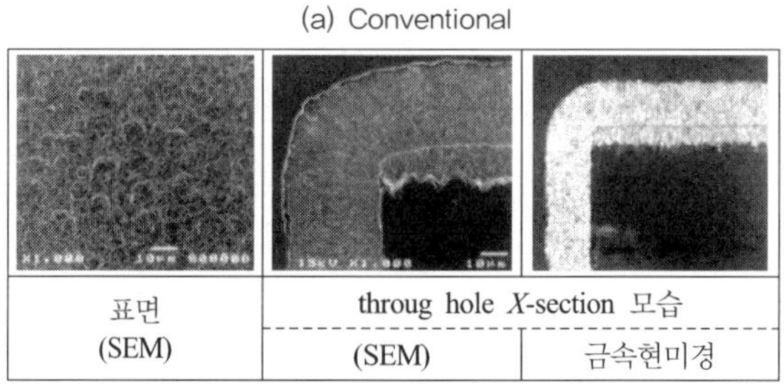

(b) hru-Cup PEA

그림 3.67 무전해 동도금 후 전기동도금 된 홀 Corner 및 홀 속 X-Section 사진

위 그림 3.67에서는 Thru-Cup PEA를 사용하여 도금된 홀과 사용하지 않고 도금된 via 홀의 Corner와 홀 속 사진으로 큰 차이를 보임을 알 수 있다.

5) Thru-Cup PEA처리 공정 flow

도표 3.6 | Thru-Cup PEA 도금 공정

공정	약품
크리닝/콘디셔너	ACL-009
마이크로 에칭	
산세	
준촉매	PED-104
촉매	AT-105
활성화	AL-106
무전해 동도금	Thru-Cup PEA (4μm/h, 36°C)

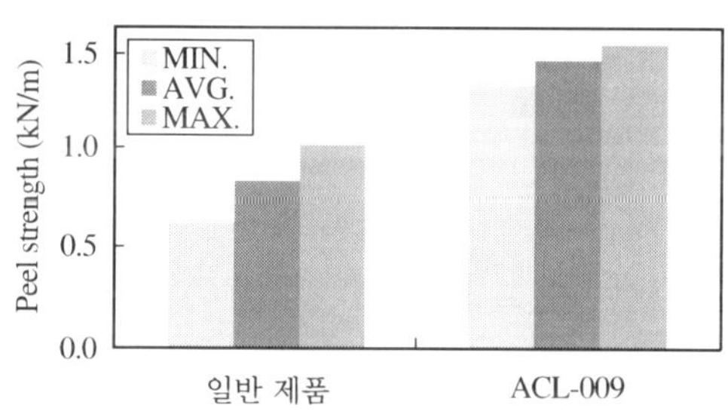

그림 3.68 무전해 동도금의 peel strength에 영향을 미치는 cleaner/condition종류별 비교도표

6) Chemical 및 도금막 특성

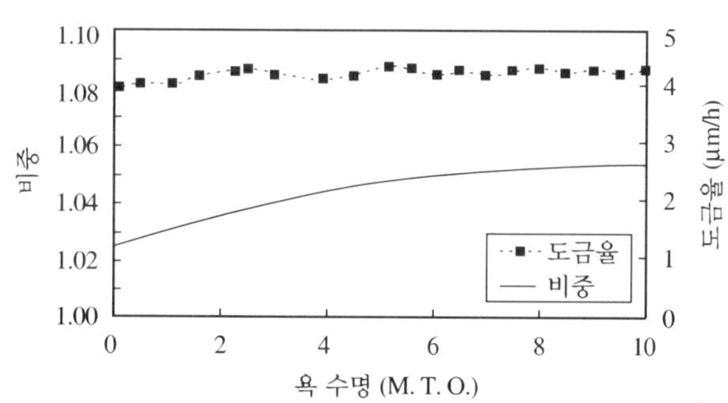

그림 3.69 Bath(욕)의 수명에 영향을 미치는 비중 및 도금율 비교도

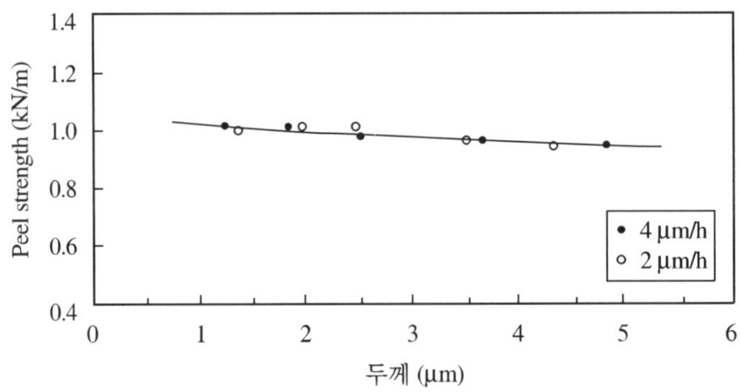

그림 3.70 무전해 동도금 두께와 도금율의 peel strength에 미치는 영향

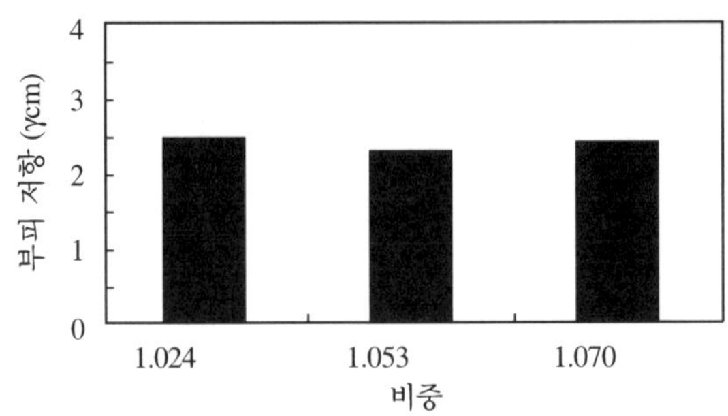

그림 3.71 Thru-Cup PEA 도금의 체적 저항성

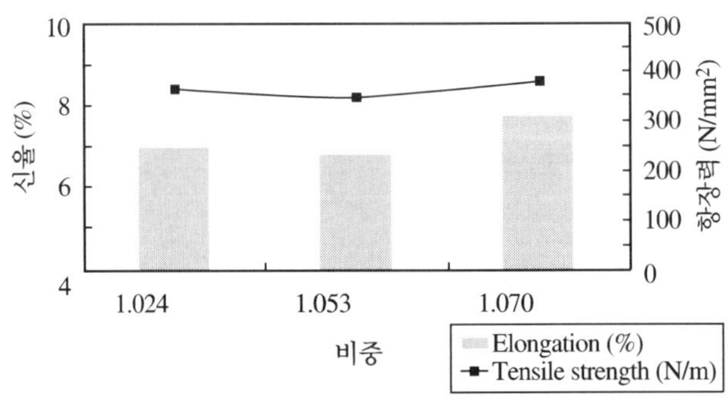

그림 3.72 Thru-Cup PEA 도금의 신율 및 항장력 비교

위 그림 3.69, 그림 3.70, 그림 3.71, 그림 3.72는 Thru-Cup PEA의 기타 특성곡선을 나타내고 있다.

3.5 Direct plating (Conductive Polymer)

3.5.1 개요

1) 기존의 Through hole process인 electroless Cu 도금은 formaline, cyan 등의 발암 물질 함유로 환경과 인체에 유해하다.

2) 그래서 Direct metalization을 도입하게 되었다. 그 종류로는
   ① pd type
   ② Carbon/Graphite type
   ③ Conductive Polymer(DMS-E) 등이 있고 Conductive Polymer type은 Desmear를 포함하여 6 Step의 공정으로 수평 Line에서 10분 정도 소요되어 생산성이 높다.

3.5.2 Direct plating의 비교분석

1) DMS-E

① 절연체에만 Conductive Polymer가 Coating되고, Cu에는 Coating이 안 된다. ; initiator가 oxidizer로 작용한다.

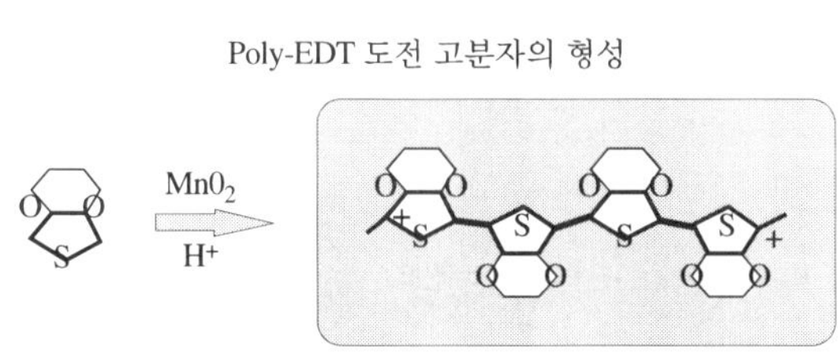

그림 3.73 Conductive Polymer 형성 반응 원리

위 그림 3.73은 대표적인 Conductive Polymer 중 Poly-EDT 도전 Polymer가 Coating 되는 원리를 보여주고 있다.

② 일반 Pd 또는 Carbon은 Coating층중 Cu 층의 film을 cleaner 또는 micro etching으로 제거해야 한다. 이 때, 과도한 etching은 pd 또는 graphite 층을 절연체로부터 제거하여 ring void 또는 wedge void 등을 유발할 수 있다.

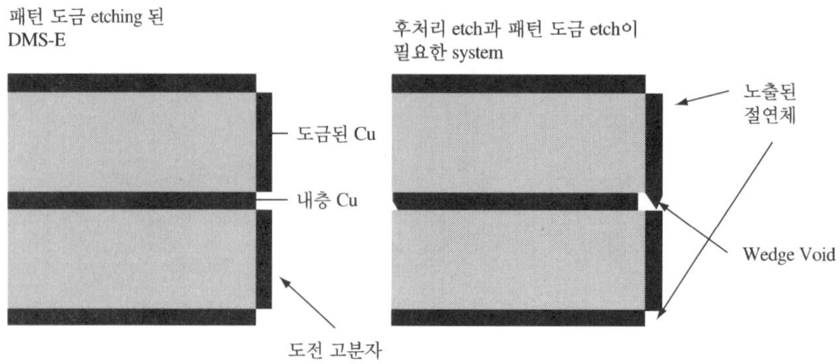

그림 3.74 DMS-E와 일반적인 D·P(pd, Carbon 등)의 발생 가능한 홀 속 불량 유형들

위 그림 3.74의 오른쪽 그림이 D·P(pd, Carbon) 처리될 경우 발생 가능한 ring void, wedge void 등을 설명하고 있다.

③ DMS-E의 Conductive polymer Type은 일반 D·P에 비해 내층 접속 불량, 홀과 표면의 접촉 불량, Micro Via 홀 불량 등을 현격히 감소시켜 준다.

④ Conductive Polymer의 저항이 10kΩ 정도로 전기도금 시 균일한 도금이 가능하고 도금 수율을 향상시켜 준다.

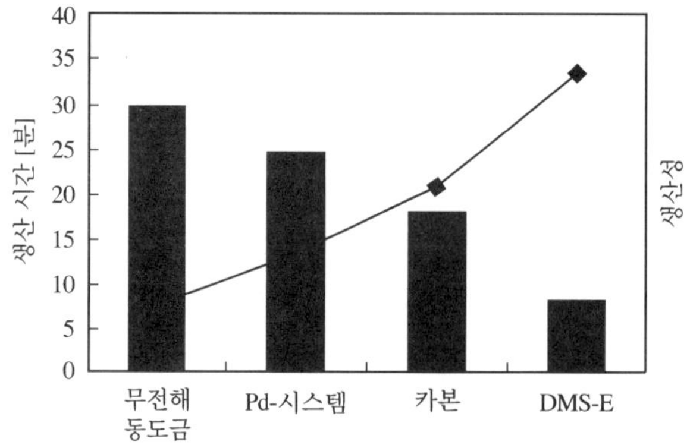

그림 3.75 여러 metalization type의 생산성 비교도

2) DMS-E process

① Conditioner

절연체 및 glass fiber 표면을 활성화시킨다.

② initiator(개시제)

Conductive Polymer 형성의 중요 Step으로

- resin/glass fiber 표면에 산화층을 형성시킨다.
- 산화층(manganese dioxide film)이 polymerization 반응에 결정적인 역할을 한다.

③ Catalyst

- monomer+유기산 Base로 구성되어 있다.
- manganese dioxide+monomer+유기산의 반응으로 이산화망간에 의한 Conductive Polymer가 형성이 된다.
  이 반응은 보통 60초 정도로 빠르다. 또한 초음파 등의 보조 장치를 추가하면 aspect ratio가 10:1 이상의 초 다층 PCB까지 무리 없이 처리할 수 있다.

④ **initiator와 Catalyst 사이의 수세는 중요하다.**

1차 수세는 manganese dioxide film 조절에 중요하고, 2차 수세는 내층 Cu 부위의 산화 제거를 위해 중요하다.

도표 3.7 | DMS-E의 공정 조건

공 정	온 도	수평 공정 시간
콘디셔너 7010	40°C	30초
수세	상온	15초
중성 과망간산 7020	80 ~ 90°C	45 ~ 60초
순환수세	상온	30초
촉매 7050	20 ~ 30°C	60 ~ 75초
수세	상온	15초
건조	90°C	45 ~ 60초

도표 3.8 | electroless Cu 도금 & Conductive Polymer Base의 D·M의 단가, 비용 비교표

디스미어 & 무전해 동도금 (수직 Line)	디스미어 & DMS-E (수평 Line)	수세와 소모량	Envision® TopCom (수평 Line)
10800 L/Hr	2520 L/Hr	수세	1260 L/Hr
64,800,000 L	15,120,000 L	수세량 L/년	7,560,000 L

다음 페이지에 계속 >>>

도표 3.8 | electroless Cu 도금 & Conductive Polymer Base의 D·M의 단가, 비용 비교표

디스미어 & 무전해 동도금 (수직 Line)	디스미어 & DMS-E (수평 Line)	수세와 소모량	Envision® TopCom (수평 Line)
777,600 NT$	181,440 NT$	수세 단자 NT/m³	90,720 NT$
972,000 NT$	226,800 NT$	약품 처리 단가: 15 NT/m³	113,400 NT$
648,000 NT$	151,200 NT$	슬러지 단가: 10 NT/kg	75,600 NT$
2,397,600 NT$	559,440 NT$	합계	279,720 NT$
0	**49,680,000 L**	무전해 동도금 대비 약품절 감량	**57,240,000 L**
0	**1,838,160 NT$**	무전해 동도금 대비 단가 절감액	**2,117,880 NT$**

3) Micro via 신뢰성 측면의 D·M

① Catalyst가 PH 2.5 정도의 낮은 산성의 표면 완충용액으로 되어 있다.
② monomer+manganese dioxide 반응이 신속하다.
③ micro via의 air bubble 포집 가능성이 거의 없어 1:0.5의 aspect ratio를 갖는 micro via에서도 뛰어난 도금이 가능하다.

위 그림 3.76, 그림 3.77, 그림 3.78은 모두 RCC로 Build up PCB의 층을 형성하여 Laser 드릴로 micro via를 형성하고, ∅별 D·M 적용 후 전기 동도금까지 진행하여 Throwing Power를 측정한 결과로써 아주 양호한 결과를 보여주고 있다.

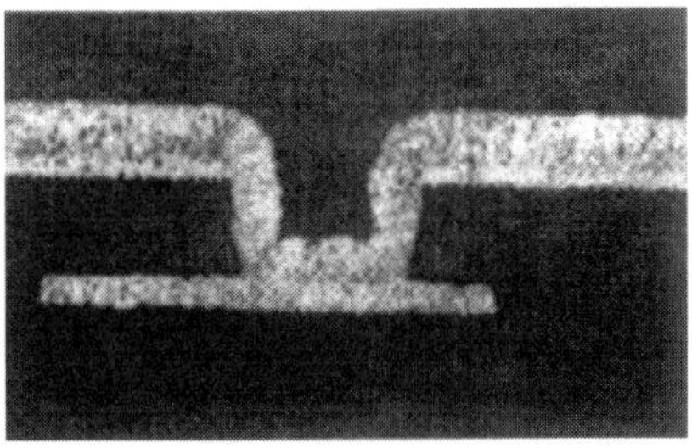

그림 3.76 RCC에 Laser ∅ 0.1 드릴 된 micro via 홀에 D·M 도금 후 전기 동도금 된 모습 (aspect ratio=$\frac{0.05}{0.1}$, T.P: 85%)

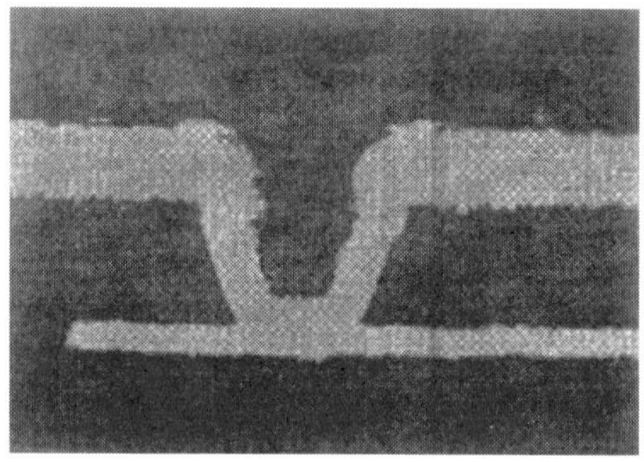

그림 3.77 RCC에 Laser ∅ 0.08 드릴 된 micro via 홀에 D·M 도금 후 전기 동도금 된 모습 (aspect ratio=$\frac{0.05}{0.08}$, T.P: 85%)

그림 3.77 RCC에 Laser ∅ 0.05 드릴 된 micro via 홀에 D·M 도금 후 전기 동도금 된 모습 (aspect ratio=$\frac{0.06}{0.05}$, T.P: 60%)

3.6 전기 동도금 신율 & 광택제

3.6.1 개요

1) HDI, Micro Via PCB는 동도금 기술과 신뢰성이 좋아야 한다.
2) 열적, 기계적 특성이 좋아야만 high aspect ratio 홀을 장시간 사용해도 barrel 및 Corner Crack 발생이 없다.
3) 유기 절연층 또한 Cu와의 CTE 차이로 Z축 팽창 시 문제가 발생할 가능성이 있으므로, 도금된 Cu는 연신율과 항장력이 좋아야 한다.
4) thermal stress(288°C, 10sec floating 시)에 견디기 위해서는 연신율이 6% 이상이 필요하고 항장력은 50KPSI(30KN/cm^2) 정도가 요구된다.

5) 전기동도금 중 유산동은 Throwing power의 Control이 용이하고, 저 도금 편차가 가능하며 여기서 additive(광택제)는 도금 물성, 도금성을 향상 시키는 중요한 요소로 작용한다.
6) 물리적 특성은 광택제의 농도 조절, 전류밀도, 전류파형 등에 좌우되고, 특히 연신율은 정류기 type에서 reverse pulse 〉 Dc 〉 pulse 순으로 나타난다.
일반적으로 reverse pulse 정류기를 적용하면 연신율이 5.2%, 항장력이 20.34 kgf/cm^{2}를 얻을 수 있다.
7) Cl^-은 Cu^+과 반응하여 CuCl을 형성하고, Cu 표면에 Cu^+ 농도를 증가시키므로 2층의 Capacitance 와 Polarization을 낮춘다. 또한 도금층의 내부 응력 완화를 위해 광택제와 복합적인 영향을 미친다.

3.6.2 연신율 실험

1) 도금조 : 1.5L 도금조
2) 정류기 : DC 10A
3) 교반 : air 및 기계교반
4) 도금 Cell: 함인동극
5) 도금시편: 도금 Cell = 1:2(면적비)로 도금시편의 면적은 80cm^{2}이다.
6) 기계 교반 속도 : 120cm/분
7) 도금 두께 : 40um
8) 액 조성
   - 광택제 (Brightner, Leveller, Carrier)
   - 황산농도 (200g/L)
   - 황산구리 농도 (200g/L, 40g/L, 60g/L)
9) test 방법
   Bulge Test를 사용하여 연신율, 항장력을 측정하였다.

그림 3.79는 Ductensiomat 방법이라 하여 연신율과 항장력을 동시에 측정할 수 있다.

그림 3.80에서 Graph의 검은색 내부의 면적이 어떤 시료의 파괴 energy를 나타내고, Rm 부위의 연신율(elongation)과 압력(항장력)을 읽어주면 된다. Test 전에 Cu foil은 140°C, 2시간 Cure 처리해야 한다.

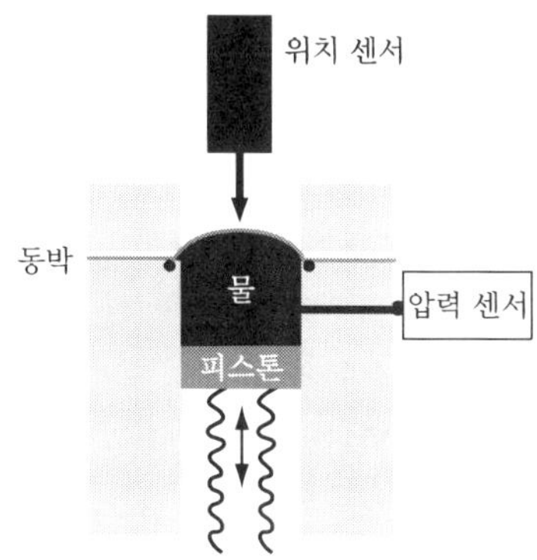

그림 3.79 연신/항장 Test 방법 (Pressure 실린더는 ∅8mm이다.)

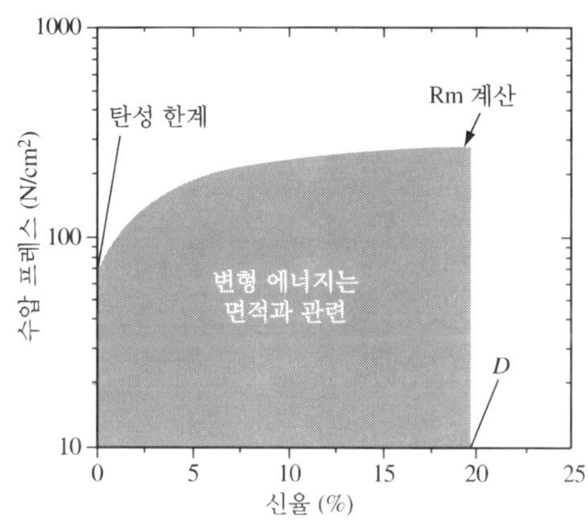

그림 3.80 대표적인 Stress, Strain graph

3.6.3 Test 결과

1) Cl⁻의 영향

광택제 없이 Cu 농도 40g/L, 황산농도 200g/L 상태에서 도금된 Cu foil의 연신율을 측정한 결과 다음과 같았다.

도표 3.9 | Cl⁻의 Cu 연신율 영향(Brightner, Leveller가 함유된 도금조)

번호	L(ml/l)	B(ml/l)	Cu(g/l)	H_2SO_4(g/l)	CT(ppm)	A/dm^2	연신율 %	항장력(KN/cm^2)
1	20	0.5	40	200	0	2	2.3	30.6
2	20	0.5	40	200	22	2	4.1	29.2

다음 페이지에 계속>>>

도표 3.9 | Cl^-의 Cu 연신율 영향(Brightner, Leveller가 함유된 도금조)

번호	L(ml/l)	B(ml/l)	Cu(g/l)	H_2SO_4(g/l)	CT(ppm)	A/dm^2	연신율 %	항장력(KN/cm^2)
3	20	0.5	40	200	30	2	17.3	33.5
4	20	0.5	40	200	50	2	18.0	40.2
5	20	0.5	40	200	60	2	18.5	36.4
6	20	0.5	40	200	75	2	13.5	34.2
7	20	0.5	40	200	100	2	9.2	34.6

**L: Leveler B: Brightener

위 도표 3.9에서 보면 Cl^- 농도가 50ppm, 60ppm일 경우에 연신율과 항장력이 가장 좋은 결과를 나타냄을 알 수 있고, 그 이하, 이상일 경우 떨어지는 것을 알 수 있다.

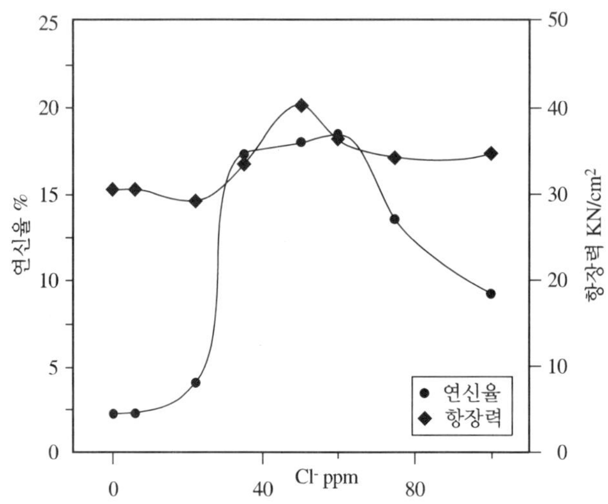

그림 3.81 광택제가 함유된 도금조의 물리적 특성 VS. Cl^- 농도 graph

위 그림 3.81은 광택제가 있는 도금조의 Cu의 연신율과 항장력의 graph로 도표 3.10의 내용이고, 그림 3.82는 광택제가 없는 도금조의 Cu의 연신율과 항장력의 관계 graph로 연신율은 Cl^- 농도가 20~40ppm에서 좋은 결과를 나타냈고, 항장력은 Cl^- 농도가 30~50ppm에서 좋은 결과를 보여 두 가지를 모두 만족하는 조건은 Cl^- 농도가 40ppm을 알 수 있고 그 세부 결과는 다음 도표 3.10에 나타나 있다.

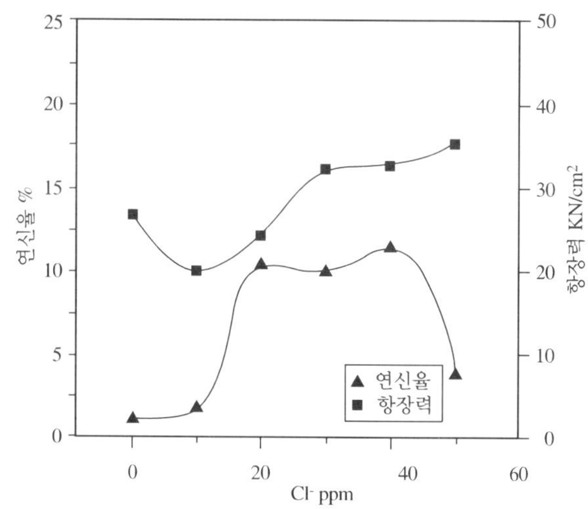

그림 3.82 광택제가 없는 도금조의 물리적 특성 VS. Cl^- 농도 graph

도표 3.10 | Cl^-의 연신율 영향(Brightner, Leveller 함유된 도금조)

번호	L(ml/l)	B(ml/l)	Cu(g/l)	H_2SO_4(g/l)	CT(ppm)	A/dm^2	연신율 %	항장력(KN/cm^2)
8	0	0	40	200	0	2	1.0	26.7
9	0	0	40	200	10	2	1.7	19.8
10	0	0	40	200	20	2	10.3	24.1
11	0	0	40	200	30	2	9.9	32.0
12	0	0	40	200	40	2	11.3	32.6
13	0	0	40	200	50	2	3.7	35.1

**L: Leveler B: Brightener

2) Brightner, Leveller, Cu 농도가 연신율에 미치는 영향

아래 도표 3.11은 여러 가지의 factor 별 Cu의 연신율과 항장력의 영향을 알 수 있는 좋은 data 이다. 우선, Leveller 의 유·무에 따라 연신율이 크게 차이가 발생하는 것을 알 수 있다. 즉, Leveller가 있을 경우 연신율이 현저히 높고, 항장력은 큰 차이가 없이 나타났다.

Brightner의 유·무 역시 연신율에 영향을 미치는데 Brightner가 있는 경우에 연신율이 떨어지는 것을 알 수 있었다.

Cu 농도의 연신율, 항장력의 영향을 보면 40g/L에서 연신율이 가장 높고, 20g/L에서 항장력이 가장 높은 것으로 나타났다.

도표 3.11 | 도금된 Cu foil의 연신율의 Brightner, Leveller, Cu 농도의 영향

번호	L(ml/l)	B(ml/l)	Cu(g/l)	H_2SO_4(g/l)	CT(ppm)	A/dm^2	연신율 %	항장력(KN/cm^2)
3	20	0.5	40	200	30	2	17.3	33.5
11	0	0	40	200	30	2	9.9	32.0
14	0	0.3	40	200	30	2	5.0	37.8
15	0	0.5	40	200	30	2	6.9	36.2
16	0	0.8	40	200	30	2	6.0	33.4
17	15	0	40	200	30	2	NA	NA
18	20	0	40	200	30	2	3.7	28.1
19	25	0	40	200	30	2	5.4	39.7
20	0	0	20	200	30	2	5.0	37.8
11	0	0	40	200	30	2	9.9	32.0
21	0	0	60	200	30	2	6.4	24.2
22	20	0.5	40	200	30	1	4.6	25.7
3	20	0.5	40	200	30	2	17.3	33.5
23	20	0.5	40	200	30	3	8.8	42.7

전류밀도(A/dm^2)는 2A/dm^2에서 연신율이 가장 높게 나타났고, 3A/dm^2에서 항장력이 가장 높게 나타났다.

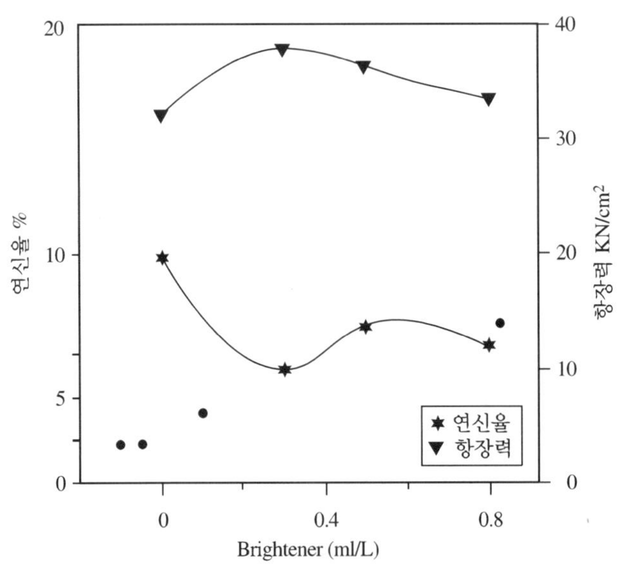

그림 3.83 물리적 특성 VS. Brightner 농도(Cl^- 농도는 30ppm)의 graph

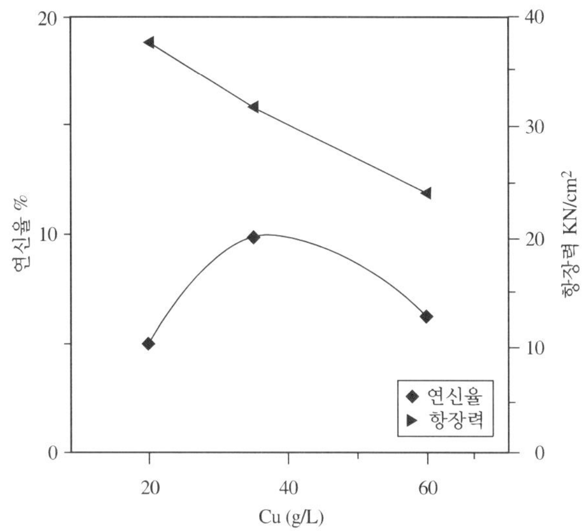

그림 3.84 물리적 특성 VS. Cu^{2+} 농도의 graph(Cl^- 농도는 30ppm)

위 그림 3.83, 그림 3.84는 도표 3.11을 graph 화한 것이다.

3) 전기도금된 Cu foil의 표면 형상

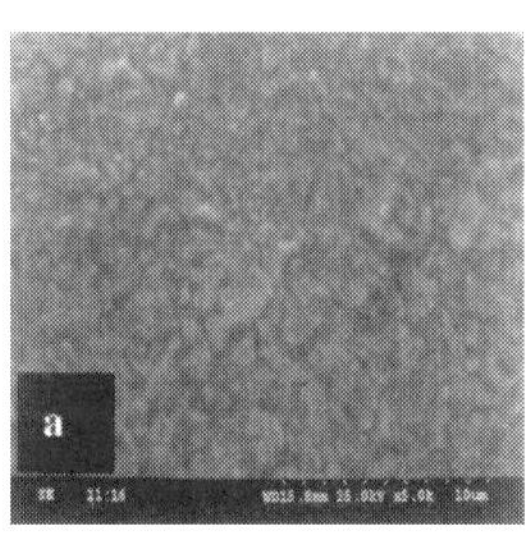

(a) 광택제 없는 상태에서 도금된 표면

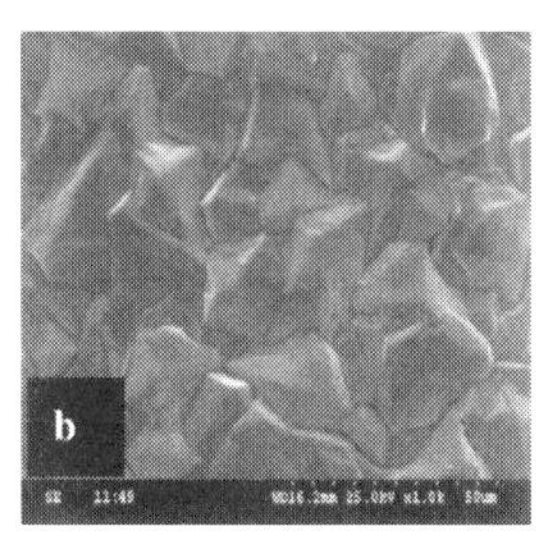

(b) Cl-30ppm 첨가 후 도금된 표면

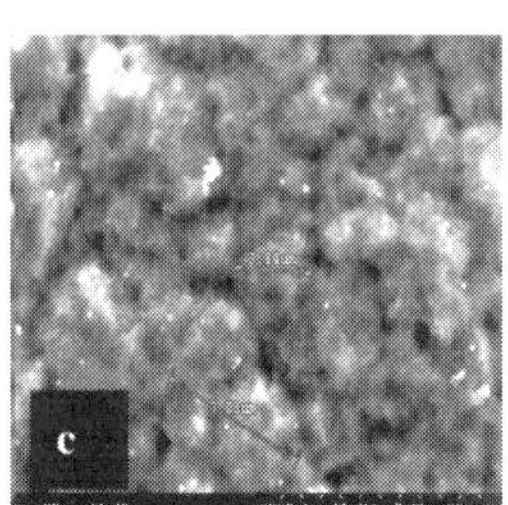

(c) Cl-30ppm + Leveller 20mL/L 첨가 후 도금된 표면

(d) Cl-30ppm + Brightner 0.5mL/L 첨가 후 도금된 표면

그림 3.85 Cu 도금된 표면 형상 변화도(전류밀도 : $2A/dm^2$, Cu^{2+} : 40g/L, H_2SO_4 : 200g/L) (계속)

(e) Leveller 20mL/L + Brightner 0.5mL/L 첨가 후 도금된 표면

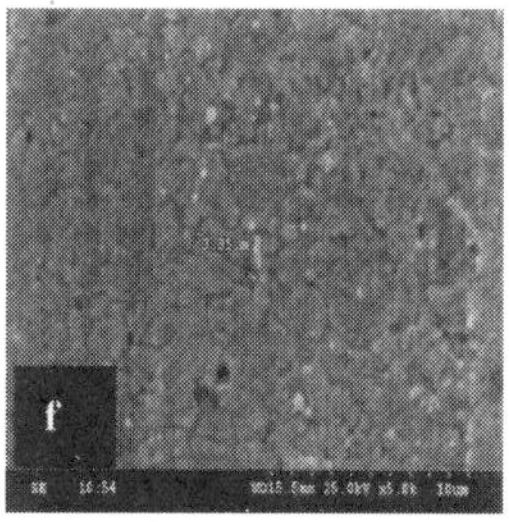

(f) Leveller 20mL/L + Brightner 0.5mL/L+Cl^- 30ppm 첨가 후 도금된 표면

그림 3.85 Cu 도금된 표면 형상 변화도(전류밀도 : 2A/dm^2, Cu^{2+} : 40g/L, H_2SO_4 : 200g/L)

위 그림 3.85는 도표 3.11의 결과를 유형별로 Cu 표면의 SEM 사진을 보여주고 있다.

a)는 시편 No 8을 보여주고 있고, b)는 시편 No 11을 보여주며, c)는 시편 No 18을 보여주고 있으며, d)는 시편 No 15를 보여주며, e)는 시편 No 1을, f)는 시편 No 3을 보여주고 있다.

위 결과에서 f) 즉, No 3의 Cu 표면 조직 상태가 양호한 것으로 분석되고 동시에 연신율과 항장력도 좋은 결과임을 알 수 있다.

3.6.4 요약

1) 전기동도금에서는 Cl^-와 광택제의 적절한 조합이 연신율을 20% 이상 향상시킬 수 있다.
2) 도금 결과 Size가 2~5um 미립자 형태구조를 가지므로 연신율을 향상시킬 수 있다.
3) Cu농도와 전류밀도 역시 연신율에 어느 정도 영향을 미친다.

3.7 No formaldehyde 무전해 화학동도금

3.7.1 개요

1) 현 무전해 동도금의 환원제로 포르마린(HCHO)을 사용하고 있는데 이것을 환경 친화적인 치아인산염으로 대체하려는 목적으로 개발되었다.
2) No formaldehyde 화학동도금의 key factor는 도금속도와 도금된 금속 구조의 조절이다.

3.7.2 공정

1) activation process

① 일반적인 전처리 → pre dip → activation → reducer

② 알카리 이온화된 Pd activation으로

- 균일한 Pd 전착이 가능하고
- Tin 산화 없는 Bath의 안정성이 가능하며
- fine 기술에 유리한 잔류 도전성이 감소하는 장점 등을 가지고 있다.

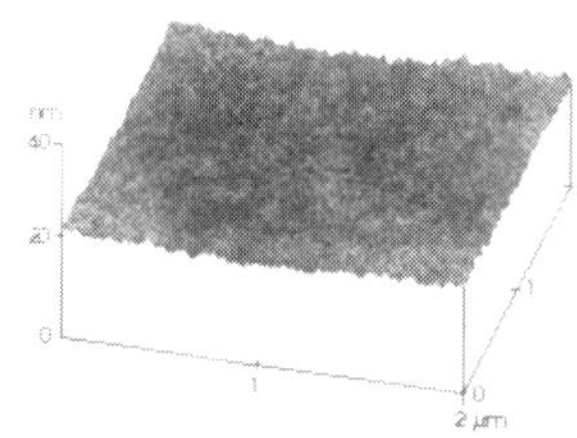

처리된 ployimied foil

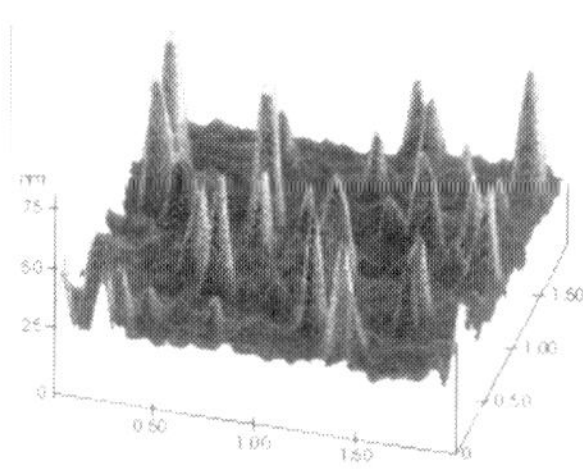

Pd/Tin의 콜로이드 전착

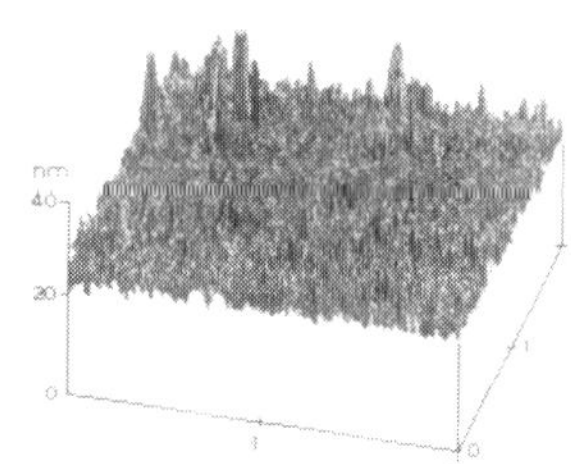

이온 Pd 전착

그림 3.86 Pd/Sn과 ionic Pd 전착의 특성비교

위 그림 3.86에서 보면 Pd/Sn 전착된 Cu 표면보다 Pd 이온 전착된 Cu 표면의 표면적이 극대화됨을 알 수 있고 표면 조도 균일도가 치밀함을 알 수 있다.

2) 무전해 동도금 process

① electroless Cu 도금 후 electrolytic Cu 도금을 진행한다.

② No formaldehyde electroless Cu 도금은 다음과 같은 성분으로 구성된다.

- 기본 성분은 Cu, Ni, 구연산염, 가성소다로 되어있다.
- 안정제가 들어가 있다.
- 환원제로 NaH_2PO_2가 사용된다.

3) 장점

① 낮은 내부 Stress 도금이 이루어 진다.

이것은 high Tg 기판에 SAP 공법적용 시 Blister 없는 도금이 가능하다.

② 안정성이 높다.

air 교반이 필요 없고, 장기간 방치 시에도 액의 자기 분해가 없다.

③ 호환성이 좋다.

전기 동도금과 호환성이 좋다.

④ 높고 균일한 도금 속도를 가능토록 해준다.

전기 동도금시 도금이 일정하고 높은 속도로 도금이 이루어 지도록 해준다.

⑤ 용이한 작업 관리가 된다.

온도, 도금 속도를 쉽게 조정 및 적용이 가능하다.

⑥ 개량된 Process Control이 가능하다.

- 환원제와 NaOH
- 안정제
- PH Control
- Cu 농도 control
- No formaldehyde가 가능하다.

3.7.3 Technical data

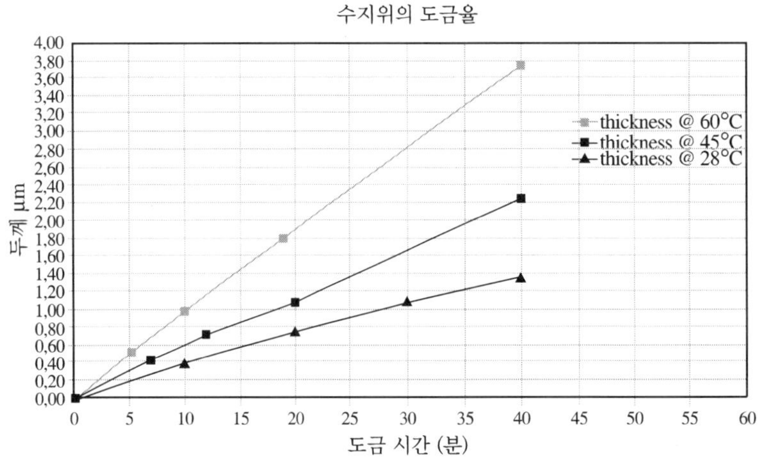

그림 3.87 온도변화에 따른 도금 속도/도금 두께 변화도

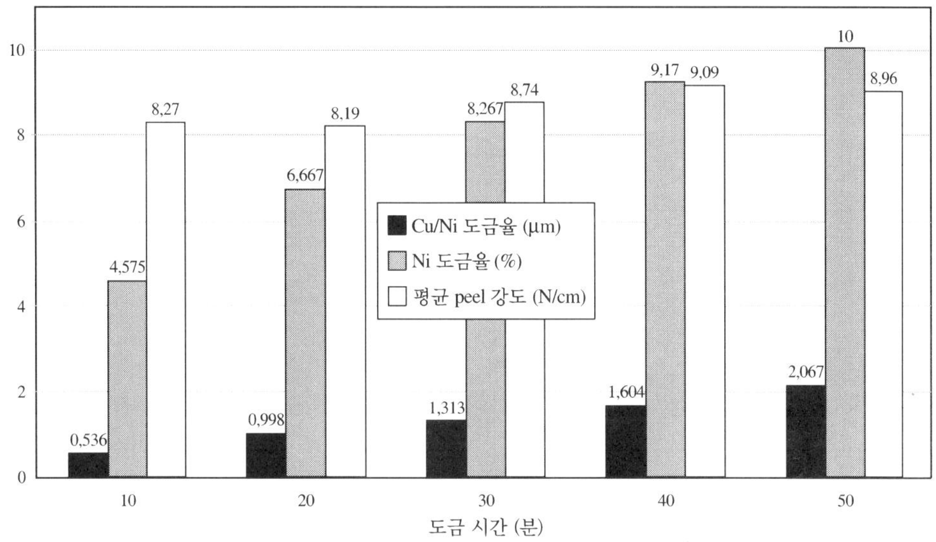

그림 3.88 도금된 Cu의 peel Strength와 Ni 함유량의 변화도

3.8 Immersion Tin용 Solder resist

3.8.1 배경

1) Immersion Tin의 문제로 매우 낮은 PH와 매우 높은 작업온도에 의한 Solder resist의 peeling이 빈번히 발생한다.
2) Solder resist process를 최적화함으로써 최소화가 가능하다.
3) Solder resist특성이 peeling과 표면 오염 문제에 영향을 미친다.

3.8.2 개요

1) 현재 대중적인 finish 처리인 HASL은 환경보호 측면에서 축소되고 immersion Tin 등이 등장하였다.
2) Immersion Tin은 BBT 검사 시 pin 자국의 정도가 미미하고, 도포 두께의 균일성이 홀과 표면에 걸쳐 우수하다.
3) Immersion Tin의 높은 산농도(PH 〈 1), 높은 작업 온도(70°C), 액 성분 중의 Thiourea(Tu)이 S/M peeling에 크게 영향을 미친다.

도표 3.12 | metal finish 처리 비교표

Finish 처리	HASL	ENIG	IMS	Tin	OSP
Type	용융솔더	E-Ni/Au	유기은	유기석	유기 화합물
표면	울퉁불퉁	편평	편평	편평	편평
색상	shiny grey	gold	silver	white	copper
공정	V/H	V	V/H	V/H	V/H
수명	good	good	average	average	average
두께	>200	120Ni/3Au	6-20	25-50	<3
재작업	average	no	easy	average	easy
S/M 들뜸	little	yes	no	yes	no
온도	250°C	80 °C	50°C	70°C	40°C
작업시간	4 min	60 min	6-10 min	15-30 min	6-10 min
비용	medium	highest	medium	low	low

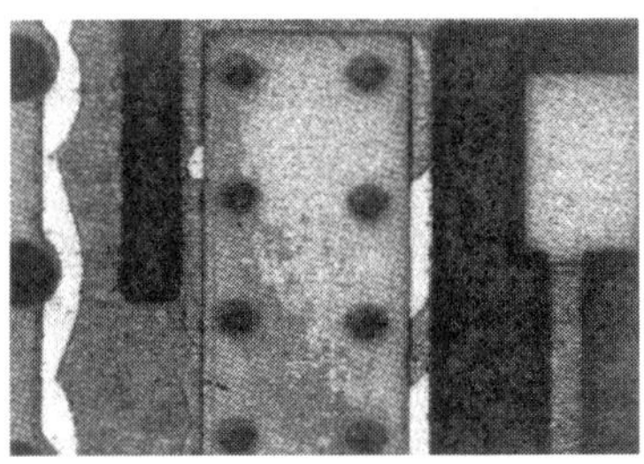

그림 3.89 Immersion Tin 공정처리 후 S/M peeling된 모습

3.8.3 Technical data

1) Immersion Tin 공정 flow와 반응 원리

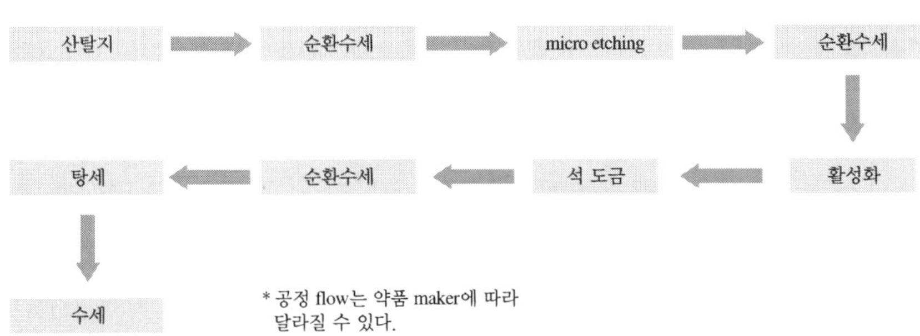

그림 3.90 일반적인 immersion Tin공정 flow

① acid cleaner

산화, 기름, 현상 잔사 등을 제거한다.

② surface prep

Cu 표면에 micro etching하여 roughness를 형성하며 표면적을 극대화한다.

③ Conditioner

Cu 표면의 활성화, Cu 표면에 균일 energy Level을 조성해 준다.

④ immersion Tin

- Cu의 전기 전위차가 Tin보다 낮으므로 쉽게 Tin에 의해 치환될 수 없다.

  즉, $Cu^{\circ} \rightarrow Cu^{+1}+e^{-}$, E/-E= -0.52V

  $Sn^{2+} + 2e^{-} \rightarrow Sn^{\circ}$, E/-E= -0.14V

  따라서, total 반응은 $Sn^{2+} + 2Cu^{\circ} \rightarrow Sn^{\circ}+2Cu^{+1}$

  E/-E= -1.18V
- 복합물 Tu가 첨가 작용하여 전기 전위차를 역전시키고 반응이 일어날 수 있게 한다.

  즉, Cu°를 $Cu^{+1}(Tu)2MSA^{-}$로 분해시킨다.
- Cu 농도가 $Cu^{+1}(Tu)2MSA^{-}1.5H20$의 침전량보다 높을 때 CuTu 복합물 일부가 drag out되어 농도를 조절한다.
- 안정적이고 저 Tu 농도의 최적 도금조건으로 진행된다.

⑤ 반응 원리요약

immersion 반응: $2Cu^{\circ}+Sn^{2+} \rightarrow 2Cu^{+1}+Sn^{\circ}$

Tu

↓

Cu의 증가; $[Cu(Tu)_2]^{+}MSA^{-}$

↓

침전/욕수명; $[Cu(Tu)_2]MSA^{+}1.5H_2O$

2) Solder mask peeling의 근본적인 원인

① S/M 공정 중 Cu 표면 roughness의 증가, post cure, u.v Bump 등이 Resist의 Crosslinking 밀도증가, 접착력을 증가시켜 peeling 문제가 많이 해결이 된다.

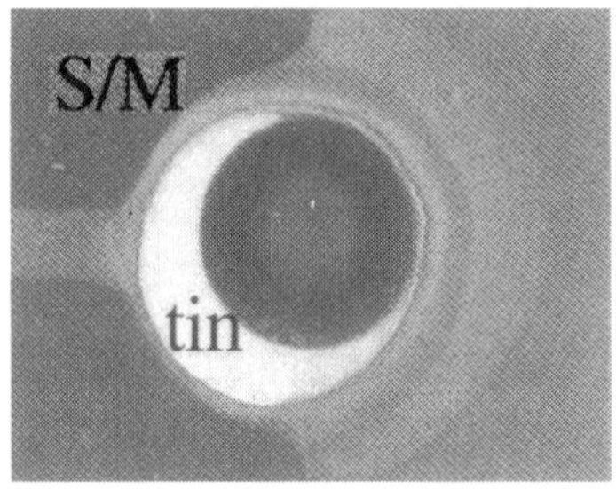

그림 3.91 immersion Tin 처리된 S/M의 윗부분

② 위의 S/M 공정이 보강되어도 micro crack, Surface ionic 오염 문제가 발생된다.

③ immersion Tin chemical은 보통 Tu, methane Sulfonic acid(MSA)를 함유하고 있다.

용액	10분 처리 후
Tu (10%)	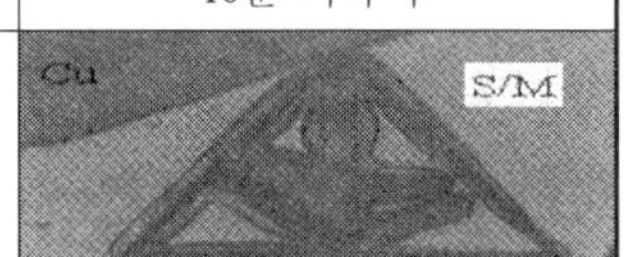
MSA (12%)	
TU+MSA	

그림 3.92 여러 용액에 침적된 S/M의 peeling 모습

④ 위 그림 3.92에서 보듯이 MSA 12%에서 심하게 peeling현상이 나타난다. MSA가 S/M 내로 침투 즉, Cu와 S/M경계면에 침투하여 S/M를 peeling시키고 있다.

⑤ 여러 용액에서 S/M attack 여부를 확인한 결과 S/M 표면에는 큰 차이가 없음을 알 수 있으며, S/M peeling의 원인은 Cu와 S/M의 경계면에서 일어남을 알 수 있다.

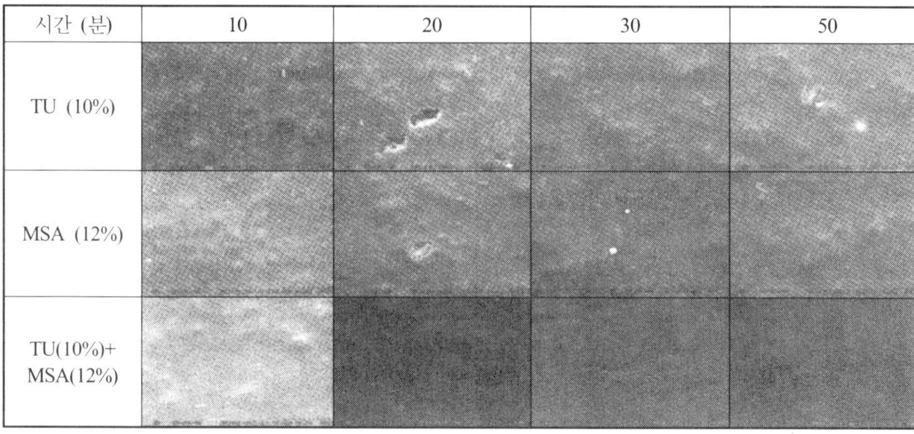

그림 3.93 여러 용액 내에서의 S/M 표면 SEM 사진

⑥ S/M는 알카리 현상성을 용이하게 하기 위한 아크릴계 polymer, 광 중합에 작용하는 아크릴계 oligomers, 열 중합을 용이하게 하는 epoxy, 기타 무기 filler, 계면 활성제, photo-inihator 등이 함유 되어 있다.

- 일반 온도에서는 attack이 없지만, 고온 acid 용액에서 ester linkage를 attack한다.

  또한 H^+ + H_2O + 2RCOOR → RCOH + RCOOH 반응식에서 수분, 습기가 확산되어 접착력을 감소시킨다.

도표 3.13 | Tu와 MSA의 PH값 (온도변화에 따른)

온도	25°C	70°C
TU (10%)	pH 6.12	pH 6.36
MSA (12%)	pH 0.01	pH 0.06
TU (10%)+MSA (12%)	pH 0.04	pH 0.02

- S/M Peeling의 중요인자로는 높은 온도, 고산성의 MSA 용액이 작용한다.
- MSA는 immersion Tin에 거의 모두 함유되어 있으며, 불필요한 Tin의 결정화를 방지하는 역할을 한다.
- 결국 Cu와 S/M의 밀착력이 증가해야만 한다.

3) S/M에 immersion Tin 처리된 표면 ionic Contamination

① immersion Tin 처리된 S/M 기판의 ionic Contamination이 기준보다 높게 나타난다.
보통, 6.4μg/in^2 이상으로 나온다.

② ionic Contamination은 S/M와 immersion Tin 모두에서 배출된다.
Test는 75% IPA, 70°C, 15분 dip 처리 조건이다.

③ 근본적인 ionic Contamination 근원지가 확인되었다.

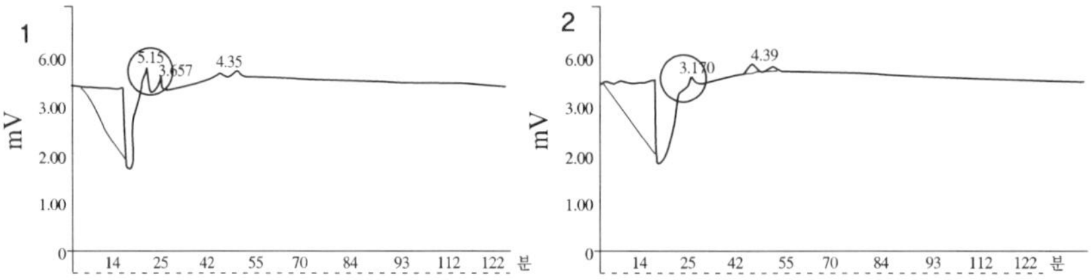

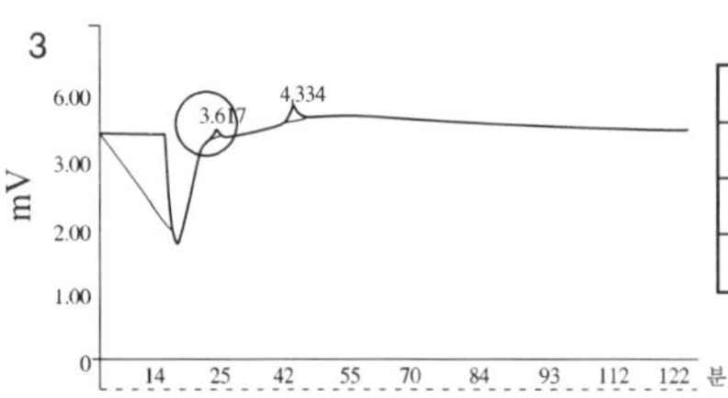

	S/M type	Blind via	Exposure	UV	IMT
1	PR77C	-	36	1500	Y
2	PR77C	-	36	1500	-
3	-	-	1	-	Y

그림 3.94 ionic chromatography 분석 결과

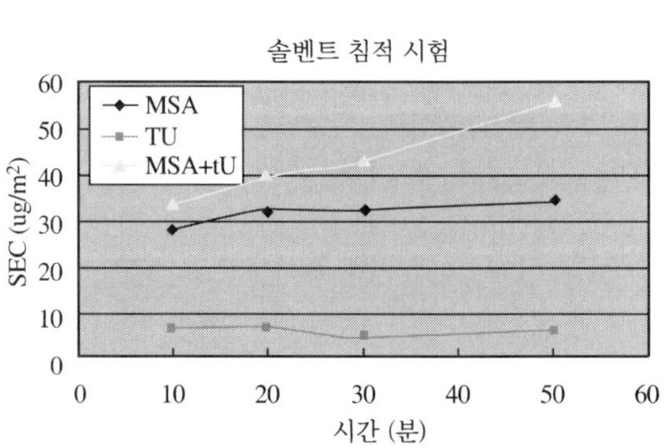

그림 3.95 S/M Coating된 기판의 여러 용액에서의 SEC 값

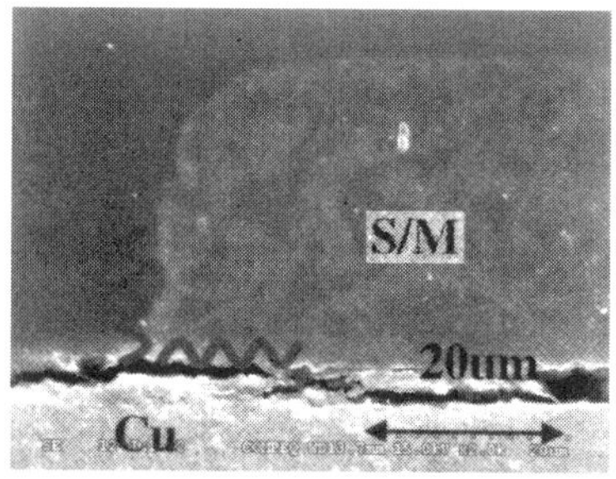

그림 3.96 S/M에 immersion Tin 처리된 X-Section SEM 사진

4) S/M 특성 향상 방법

① acid 저항과 가수 분해 방지가 필요하다.

- 수지 구조의 변경이 필요하다.
- filler 함량을 늘린다.
- S/M 아래 부분의 Crosslinking 정도를 향상하기 위한 Photoinitiator의 개발이 필요하다.
- adhersion promotor의 첨가가 필요하다.

도표 3.14 | 변경된 S/M의 SEC 시험결과

Pre-treatment	S/M type	Exposure energy (mj/cm^2)	UV bump (mj/cm^2)	Metal finish	Cleaning method	SEC (ug/sq-in.)	Surface of S/Mx 1.5k (30°C)	Cross-sectionx 2.0k (0°)
SPS-B rush	A	300	1,500	IMT	DI water	5		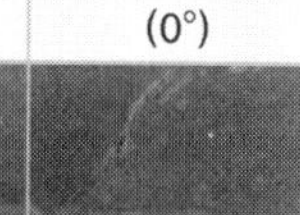
SPS+ Brush	B	300	1,500	IMT	DI water	5.6		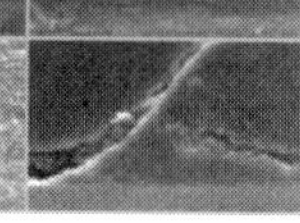

3.9 Direct metaligation

(Graphite 분산 안정성, 도포, 도금 원리)

3.9.1 개요

1) 현재 Graphite colloid metalization은 PCB의 through hole 및 Blind via hole

도금용으로 확산중이다.

2) Graphite D.M은 균일한 전도성을 부여한다.

3.9.2 Technical data

1) Stability 원리

① 친수성 Colloides의 가장 중요한 관점은 입자 경계면과 용액 사이의 전기 전하 분리현상이다.

② 전하는 2중 구조이며 Zeta potential로 이 힘을 측정할 수 있고, graphite는 - 전하와 binder를 생성시킨다.

③ Graphite 주변에는 +전하가 걸려 강한 Stability가 형성된다.

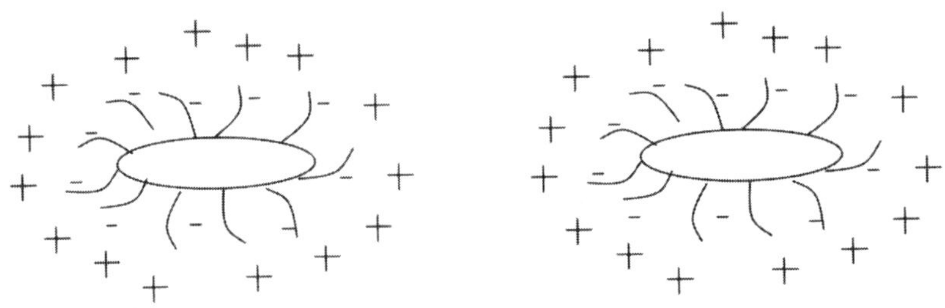

그림 3.97 graphite particle 주변의 전기의 2중 구조층

④ 집합체에 대항하여 분산하기 위한 안정성을 주기 위해, colloides들은 침전물이 생성 되지 말아야 한다. 이것은 다음 법칙에 의해 계산할 수 있다.

$$V_\infty = \frac{2r^2(\rho-\rho)g}{9u}$$

V_∞ : 침전율 (cm/sec)

r : Particle의 반경
($r^2 = 3 \times 10^{-9} cm^2$)

ρp: Particle의 비중
(Graphite=2.1g/cm^2)

ρ : 용액 비중(≃1g/cm^3)

g : 중력 가속도 (=980cm/sec^2)

μ : 용액 점도 (4 CPS)

ex) 1μm Graphite Particle 시 V_{∞} = 1.8×10^{-8}cm/sec

2) Coating 원리

Coating 공정은 다음과 같다.

Conditioning
↓
Conductive graphite Coating
↓
fixing
↓
binder Setting Dry
↓
Cu 부위 Coating etching
↓
electroplating

① Conditioning

- +대전된 고 분자 혼합물로 홀 속을 + 전하로 유도한다.
- 홀 속과 표면 모두에 + 전하를 띤다.
- 대표적인 Conditioner agents

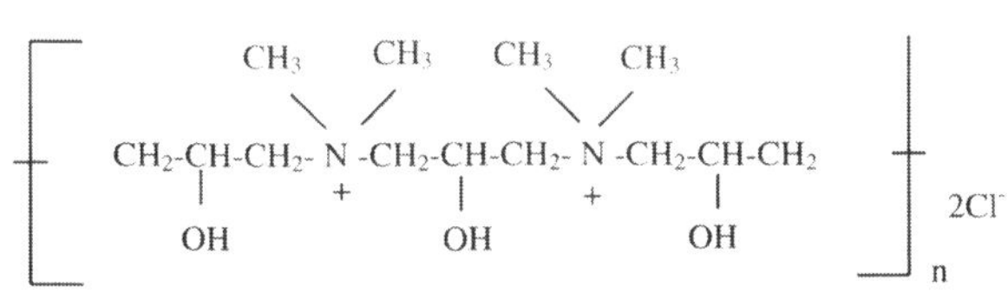

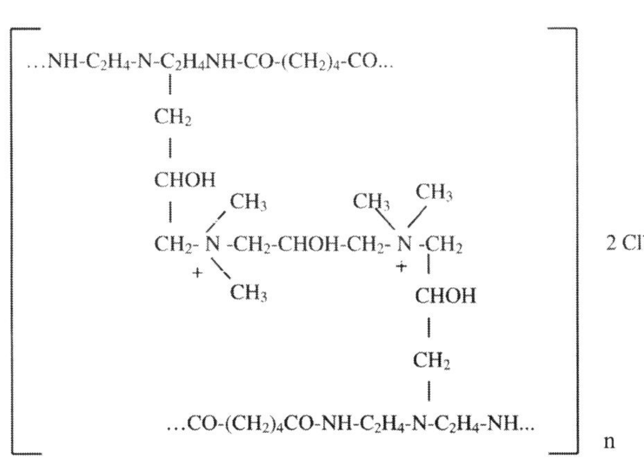

- 완벽한 Coating을 위해 polyelectrolytes가 선택된다.
- azotedidinium ion이 강한 Bonding Via 형성을 위해 다음과 같은 반응이 생성된다. azotedidinium function group

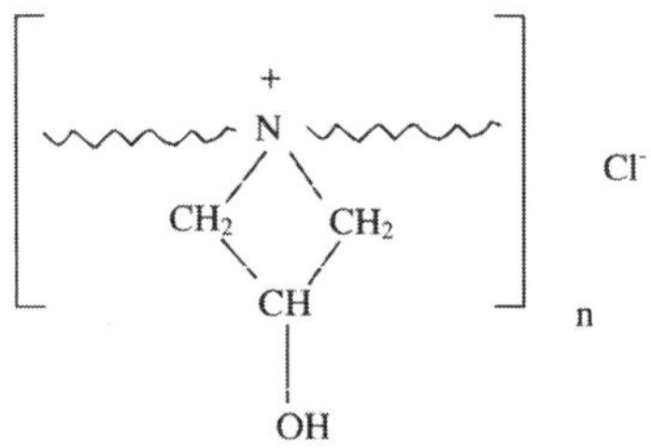

② **Coating(Conductive graphite)**

- colloid 형태의 graphite 용액(−대전된 particle)이 Conditioner로 + 대전된 홀/표면과 반응하여 중화되어 덩어리화 된다.

③ **fixing**

- binder 위의 Carboxyl group을 양성화하는 산성 용액으로 Zeta potential을 중화한다.

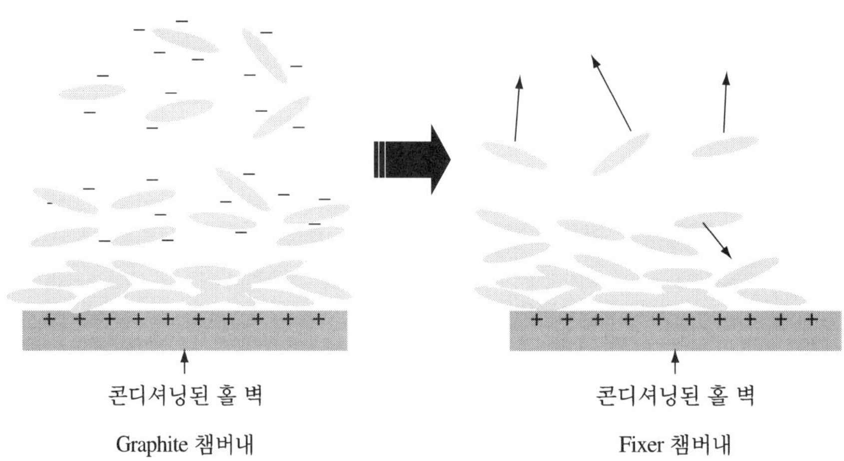

그림 3.98 Coating in the fixer module

④ **dry(binder Setting)**

graphite Coating의 수분 방출, particle 정열, 접착력을 증강시키는 공정이다.

그림 3.99 Drying the Conductive Coating

⑤ etching

Cu 표면의 graphite Coating 된 것을 제거하는 공정으로 Spray에 의해 micro etching을 한다.

⑥ Cu electroplating

graphite direct metalization 공정의 완성단계로 D.M 후 전기도금으로 홀 속을 완전하게 도금을 하는 것을 말한다.

3.10 수직형 reverse pulse 도금

3.10.1 개요

1) PCB hole의 소형화 추세는 기존 도금 방식의 한계에 부딪힌다. 즉, micro via, bind via는 수평 도금 설비가 효과적이다.
2) high aspect ratio 기판에 도금을 하는 것도 한계에 부딪힌다. 이때, 수직형 reverse pulse 도금의 영향을 확인할 필요성이 있다.

3.10.2 Technical data

1) 장비

① 수직형 도금 설비는 수평 설비의 기판 두께의 취약점을 극복하나, hole 속 약품의 흐름, 표면 분산, 고전류밀도에서의 Throwing power 등의 취약한 단점이 있다.

② air blow 방식은 높은 voltage에서 너무 많은 brightner의 소모를 야기하므로 air blow가 아닌 유출기를 사용가능하다면 용액 이동에 효과적일 것으로 보인다.

③ 전류 분포를 일정하고 균일하게 할 수 있는 구조가 필요하다.

2) 정류기

① reverse pulse 정류기 도금의 영향

그림 3.100은 현재 전기 도금 시 사용되는 정류기의 유형별 파형을 보여주고 있다.

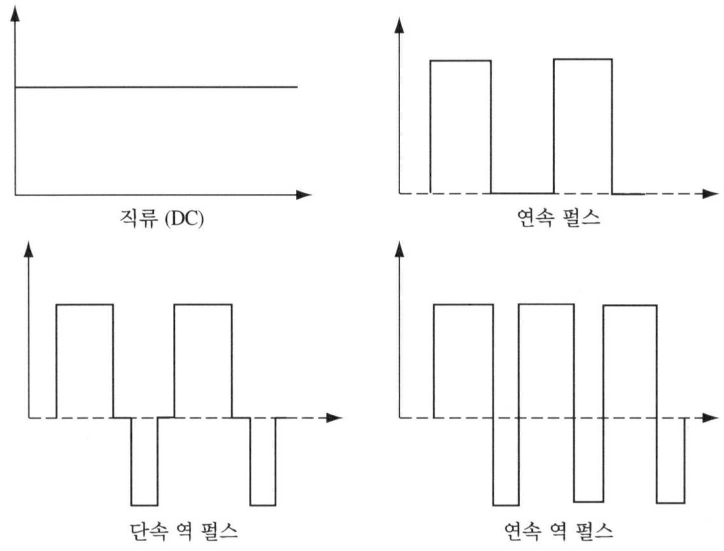

그림 3.100 여러 파형 비교

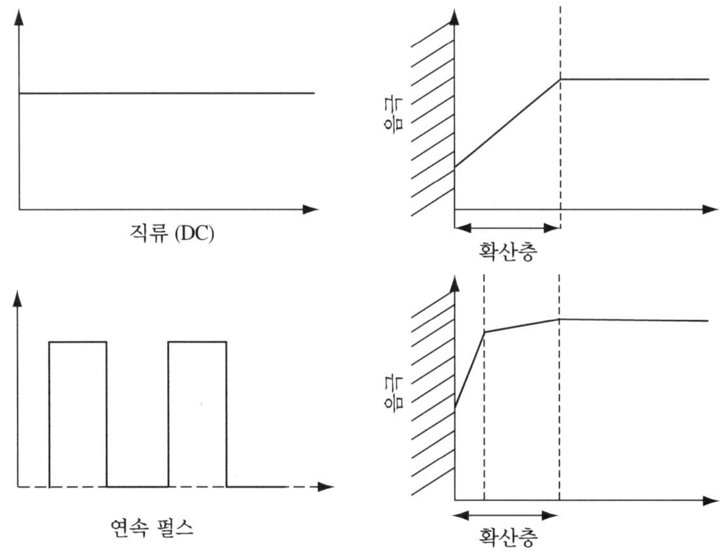

그림 3.101 여러 파형의 확산층 비교도 (계속)

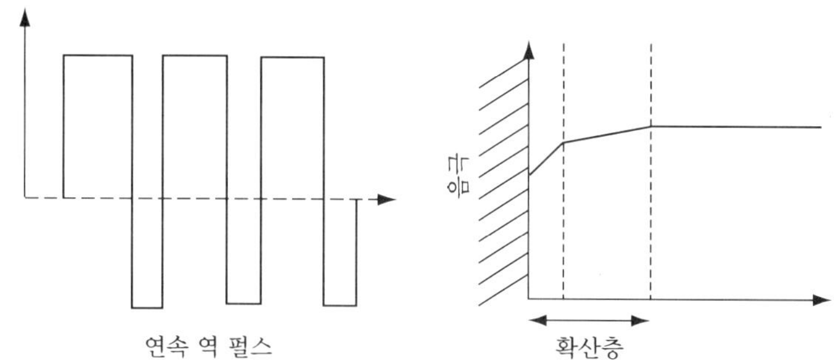

그림 3.101 여러 파형의 확산층 비교도

그림 3.101은 파형에 따른 Cathode의 도금 확산층 형성 모습을 그래프로 보여주고 있다.

그림 3.102의 (a)는 일반 DC 정류 도금 시에 표면 도금 두께가 불규칙적인 것을 보여주고 있고, (b)는 reverse pulse 정류 도금 시에는 표면 도금 두께가 일정해 지는 효과를 보여주고 있으며, (c)는 reverse pulse 정류 도금 시 Hole corner의 dog bone 등의 발생을 줄여서 Throwing power가 좋아지는 효과를 얻을 수 있음을 보여주고 있다.

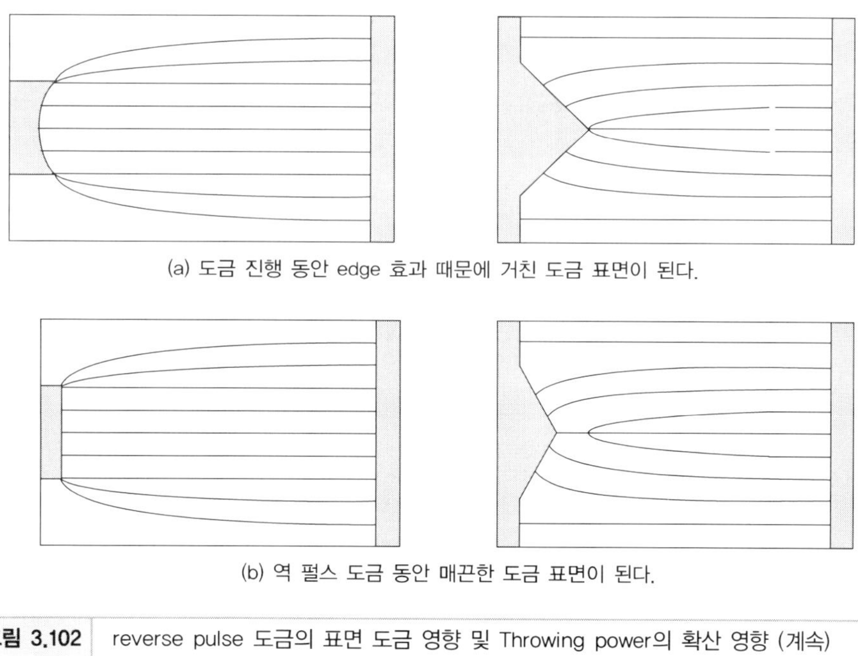

(a) 도금 진행 동안 edge 효과 때문에 거친 도금 표면이 된다.

(b) 역 펄스 도금 동안 매끈한 도금 표면이 된다.

그림 3.102 reverse pulse 도금의 표면 도금 영향 및 Throwing power의 확산 영향 (계속)

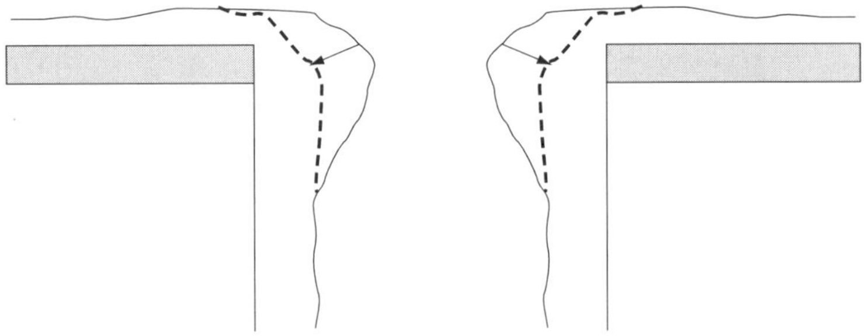

(c) Through hole 모서리에 dog bone 효과 감소 덕분에 역 펄스 도금 동안 홀 내부로 대량 이동이 증가한다.

그림 3.102 reverse pulse 도금의 표면 도금 영향 및 Throwing power의 확산 영향

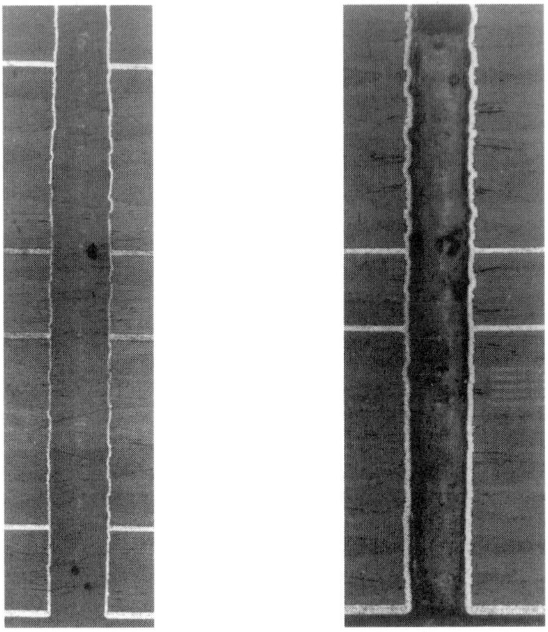

(a) DC plating (b) PPR plating

그림 3.103 DC와 PPR 도금의 비교 사진(A/R= 10.8, 30ASF)

위의 그림 3.103은 aspect ratio가 10.8의 Via hole로 도금하기 어려운 hole을 30A/ft2의 전류밀도로 DC 및 PPR 도금된 hole 속 X-section 사진을 보여주고 있는데 이 그림에서 알 수 있는 것은 PPR 도금된 홀 속의 도금상태(두께, 균일도 등)가 DC 도금된 홀 속과는 큰 차이를 보일정도로 양호한 것을 알 수 있다.

② inductance의 영향

- 전류가 변화할 때 magnetic field(자기장)가 유도된다.
- inductance는 Impedance를 야기한다.
- inductance는 정류기내의 inductance는 제조사에 따라 달라진다.
- Cable의 inductance는 Cable 길이에 따라 달라진다.
- 작업 탱크로 부터의 inductance는 bus bar와 cathode cable의 근접 접촉 여부에 따라 달라진다.

③ Capacitance의 영향

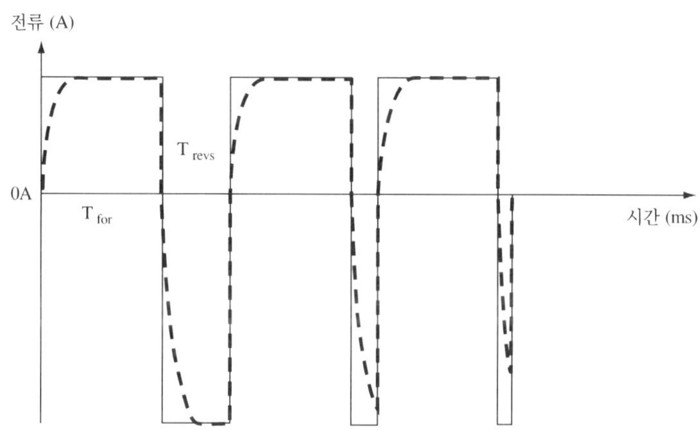

그림 3.104 reverse pulse적용시간(Trev 〉 tc) (tc=rc)

④ **제품의 사양(hole∅, aspect ratio 등)에 따른 multi pulse reverse wave form의 적용이 달라진다.**

3) additives

① Brightner

- 유기 혼합물로 황산, 음이온, 양이온 등의 계면활성제로 구성되어 있다.
- 비극성화하여 Cu의 환원 활성 potential을 감소시킨다.
- Cu의 성장 속도를 증가시킨다. 즉, accelerator의 역할을 한다.
- 고 품질의 Cu를 형성하기 위한 fine Cu 입자 형성에 영향을 미친다.

② Carrier

- Polyether 혼합물과 non-ion계면 활성제로 구성되어 있다.
- 환원 활성 potential을 증가시킨다. 즉, 극성화를 촉진한다.
- Cu의 성장 속도를 감소한다. 즉, inhibitor의 역할을 한다.
- Cathode 표면의 Cu의 확산에 영향을 미친다.

③ Leveller

- amine 혼합물로 음이온, 양이온 등의 계면 활성제로 구성되어 있다.
- 고 전류밀도에서 Cu의 성장 억제, 저 전류 밀도에서 Cu의 성장 가속제로 작용한다.
- 쉽게 붕괴되고 분석이 어렵다.
- 부산물이 생성된다.

3.10.3 요약

1) 두꺼운 기판의 through hole에 reverse pulse 도금으로 Throwing power, 확산, 신율 연성 등이 DC 도금보다 훨씬 뛰어나다.

도표 3.15 | Cu의 연성/항장력 비교

		No.	1	2	3	Ave.
		No.	1	2	3	Ave.
신율 (%)	30ASF	전	29.0%	30.4%	25.8%	28.4%
		후	33.6%	29.7%	24.40%	29.2%
	25ASF	전	25.7%	24.1%	28.2%	26.0%
		후	27.4%	28.70%	25.80%	27.3%
항장력 (kpsi)	30ASF	전	38.8	38.1	36.7	37.9
		후	40.4	43.6	37.8	40.6
	25ASF	전	42.1	42.8	39.8	41.6
		후	33.8	33.6	36.1	34.5

위 도표 3.15에서 보면 연성(신율)은 전류밀도가 높을 때 더 높게 나타났고, 반면 항장력은 전류밀도가 낮을 때 높게 나타나는 것을 알 수 있다.

도표 3.16 | Cu의 표면 확산율

30ASF								
	%	1-L-25	1-M-25	1-R-25	2-L-25	2-M-25	2-R-25	AVE
전	$3\sigma/X$:	14.7	15.3	11.6	11.6	14.4	11.6	13.2
후	$3\sigma/X$:	15.2	15.5	14.8	15.3	14.2	14.4	14.9
25ASF								
	%	1-L-30	1-M-30	1-R-30	2-L-30	2-M-30	2-R-30	AVE
전	$3\sigma/X$:	14.6	12.8	13.8	13.3	12.5	14.6	13.6
후	$3\sigma/X$:	14.8	14.8	10.6	14.9	13.9	15.2	14.0

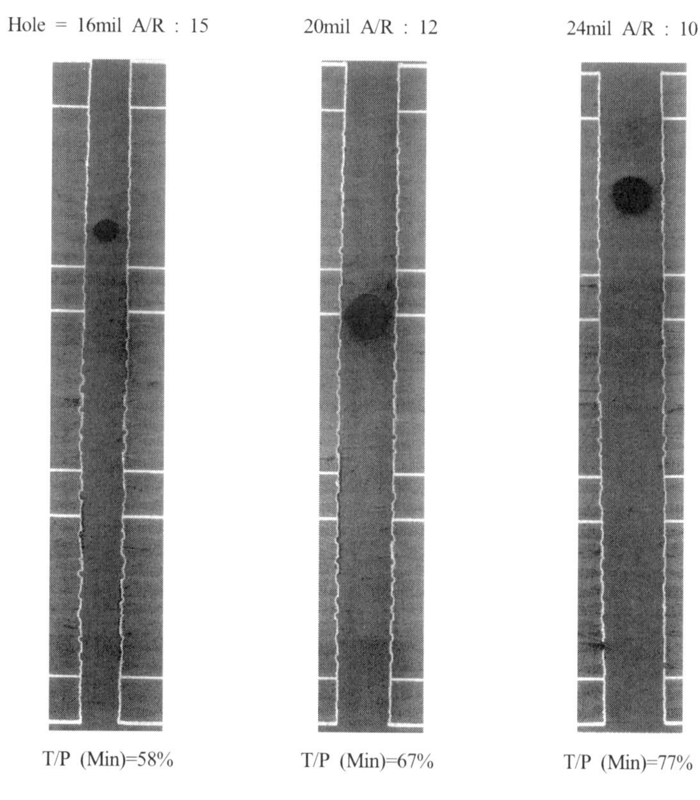

그림 3.105 6.1mm 기판의 Throwing power(∅ 별) X-Section 사진(25 ASF 적용 시)

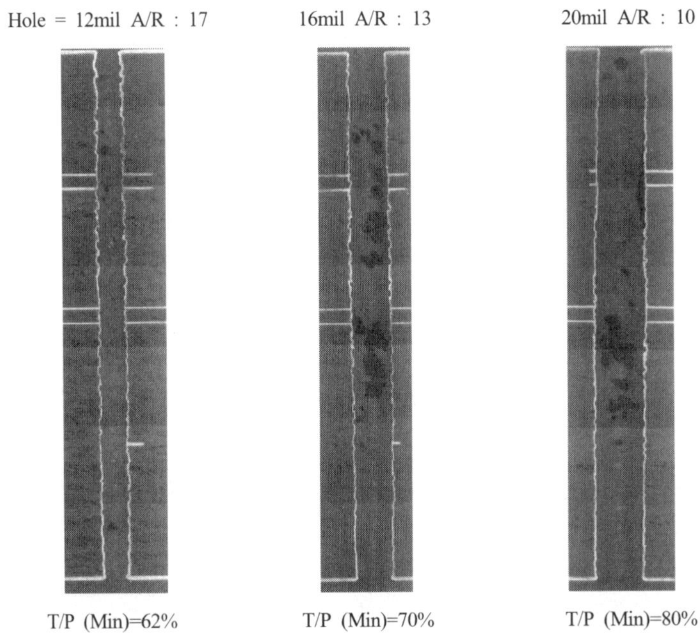

그림 3.106 5.1mm 기판의 Throwing power(∅ 별) X-Section 사진(30 ASF 적용 시)

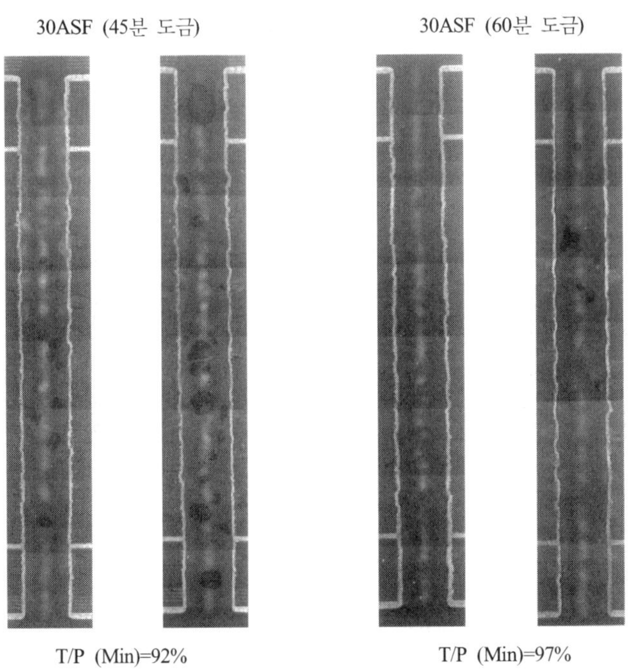

그림 3.107 3.2mm/∅0.3의 전류밀도별 Throwing power의 x-section 사진

앞의 그림 3.105, 그림 3.106, 그림 3.107은 aspect ratio가 10 이상의 도금하기 어려운 홀의 도금된 모습들을 보여주고 있으며 Throwing power가 상당히 양호한 것을 알 수 있다.

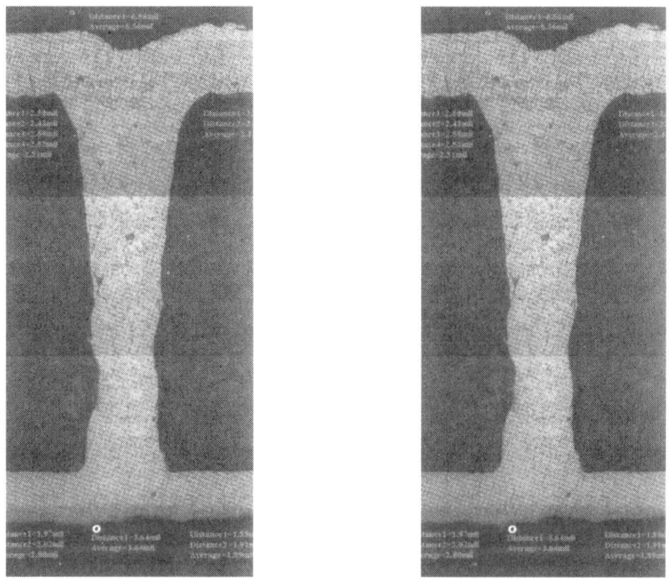

그림 3.108 0.38mm 두께/∅0.1 hole 및 ∅0.15 hole의 40ASF 도금의 신뢰성 X-SECTION

위 그림 3.108은 열 충격(soldering) 후 홀 속 모습으로 양호함을 보이고 있다.

2) 고 효율의 Brightner가 적용된 수직 reverse pulse 도금이 3.2t 이상의 두꺼운 기판에 최적이다.
   ① aspect ratio가 10:1 이하의 through hole의 Throwing power는 거의 100% 정도가 됨을 알 수 있다(30ASF 적용 시).
   ② 확산율은 수평과 거의 동일하다.
   ③ Cu의 연성이 뛰어나다. 즉 연신율이 27% 이상이 됨을 알 수 있다.
   ④ 도금 시간을 단축할 수 있다.
   ⑤ 수율이 향상된다.
   ⑥ 단가가 수평보다 낮다.

3.11 BMV(Blind Micro Via) Filling & T.H(Through hole) 도금 기술

3.11.1 개요

1) Micro Via Filling을 도금으로 해야 하는 이유는 Cu 도금된 Micro Via가 불순물이 없이 홀을 형성하는 것이 가능하기 때문이다.
2) Build up 층 사이의 연결 Micro Via로써 filling 되면 신뢰성이 향상된다.
   ① conductive paste로 filling 시 via ∅를 축소시키는 것은 인쇄한계로 불가능하다.
   ② S/M의 Micro Via의 Air 포집을 사전 Via filling 도금을 하여 방지할 수 있다.
   ③ filled micro via는 최소 허용치의 dimple 내에서는 직접 부품 실장이 가능하다.
   ④ filled micro via는 부품의 열을 제어하는 용도로도 가능하다

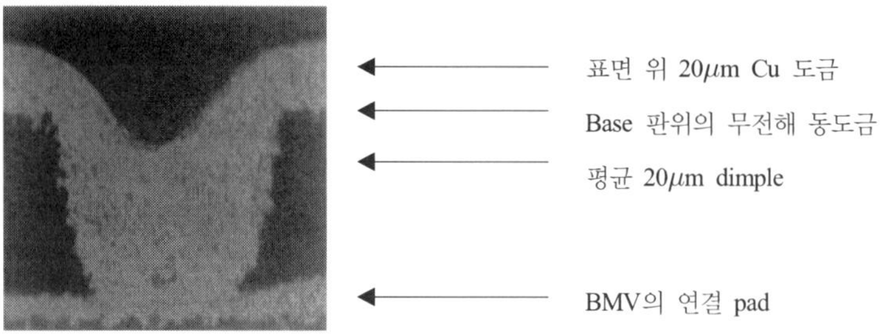

그림 3.109 대표적인 filled blind micro via (BMV) 홀의 x-section 사진

도표 3.17 | via filling 도금과 일반 T.H 도금의 무기 성분 용액 비교

	Copper	Sulphuric Acid	Chloride Ions
Conventional	18 - 25 g/l	220 - 260 g/l	30 - 60 g/l
Via Fill	35 - 60 g/l	60 - 150 g/l	30 - 60 g/l

위 도표 3.17에서 보면 알 수 있듯이 Via filling 도금액에서 Cu 농도는 T.H 도금액의 약 2배 이상이고, 황산 농도는 T.H 도금액보다 상당히 낮은 것을 알 수 있다.

3) 용액의 Balance
   ① 무기 용액은 Cu 농도가 일반 도금보다 높고, 황산 농도는 일반 도금보다 낮

으며, 염소 농도는 비슷함을 알 수 있다.

② 유기 용액에서는 일반 용액보다 Leveller 성분이 중요하다.

③ 중요한 것은 T.H의 T.P 표면 확산율과 Via filling의 조건이 서로 부합되는 최적 조건의 setting이 관건이다.

④ 전류 밀도는 0.8~1.5A/dm^{2}가 적당하다.

3.11.2 Technical data

1) horizontal 적용(atotech inpulse process)

① 수평 Pulse 도금 방식일 경우에 전류 밀도는 8~10A/dm^2, Cu 농도는 35 ~ 40g/ι에서 적용된다.

② 용액의 흐름은 강력하게 flow되게 설비 보완되어야 한다.

③ atotech 수평 pulse 도금 system으로 진행된다.

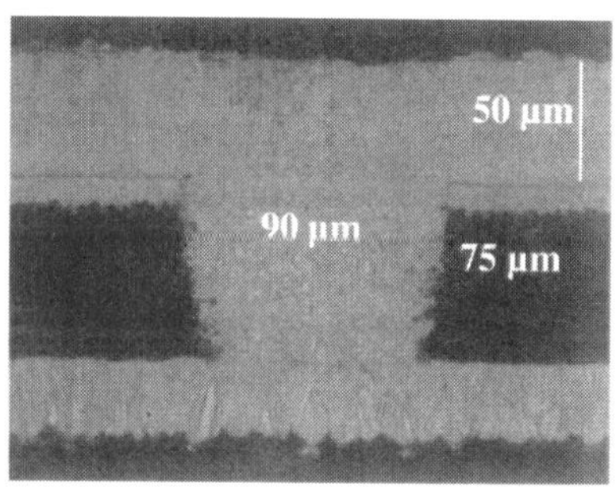

그림 3.110 변경된 전류 밀도와 pulse 채용으로 filled blind micro via 도금된 홀의 x-section도

(20μm 도금까지 7.5A/dm^2 적용 -> 5.5 A/dm^{2}로 pulse 채용도금으로 15μm 도금 -> 9.0 A/dm^{2}로 15μm 도금 ; 표면위에 도금된 Cu50μm)

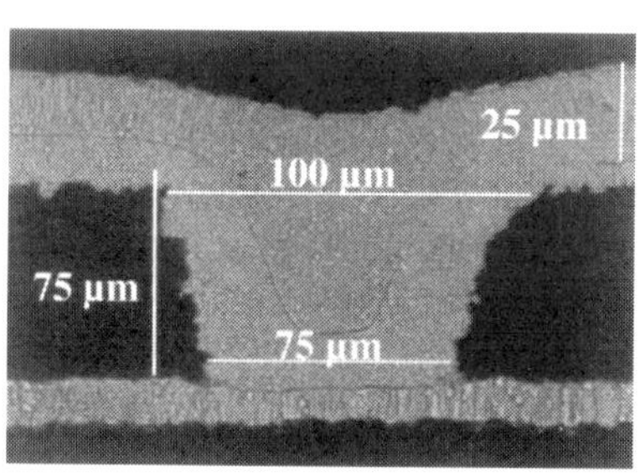

Process sequence:
Pre-treatment: P/Compact CP
Plating: Uniplate Inpulse
1. 4 minutes DC at 3 ASD +
2. 4 minutes AC at 4 ASD +
3. 24 minutes AC at 4 ASD and changed pulse parameter.
Plated copper on surface: 26μm
Remaining dimple: < 15μm

그림 3.111 변경된 전류 밀도와 pulse 채용으로 도금된 filled blind micro via의 x-section 사진

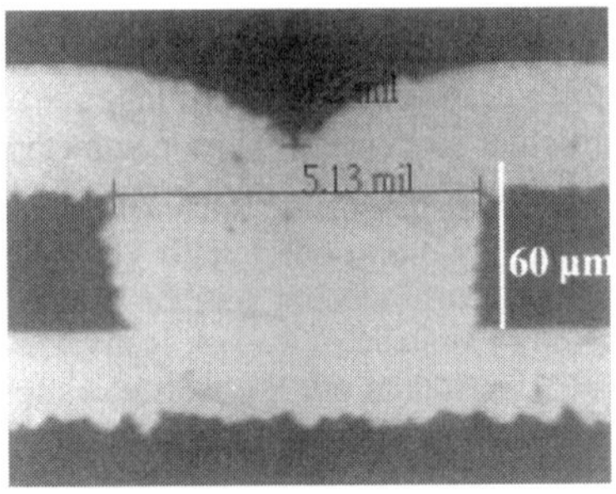

Process sequence:
Pre-treatment: P/Uniplate LB
Plating: Uniplate Inpulse

12 minutes DC at 3.5 ASD +
12 minutes AC at 3.5 ASD with varied pulse parameter +
12 minutes AC at 5.5 ASD

Plated copper on surface: 33μm
Remaining dimple: < 30μm

그림 3.112 변경된 전류 밀도와 pulse 채용으로 도금된 filled blind micro via의 x-section 사진

그림 3.111에서는 1.2.3 단계의 도금단계를 거쳐 표면 25μm, dimple 15μm 이내의 양호한 filled micro via 가 형성된 것을 보여주고, 그림 3.112에서 1.2.3 단계의 조금 다른 도금 단계를 거쳐 표면 33μm, dimple이 30μm 정도로 양호하지 못한 filled micro via의 모습을 보여주고 있다.

④ T.H의 throwing power와 BMV filling이 동시에 충족되어야 한다.

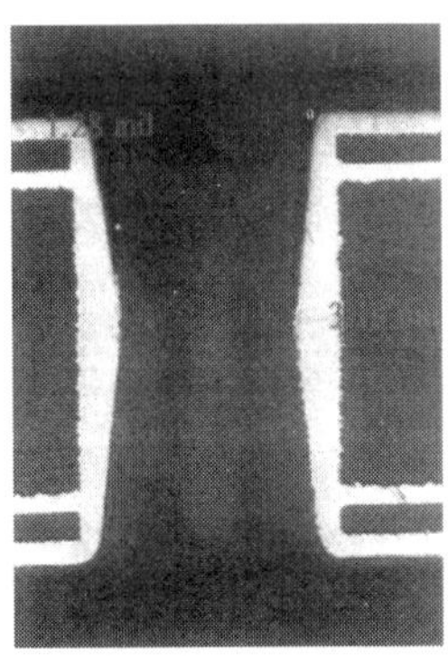

두께: 0.7 mm
직경: 0.5 mm

평균 전류 밀도: 4.2 ASD

표면 위 도금된 Cu: 33μm
hole 속 도금된 Cu: 80μm

그림 3.113 BMV filling 조건하에서 동시 도금된 through hole의 x-section 사진

위 그림 3.113에서 보듯이 BMV filling의 도금 조건으로 T.H을 도금하였을 때, 보드 두께 0.7t, hole ∅ 0.5mm의 평이한 홀 속 도금 상태가 표면이 33μm인 반면에, 홀 속 정 중앙에서는 80μm으로 도금됨으로써 T.H의 T.P에 심각한 문제를 발생시켰음을 보여주고 있다.

따라서, BMV와 T.H이 동시에 내장되어 있는 PCB의 도금에 있어서 새로운 방법의 모색이 필요하다.

⑤ 표면의 낮은 동 두께와 홀 속의 과잉 동 두께 등의 석출을 극복하기 위해서는 전류 밀도를 낮추거나, solution flow 개선을 위한 부수적인 장비의 보완이 필요하고, 부피를 감소시켜야 한다.

그림 3.114 이상적인 수평 도금 구조(solution flow의 최적화를 위한)의 측면 구조

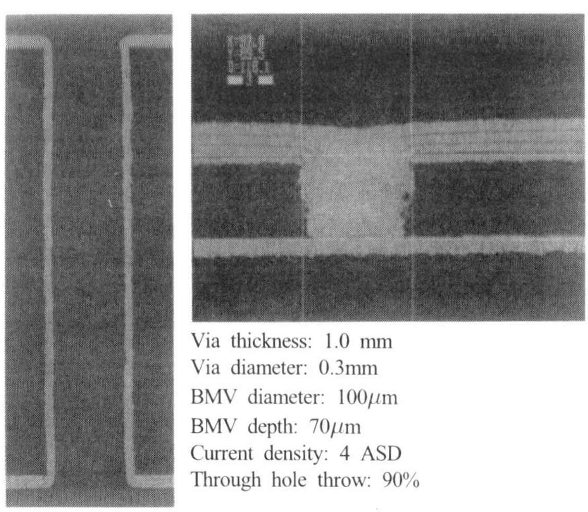

Via thickness: 1.0 mm
Via diameter: 0.3mm
BMV diameter: 100μm
BMV depth: 70μm
Current density: 4 ASD
Through hole throw: 90%

그림 3.115 새롭게 설계된 설비로 동시에 T.H과 BMV 도금된 홀의 X-section 사진

위 그림 3.115는 보완된 설비로 BMV와 T.H을 동시에 도금하여 얻은 결과로 모두 양호한 결과를 얻었다.

2) Vertical의 적용

① 1 μm의 무전해 화학동과 전류 흐름이 아주 좋은 분포, 고전류에서도 Burning되지 않는 구조가 필요하다.

② 첨가제의 Leveller 성분의 기능이 우수해야 가능하다.

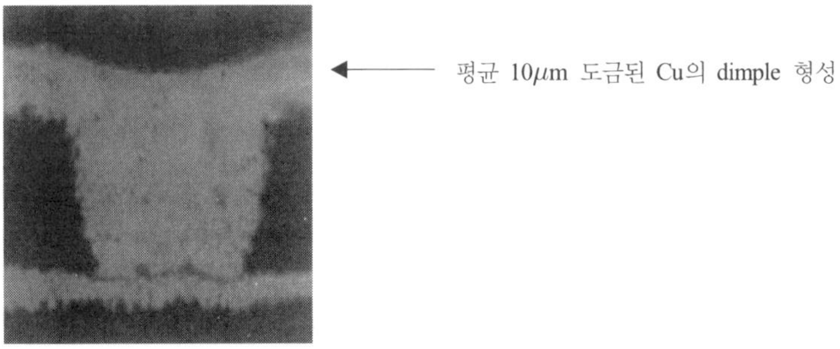

그림 3.116 dimple을 낮추는 향상된 Leveller를 사용한 Vertical 도금을 실시한 filled blind micro via 홀의 x-section 사진

③ 향상된 Leveller는 T.H의 Corner flattering을 야기하여 soldering 시 영향을 미칠 수 있다.

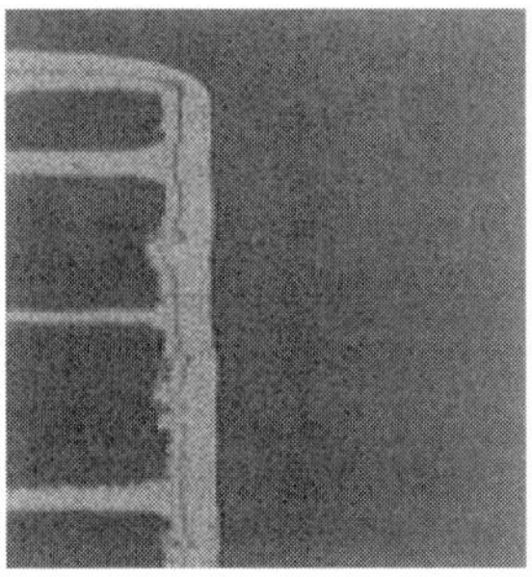

그림 3.117 강한 Leveller를 사용하여 도금된 T.H의 Corner flattering 모습

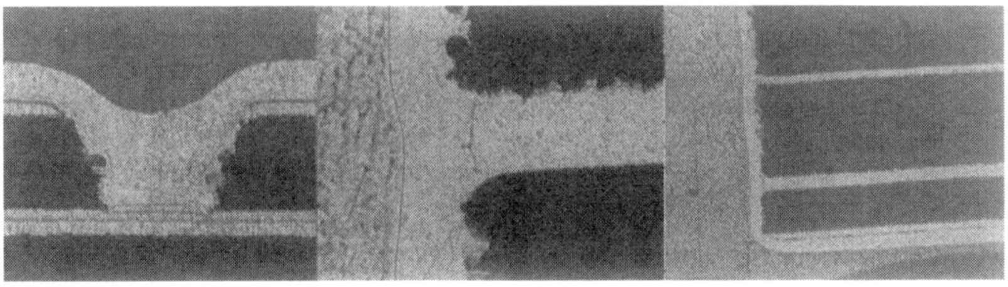

그림 3.118 동일 보드에서의 T.H과 filled via 홀의 모습

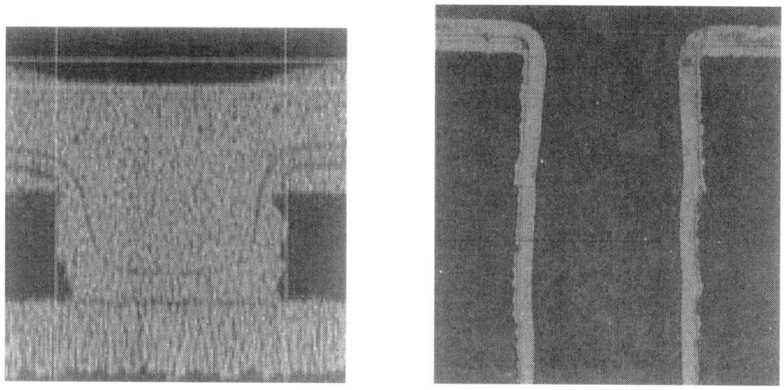

그림 3.119 정형화된 도금 설비(수직형)에 의해 도금된 filled via와 T.H의 X-section 사진

3.12 ENIG (eletroless nickel/immersion gold)

3.12.1 개요

1) ass'y 업체에서 ENIG 제품의 Black pad 결함은 solder joint 결함을 야기해 오고 있다.
2) black pad발생은 immersion gold Bath에서의 nickel/3가인(p)층의 부식으로 야기되는 것으로 soldering 시 nickel/tin경계금속의 성장을 방해하여 brittle한 접속을 야기한다.
3) 환경적으로는 습기와 배출 gas에 의해 ENIG접속 부위에서 Soldering이 안 되는 문제가 발생되며 2차적으로 corrosive 부산물이 short의 위험이 있고, 접촉 저항을 변화시킨다.

3.12.2 부식 저항성 시험 방법

1) kesternich test

① SO_2 gas분위기에서 40°C/100%RH에서 24시간을 방치한다.
② 확인은 optical 검사(x50)로 양/불을 판단한다.

2) HCL dip test

① HCL 20% 수용액에 밀폐 공간 환경에서 8시간 dip(침적)한다.

(등급)

Class 1 Class 2 Class 3

그림 3.120 kesternich test의 class기준

② Nickel의 농도를 분석하고 이때, test coupon이 20x60mm일 경우 3ppm을 초과할 수 없다.
③ HCL에 의해 gold에 공동이 생기고,Nickel까지 용해되면서 Nickel의 농도에 의해 pass/fail을 결정한다.

3) $HN0_3$ dip test

① Nickel의 도금만 된 시편을 이용 50% HNO_3, 25C, 30초 dip test 한다.
② 낮은 인 농도를 갖는 Nickel/3가인 합금 부위에서 약한 부식 저항성을 보이고 attack되어 dark/ black 층을 형성한다.
③ pass/fail판별은 질산 저항성 정도로 판단한다.

3.12.3 Nickel 도금층의 p함량과 corrosive의 관계

1) ENIG반응 : $Ni^{\circ} + 2Au^{+} \rightarrow Ni^{2+} + 2Au^{\circ}$
즉 Ni이 Au에 의해 치환 반응이 일어난다.
2) 도금 작업 변수들인 온도, 시간, PH, 성분 농도가 Au도금에 영향을 미친다.
3) Nickel 층의 Au층에 대한 저항은 phosphorous (P농도)에 관련이 있다.
즉,P농도 7% 미만일 경우에는 금 도금의 침해가 많고, P농도가 10% 이상일 경우에는 금 도금 침해가 적음을 알 수 있다.
이것은 immersion Au 도금 두께를 좌우하는 큰 요인으로 작용한다.

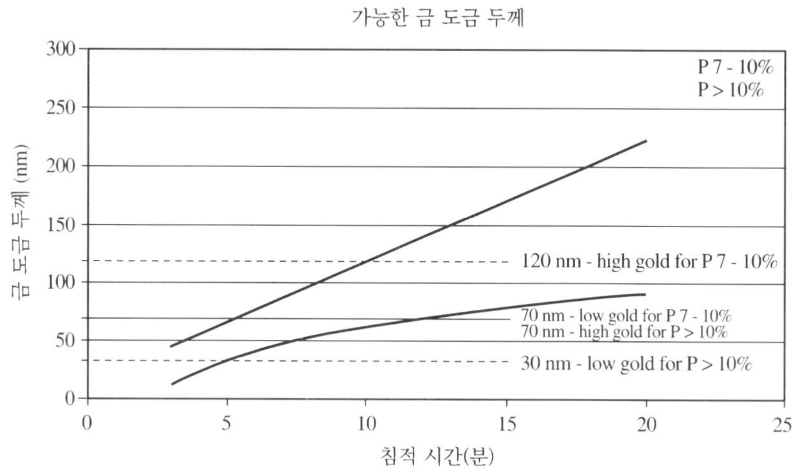

그림 3.121 Nickel 층의 p함량에 따른 Au도금 두께와 시간의 관계도

3.12.4 부식 저항성 결과

1) Kesternich test

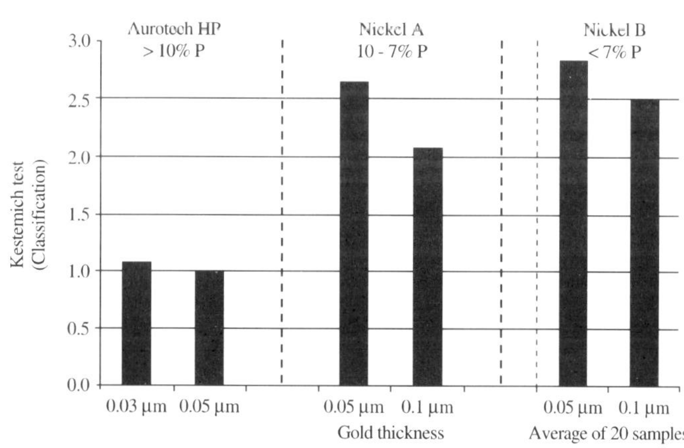

그림 3.122 Nickel Bath(aurotech HP, nickel A, Nickel b)별 금도금 두께별 Kesternich test 결과표

2) HCL test

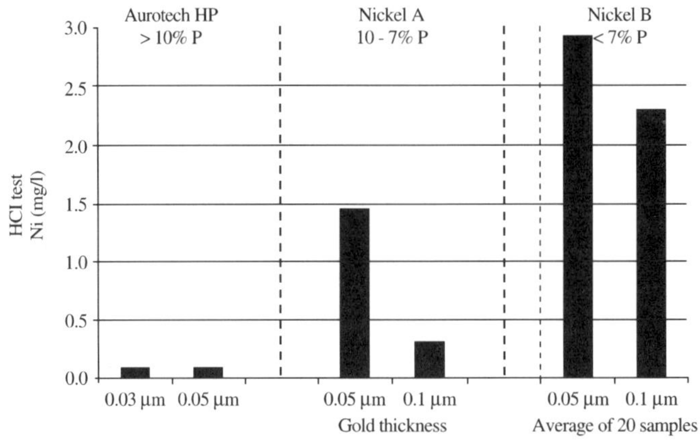

그림 3.123 Nickel욕 (Aurotech HP, Nickel A, Nickel B)별 금도금 두께별 HCL test 결과

3) HNO_3 Test

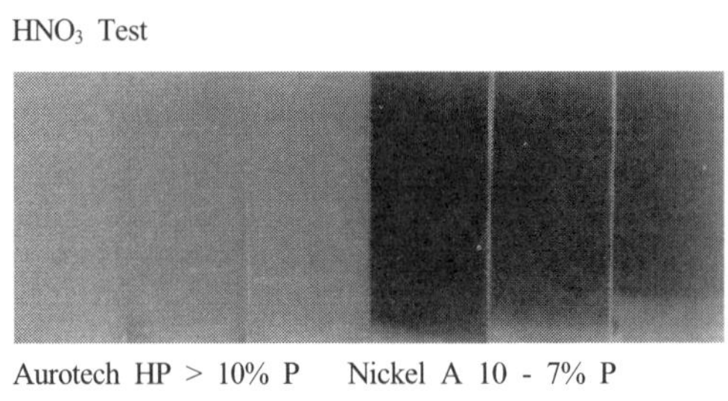

그림 3.124 Nickel 욕(Aurotech HP, Nickel A) 별 HNO_3 Test 결과

3.12.5 결론 (요약)

위 그림 3.122, 그림 3.123, 그림 3.124에서 다음과 같은 결론을 얻을 수 있다.

1) Corrosion 층은 Nickel 층의 저항에 절대적으로 의존한다.
2) gold 두께와 Corrosion 시험에서 p 농도에 절대적으로 관련되어 있다.
   즉, p 농도가 높으면서 Au 두께가 낮으면 Corrosive attack이 감소한다.
3) p 농도가 10% 이상의 Nickel 층이 최대 저항을 보였다.
4) p 농도가 10% 이하이면 질산 시험에서 불량을 보였다.

3.13 High density PWB 적용용 전기 Tin 도금

3.13.1 개요

1) PCB의 제조는 pattern 도금과 panel 도금으로 크게 분류된다.

2) 패턴 도금 공법은 다음과 같은 장점이 있다.
- etching 시간을 단축할 수 있다.
- 불량률을 감소할 수 있다.
- under cut를 감소할 수 있다.
  작은 pad의 annular ring 제조가 가능하다.
- landless Via의 high density 회로를 제작할 수 있다.

3) 전기 Tin은 etch resist로 적용된다.
4) fine line 제조 시 표면과 홀의 두께 분포의 균일성, Throwing power가 높아야 한다.
5) D/F의 공해 성분의 영향에 대해서 확인이 필요하다.
6) D/F Stripper에서의 attack여부를 확인할 필요가 있다.

3.13.2 Technical data

1) Tin 도금의 영향

① Tin 도금의 D/F Stripper에 의한 Corrosion 영향
- Tin 도금의 3가지(sulfate Base 1종, MSA Base 2종)를 적용하여 시험하였다.
- Tin 도금 조건은 전류밀도를 15ASF 및 30ASF로 두 가지로 해 보았다.
- D/F Strip test는 3% NaOH, 52°C로 2m/분(4m 첌버길이)로 하였다.
- Tin 격자 구조는 SEM 촬영으로 검사하였다.
- Tin 두께는 D/F Strip 전 후에 x-ray로 측정 비교하였다.
- 측정 부위는 ground 회로와 밀집 및 격리된 회로로 하였다.

도표 3.18 | 다양한 Tin도금 조건의 시험 항목

Test No.	Type of Tin	Current Density (ASF)	Dry Film Contamination
1	Sulfuric Acid	15	No
2	Sulfuric Acid	30	No
3	Sulfuric Acid	15	Yes
4	Sulfuric Acid	30	Yes
5	MSA-1	15	No
6	MSA-1	30	No
7	MSA-1	15	Yes
8	MSA-1	30	Yes
9	MSA-2	15	No
10	MSA-2	30	No
11	MSA-2	15	Yes
12	MSA-2	30	Yes

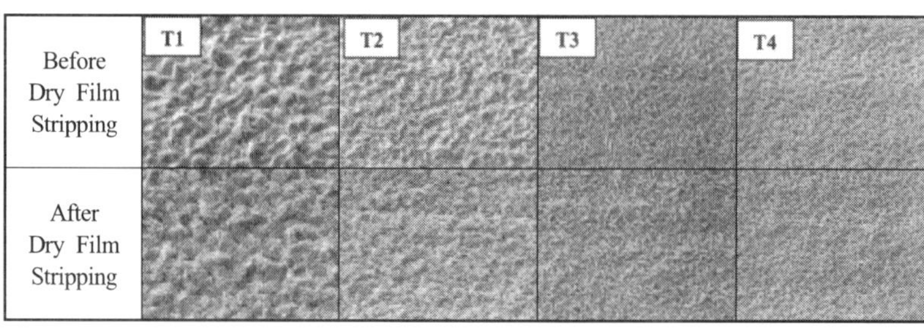

그림 3.125 Tin도금 구조(Test1~4)

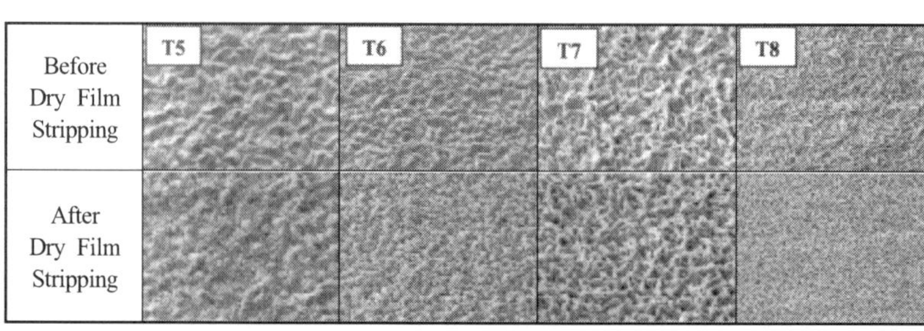

그림 3.126 Tin 도금 구조(Test5~8)

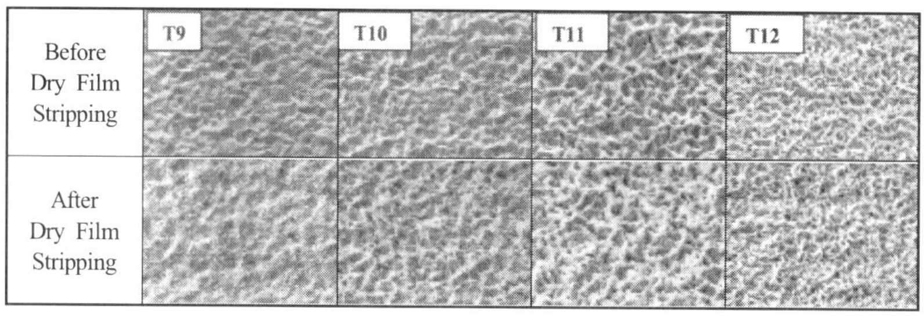

그림 3.127 Tin 도금구조 (Test 9~12)

위 그림 3.125 ~ 그림 3.127은 도표 3.18의 Test 시편별 D/F Strip 전, 후의 Tin 도금표면 사진들을 보여주고 있다.

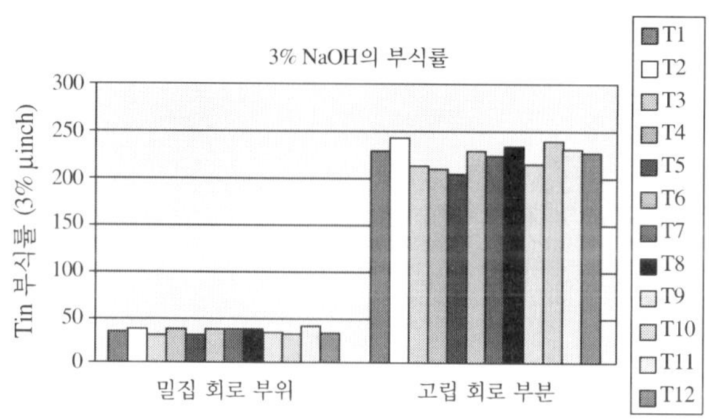

그림 3.128 여러 도금 조건 하에서 D/F stripper의 고립된 회로의 Tin Corrosion 영향

위 그림 3.128에서 보듯이 동일 조건의 Tin 도금 시편에서 고립된 회로의 Tin의 D/F Stripper의 Corrosion 율이 높음을 알 수 있다.

② D/F Stripper로 인한 Tin Corrosion은 Tin의 종류, 전류밀도, D/F Contamination 정도 등에 영향을 끼치지 못하고, Tin/Copper ratio영역에 관계가 있다. 즉, 격리된 회로에는 밀집된 회로보다 높은 Tin 도금 두께가 필요하다.

2) D/F Strip에서의 첨가제의 Tin Corrosion 영향

① Strip 방식이 Corrosion에 큰 영향력이 있다.

② Spray + immersion 방식이 큰 효과가 있다. Spray가 Oxygen을 증가시킨다.

③ 특정 additive에 의해서 Corrosion 율을 격감시킬 수가 있음을 알 수 있다.

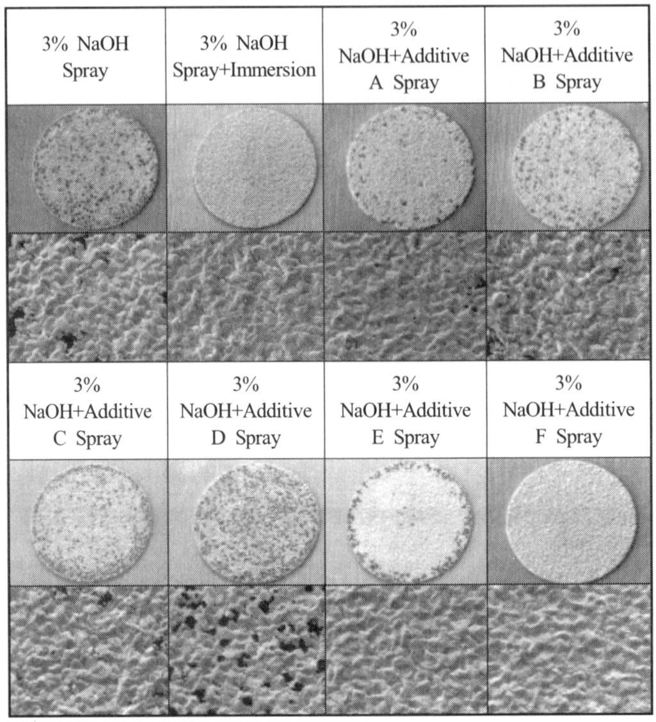

그림 3.129 D/F Strip 후의 Tin 도금 표면 사진

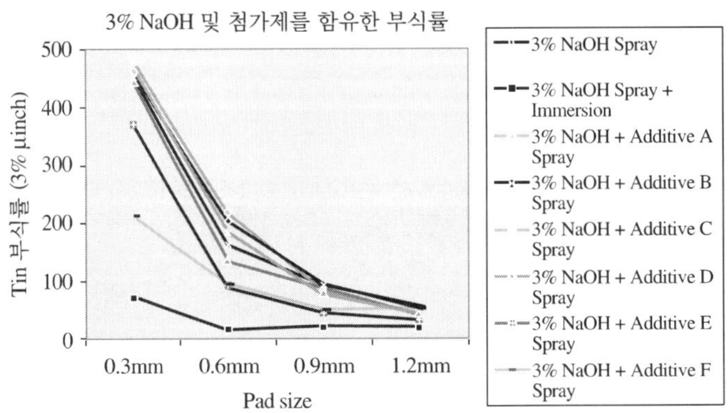

그림 3.130 D/F Strip & 다른 종류의 additive 에 따른 Tin Corrosion 율

④ pad size가 tin corrosion 율에 큰 영향을 미친다.

pad size가 줄어든 만큼 Tin corrosion이 증가한다.

또한, 격리된 회로 영역이 밀집된 회로 영역보다 심한 Corrosion을 야기한다.

3.14 고 신뢰성 Multi Bonding system

3.14.1 개요

1) PCB 산업은 현재 high frequency요구로 가고 있다. 이것은 resin의 Low Dk, Low Df 및 195°C 이상의 high Tg화가 필요하다.

2) 내층 Bonding 재료의 변화도 함께 한다.

① Black oxide는 높은 peel strength, 외관이 뚜렷하고 열적 신뢰성이 우수하지만 Pink ring, wedge void에 취약한 단점이 있다.

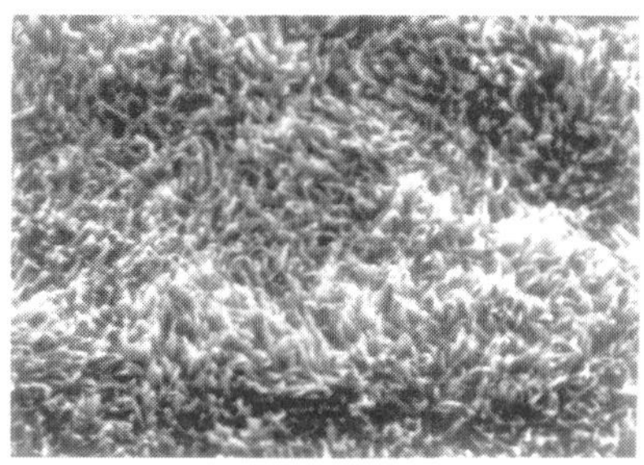

그림 3.131 Black oxide 표면 사진 (10,000배율)

② 수평 Multi Bonding process가 개발되었다.

즉, White oxide로 alkali cleaner -> micro etching -> immersion Tin -> organo silane 처리로 이루어진다.

③ 개량된 oxide들은 pink ring, wedge void 발생을 방지하고, Low profile은 여러 번의 적층 cycle에 내성을 띄며, peel strength는 black oxide 보다 떨어지나 열적 신뢰성은 양호한 것으로 나타났다.

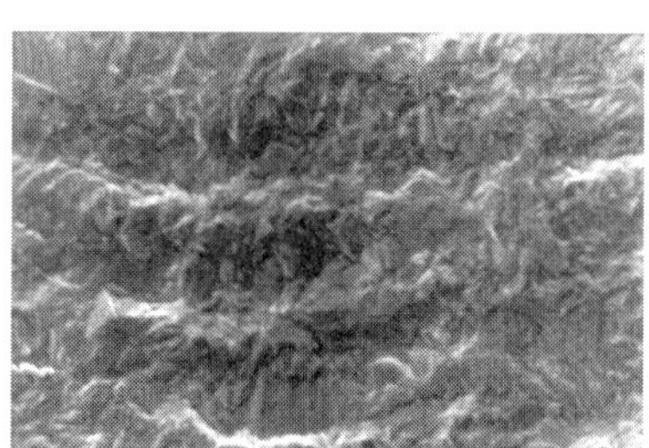

그림 3.132 white oxide 표면사진(5,000배율)

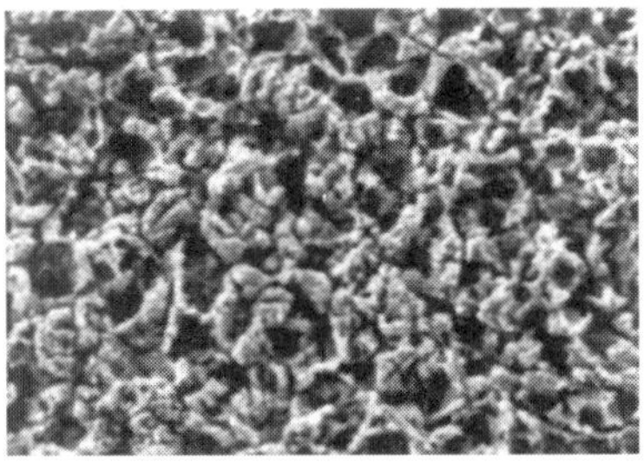

그림 3.133 개량된 oxide 표면사진(5,000배율)

3.14.2 실험 및 결과

1) 실험

① micro etch의 표면 거칠기 효과를 알아보았다.
② tin oxide의 효과를 알아보았다.
③ silane의 효과를 알아보았다.

도표 3.19 | DOE변수와 항목

Variable	Low	Mid	High
M.E.	Peroxide	Persulfate	IGE
Silane	Without	-----	With
Tin	Without	-----	With

도표 3.20 | 수평 atotech장비로 처리된 조건

Process	Delivery	Time
Alkaline cleaner	Spray	30s
Triple C/F Rinse	Spray	30s
Activator	Flood	15s
IGE	Flood	60s
{ NaPS	Spray	60s
Peroxide/Sulfuric	Spray	60s
Triple C/F Rinse	Spray	30s
Immersion Tin	Spray	45s

다음 페이지에 계속>>>

도표 3.20 | 수평 atotech장비로 처리된 조건

Process	Delivery	Time
Fresh Rinse	Spray	15s
C/F Final Rinse	Spray	15s
Air Dry	AFD	15s
Silane Post-Treat	Spray	15s
Hot Air Dry	AFD	30s

2) 결과

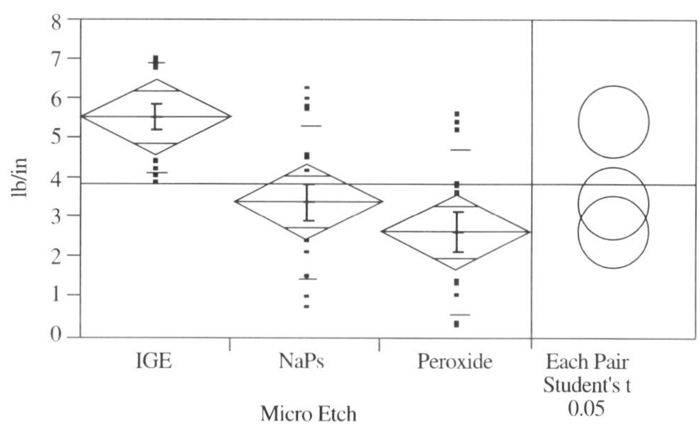

그림 3.134 peel strength의 Micro etch 영향

도표 3.21 | peel strength의 Micro etch 효과의 평균과 표준 범위

Level	Number	Mean	Std Dev
IGE	16	5.54086	1.38948
NaPs	16	3.41964	1.93304
Peroxide	16	2.69500	2.10001

위 그림 3.134와 도표 3.21에서 보면 IGE의 micro etching 처리된 white oxide가 peel strength가 가장 높은 것으로 나타났다.

그림 3.135와 도표 3.22는 Tin 처리 유·무에 따른 peel strength 영향에 관련된 것으로 Tin 처리한 것이 peel strength가 높은 것을 알 수 있다.

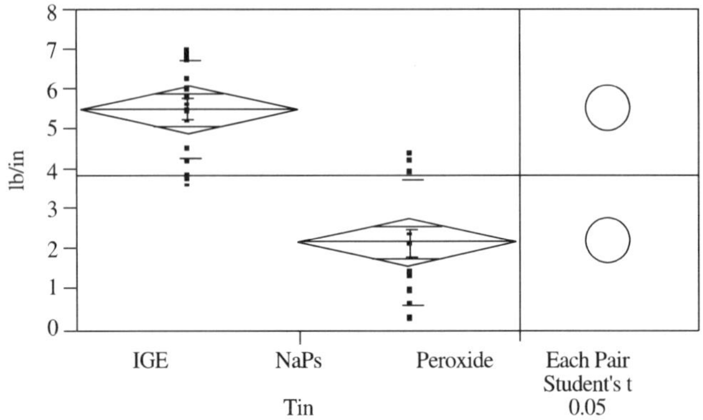

그림 3.135 peel strength의 Tin의 영향

도표 3.22 | peel strength의 Tin의 효과의 평균과 표준 범위

Level	Number	Mean	Std Dev
With	24	5.54252	1.21249
Without	24	2.22781	1.55328

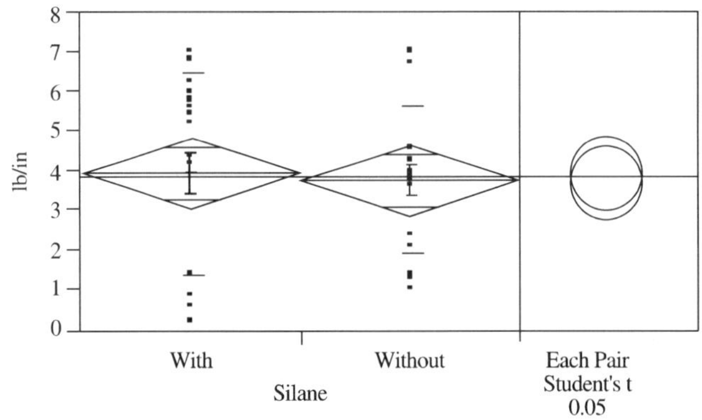

그림 3.136 peel strength의 silane의 영향

도표 3.23 | peel strength의 silane의 Silane 효과의 평균과 표준범위

Level	Number	Mean	Std Dev
With	24	4.00367	2.51840
Without	24	3.76667	1.80102

위 그림 3.136과 도표 3.23에서는 silane의 peel strength 영향에 대한 부분으로 silane 처리는 peel strength에 영향을 거의 주지 않음을 알 수 있다.

① 표면 형상, micro etch, immersion Tin이 Silane 처리가 없는 경우에 peel strength에 중요한 역할을 한다는 것을 알 수 있다.
② silane은 모든 resin과 호환하고, press cycle 동안 상호면의 Bonding 력에 상승 효과를 준다.

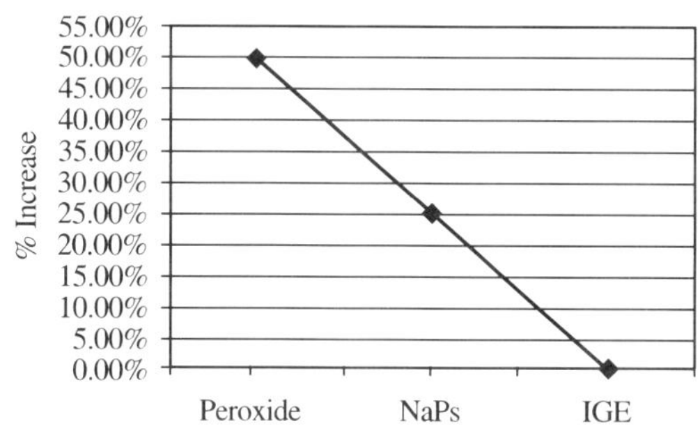

그림 3.137 표면 형상, silane의 반비례 관계

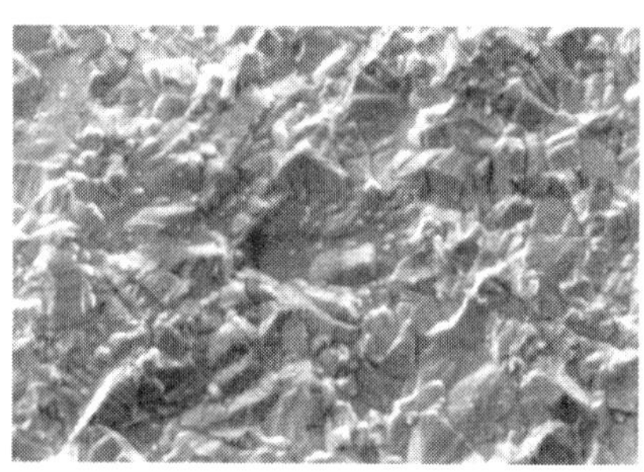

그림 3.138 NaPs 표면의 SEM 사진

도표 3.24 | 표면의 Ra값

Surface	R_a
Peroxide	1000
NaPs	1800
IGE	2500

Stylus Profilometry

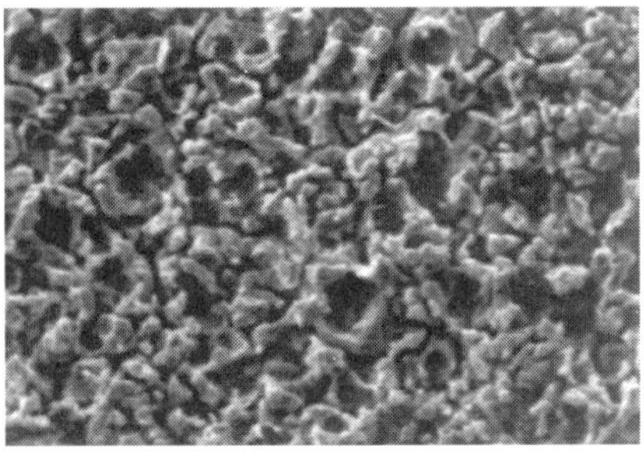

그림 3.139 Tin 도금된 1GE 표면의 SEM사진 (5,000배율)

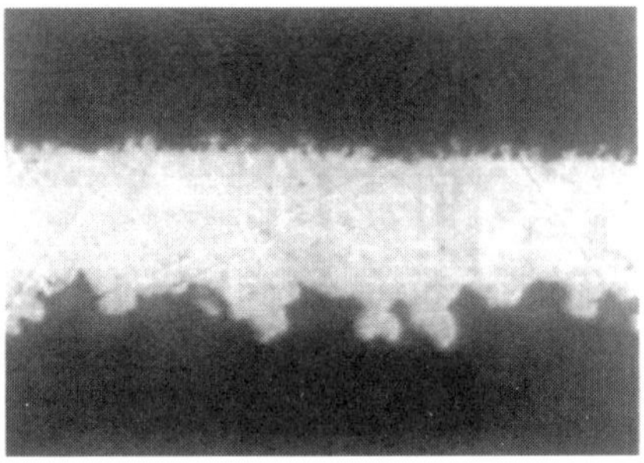

그림 3.140 내층 표면에 형성된 finger형상의 구조 (Tin Oxide 후 press cycle 동안)

3.14.3 요약

1) IGE etch는 high Tg resin의 Multi Bonding에 큰 효과가 있다.
2) IGE 위의 immersion Tin Coating은 Bonding 신뢰성에 큰 효과가 있다.
3) White Tin Oxide는 높은 내 산성, Pink ring의 완전 방지 효과를 갖는다.
4) 금속 경계면(Cu/Tin)에서의 빠른 반응 발전은 열 쇼크/열 충격에 뛰어난 효과를 보인다.

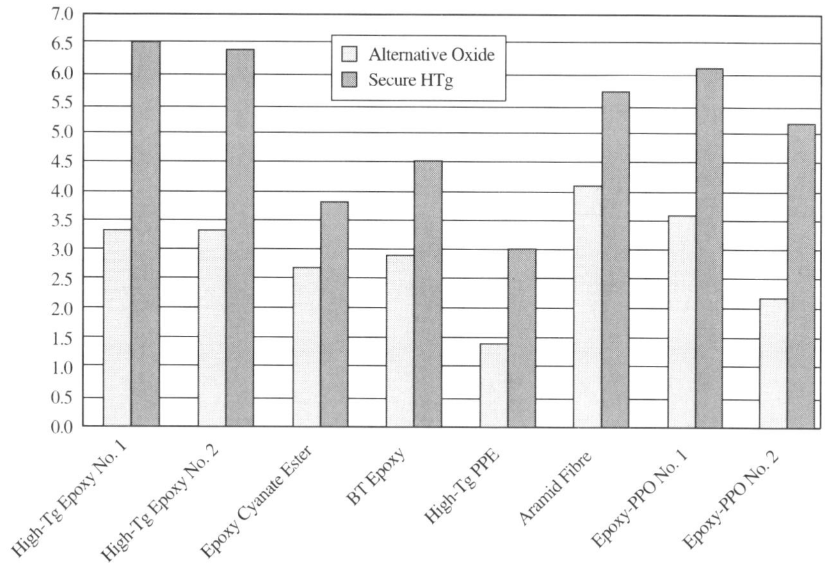

그림 3.141 여러 Resin 계의 peel strength 비교

도표 3.24 | high Tg 열 신뢰성 시험 방법/결과

시 험	방 법	결 과
열 충격	Solder float 288°C에서 10초, 6회	10회 이상 합격
디라미네이션 시간	266°C에서 TMA 방식으로 10분	10분 이상 합격
열 쇼크	열 cycle −65°C ↔ 125°C	250회 이상 합격
표면 절연 저항	85°C, 85% RH에서 168 시간 적용	절연 저항 상승 없고, 부식 없을 시 합격
전기 이온 전이	85°C, 최소 습도 하에서 10V DC 인가	절연성 상승이 500시간 이상 없어야 합격
HAST 시험	85°C, 85%RH, 50V DC 인가	120시간 이상 결함 없어야 합격

3.15 S/M 및 ultra fine Line D/F 전처리용 표면 처리

3.15.1 개요

1) immersion Tin, 무전해 Ni/Au 도금용 S/M 전 초 요철 형상의 표면처리로 과수/황산 type의 부식; 초 요철의 Cu 표면과 산화 방지 필름이 형성된다.

2) 개선된 접착력이 immersion Tin, ENIG에 견딜 수 있게 한다.
3) D/F 전처리에 적용 시 Ultra Fine Pattern 형성이 가능하다 (50μm 이하).
4) 낮은 작업 온도와 좋은 신뢰성을 제공한다.

3.15.2 Cu표면 처리 process

도표 3.25 | Cu 표면 거칠기 process의 종류들

	Mechanical		Chemical		
	Brush	Pumice	H_2SO_4/H_2O_2	SPS	Cobra SM
Inner layer D/F pre-treatment	✔	✔	✔	✔	✔
Lamination pre-treatment					✔
Outer Layer D/F pre-treatment	✔	✔	✔	✔	✔
S/M pre-treatment	✔	✔	✔	✔	✔
HASL pre-treatment				✔	
ENIG pre-treatment			✔	✔	
Immersion Tin pre-treatment				✔	
OSP pre-treatment			✔		

도표 3.26 | Cu표면 거칠기 process의 종류별 roughness

	SPS	H_2SO_4/H_2O_2	Cobra SM
Roughness	0.2~0.3μm	0.2~0.3μm	0.4~0.5μm

위 도표 3.25와 도표 3.26은 현재 PCB업계에서 사용되는 Cu표면 처리 종류별/처리 process 별 적용 적합성 및 Cu 표면 처리 후 Cu의 roughness 정도를 보여주고 있다.

3.15.3 새로운 초 요철 형상의 Cu표면 처리 Process

1) 기본은 H_2O_2/H_2SO_4 또는 유기산 Base의 용액처리이다.
2) 요철을 날카롭게 해주는 topography inhibitor(TM)를 사용하여 S/M 와 Cu사이의 밀착력을 증가할 수 있다.
3) 산화 방지용 anti-tarnish film(50x10$^{-4}\mu$m)의 Coating이 된다.

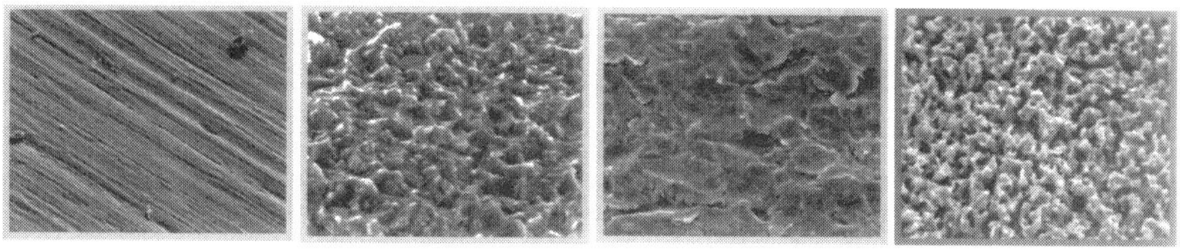

그림 3.142 Cu표면 처리별 SEM 사진 (3,500배)

위 그림 3.142의 마지막 Co-Bra Bond S/M이 새롭게 개발된 초 요철 형상의 Cu 표면처리 Process이다.

4) 초 요철 형상의 Micro-etch process의 장점

① 뛰어난 신뢰성 시험 결과를 나타내었다.
② 공정 관리와 etch rate의 안정된 관리가 용이하다.
③ 저 etch 율, 저 수처리량으로 용액관리가 용이하다.
④ 다른 종류의 금속 finish 처리에도 적합하다.
⑤ 간단한 process이다.
⑥ 용액 분석 또한 용이하다.

3.15.4 immersion Tin에 필요한 이유

1) immersion Tin Process의 장점

① 뛰어난 솔더링성을 들 수 있다.
② 납 폐기물 배출 문제가 해소된다.
③ 균일 두께 처리가 가능하고, 평탄한 표면을 얻을 수 있다.
④ HASL와 단가가 비슷하다.

2) immersion Tin의 단점

① 처리온도가 65～70°C로 높고, 처리시간이 7～9분으로 길다.
② 이러한 강한 산성의 처리 조건으로 S/M을 Lifting 시키는 경향이 짙다.
③ Sn, Cu의 산화/환원 반응의 촉매제로 사용되는 Thiourea는 발암 물질로 규제 약물이다.
④ 특히, 고농도의 Thiourea 사용 시 S/M을 부식시킨다.

도표 3.27 | immersion Tin Process 1

공 정	시 간	온 도
산세	< 1 min	30~50°C
수세	< 1 min	25°C
마이크로 에칭	2 min	30~450°C
수세	< 1 min	25°C
예비 침적	30 sec.	30~40°
침적 Tin 도금	7~9 min	65~70°C
순수세	2 min	30~65°C
건조	1~2 min	50~65°C

⑤ immersion Tin 반응원리

$Cu^{\circ} \rightarrow Cu^{2+} + 2e^{-}$ E = −0.34V

$Sn^{2+} + 2e^{-} \rightarrow Sn^{\circ}$ E = −0.14V

$Sn^{2+} + Cu^{\circ} \rightarrow Sn^{\circ} + Cu^{2+}$ E = −0.48V

⑥ 위 반응은 부자연스럽게 진행되어 촉매제로 Thiourea가 첨가되므로 역 전기 화학 반응이 발생되어 도금이 원활해진다.

3.15.5 초 요철 형상의 S/M 전처리의 특징

1) 간단한 Process와 짧은 Process 시간이 장점이다.

도표 3.28 | 초 요철 현상의 Micro etch Process

공 정	시 간	온 도
산세	30 sec.	40°C
수세	20 sec.	25°C
알카리 세정	30 sec.	50°C
순수세	20 sec.	25°C
예비 침적	20 sec.	25°C
마이크로 에칭	40 sec.	35°C
순수세	20 sec.	25°C
후처리	30 sec.	35°C
순수제	20 sec.	25°C
건조	30 sec.	70°C

① acid clean

6~10% 황산조로 보드 표면의 산화제거 및 패턴 측벽의 산화 제거를 위해 처리한다.

산화층은 다음과 같은 반응으로 제거된다.

$CuO+H_2SO_4 \rightarrow Cu^{2+} + SO4^{2-} + H_2O$로 분해된다.

② Alkali clean

20~25% alkali cleaner를 함유하며, Cu 표면의 지문, 그리스, D/F resist 등을 제거하기 위해 처리한다.

③ pre-dip

유기 첨가제와 H_2O_2로 구성되며, 산화제와 부식 방지제를 흡수한다.

④ Micro etch

micro etching으로 H_2SO_4, H_2O_2 등의 첨가제로 구성되며, 유기 film이 Coating 되는 반응이 진행된다.

⑤ post treat

Cu 거칠기를 극대화하여 Cu 표면을 밝게 해준다.

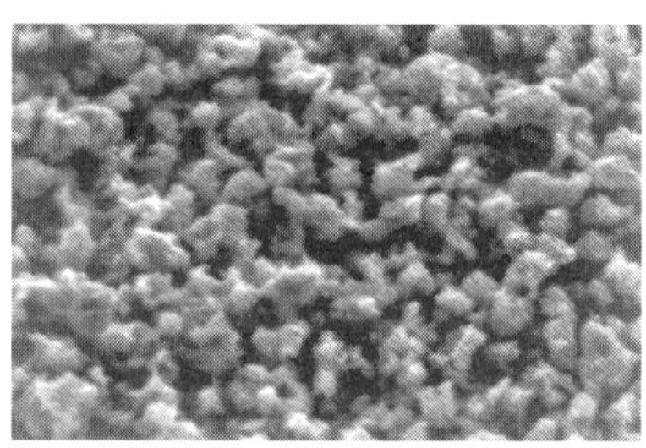

그림 3.143 Micro etching 후 Cu표면 구조 (Ra=0.35μm)

그림 3.144 micro etching + post treat 후 Cu 표면 구조 (Ra=0.45μm)

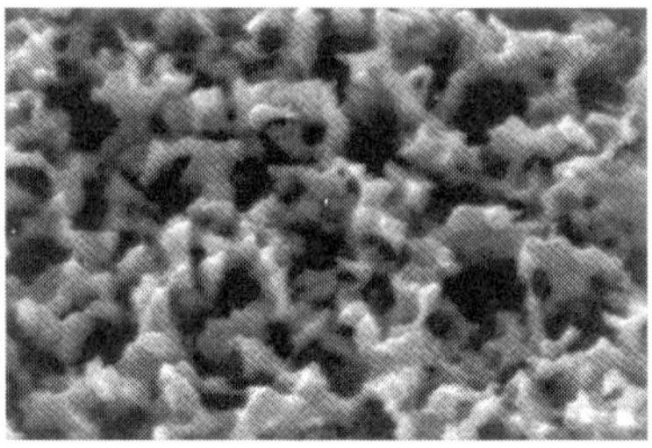

그림 3.145 초 요철 형상 Micro etching 처리 후 여러 가지 거칠기의 X-section 사진

위 그림 3.143은 micro etching 후의 cu 표면 모습으로 roughness가 거칠고 표면적이 많이 늘어난 것으로 볼 수 있고, 그림 3,144는 post treat 후의 모습으로 더욱 roughness가 커진 것을 알 수 있으며, 그림 3.145는 처리 조건에 따른 Cu 표면 roughness의 여러 가지를 보여주고 있다.

2) 안정된 process 관리가 가능하고, etch rate 관리 역시 용이하다.

① etch rate는 H_2SO_4/H_2O_2 부식 용액 내의 Cu 이온과 관련이 있다.

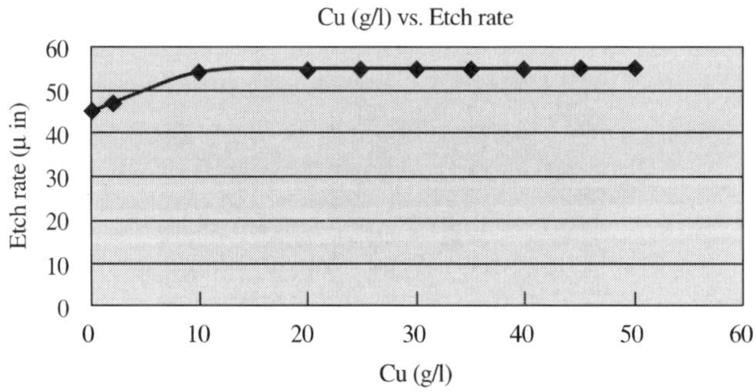

그림 3.146 etch rate VS. Cu ion (H_2O_2/H_2SO_4) 관계도

위 그림 3.146에서 보듯이 etch rate의 Cu ion 농도가 약 10g/ι 이상부터는 거의 일정한 55μm/분 정도를 유지하는 것을 알 수 있다.

② 초 요철 형상 micro etch(Co-BraS/M)는 Cu 농도가 0~40g/ι에서 40~60μm/분의 균일한 etch rate를 갖는다.

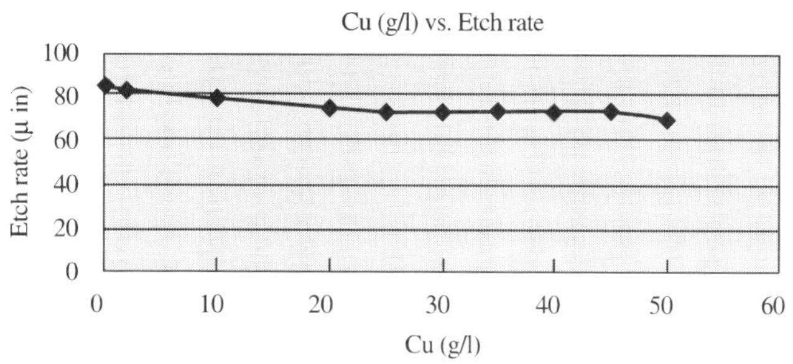

그림 3.147 etch rate VS Cu ion (Co-Bra S/M)

3) 신뢰성이 우수한 실험 결과를 보인다.

① Tape test(adhesion test)

도표 3.29 | immersion Tin 후 각 표면 처리된 S/M 의 Tape test 결과 (3M 600Tape)

S/M pretreatment	Solider Mask			
	PR-77S	Z-100	PR-77	K-1
SPS + Scrubbing	42%	75%	42%	46%
Scrubbing + SPS	0%	0%	0%	25%
IS PUMICE	92%	92%	96%	80%
### Bond	0%	0%	0%	0%
EC Co-Bra SM	100%	100%	100%	92%
---Bond	96%	96%	96%	83%

위 도표 3.29에서 보듯이 Co-Bra S/M 처리된 S/M의 여러 모델에서 다른 표면처리와는 큰 차이로 월등한 것을 알 수 있다.

② 신뢰성 test(S/M peel test)

도표 3.30 | 신뢰성 test 결과

S/M pretreatment	Solider Mask			
	PR-77S	Z-100	PR-77	K-1
SPS + Scrubbing	42%	75%	42%	46%
Scrubbing + SPS	0%	0%	0%	25%
IS PUMICE	92%	92%	96%	80%
### Bond	0%	0%	0%	0%
EC Co-Bra SM	100%	100%	100%	92%
---Bond	96%	96%	96%	83%

위 도표 3.30 역시 Co-Bra S/M로 표면처리된 S/M이 가장 좋은 신뢰성 결과를 보이고 있음을 알 수 있다.

4) IC Substrate의 높은 신뢰성이 보장된다.

특히, flip Chip, CSP 등의 Package에서 고 신뢰성이 보장된다.

도표 3.31 | Flip chip 신뢰성 test 결과

EM	Condition	EC Co-Bra SM
Peeling Tesst	After immersion tin & Ni-Au	Pass
Etching Amount		40~60 μ in
Thermal Shock(× 400)	Thermal Cycle -65°C to 125 °C), Dwell time: 15 min Transfer time< 2 min	97% OK
Thermal Cycle(× 1000)		97% OK
PCT(Pressure Cooker Test)	Temp: 121°C, Humidity: 100% 2 atm, Time: 168 hr	95% OK

5) 신속하고 완벽한 용액 분석이 가능하다.

6) 저 부식률로 액 수명이 길고, 수세성이 좋아 수세량이 적게 든다.

보통 1.0~1.5μm/분의 저 etching 율로 처리되고 Cu ion의 소모량, Cu 두께 손실량을 감소시킬 수 있다.

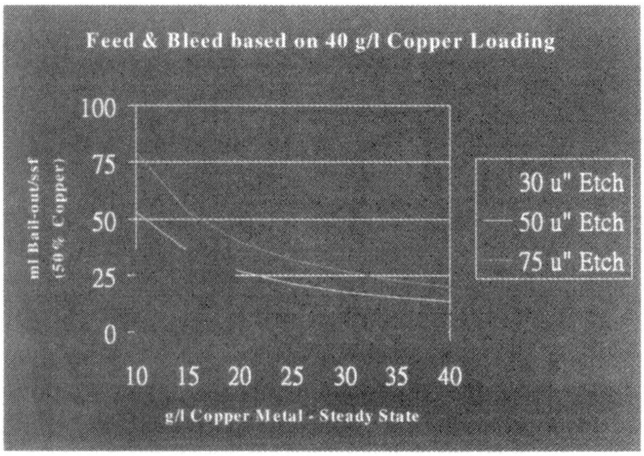

그림 3.148 Chemical 보충 VS. etching 양 관계도

3.15.6 반응 원리

1) H_2SO_4/ H_2O_2 부식액의 대표적인 반응은 아래와 같다.

$H_2O_2 + 2H^+ + 2^{e-} \leftrightarrow 2H_2O$ (E = + 1.776V)

$Cu \leftrightarrow Cu^{2+} 2^{e-}$ (E = − 0.3419V)

$H_2O_2 + 2H + + Cu \leftrightarrow Cu^{2+} + 2H_2O$ (E = + 1.434V)

2) Co-Bra S/M 반응은 다음과 같다.

$2Cu^{\circ} + 2H^+ + H_2O_2 + A + B \leftrightarrow Cu + A + 2H_2O + Cu + B$

(밝은 갈색막 형성)

$2Cu^{\circ} + 2H^+ + H_2O_2 + B + A$

(최초의 흡수) $[Cu^{+1} \cdot B] + H_2O + 1/2H_2O_2 + H + \rightarrow$

A

(혼합) $Cu^{+1} + A + B + H_2O + 1/2H_2O_2 + H + \rightarrow$

(연속적인 부식반응)

$Cu^{2+} + A + 2H_2O$

3.15.7 ultra fine Line D/F 전처리

1) 일반적으로 Cu 표면처리 적용 시 HDI의 50μm 이하에서는 D/F Lift 현상이 발생한다.
2) 초 요철 형상 Cu 표면 처리(Co-Bra S/M)시 50μm 이하 ultra fine Line이 가능하다.

도표 3.32 | 여러 D/F 전처리의 품질 비교

Pretreatment / Item	Scrubbing	SPS	Pumice	Co-Bra SM
Line/space ≧ 3/3	≒ 100%	≒ 100%	≒ 100%	≒ 100%
Line/space ≧ 2/2	< 90%	< 90%	< 95%	> 99%
Line/space ≧ 1/1	--	--	--	> 99%

위 도표 3.32에서와 같이 Co-bra S/M의 초 미세 D/F 회로 형성률이 월등함을 알 수 있었다.

그림 3.149 D/F의 Lift 및 Void 불량 사진

3.15.8 Cu 표면 처리 선택 요령

1) 품질/ 신뢰성 평가 시험
   ① 3M Tape test에서 99% 이상 No Lift 되어야 한다.
   ② 신뢰성 시험 후 95% 이상 pass 해야 한다.
2) 관리 능력과 품질의 안정성이 좋아야 한다.
3) 용액의 분석이 용이해야 한다.
4) 단가가 저렴해야한다.

3.16 S/M의 기계적 화학적 전처리 공정의 품질 평가

3.16.1 개요

1) 다층 PCB의 초고밀도 assembly 제조를 위해 S/M의 접착력이 중요 인자로 작용한다.
2) 전통적인 표면처리는 주로 Pumice/aluminum oxide(Al_2O_3) 또는 Brush로서 mechanical 방식으로 처리사이의 적합성이 요구된다.
3) 전통적인 mechanical/Chemical 처리방식에서 발생하는 Blister 및 Lifting 현상을 줄일 수 있는 새로운 방식이 필요하다.

3.16.2 배경

1) S/M 접착력의 문제의 근본 원인은 다음과 같다.
   ① S/M와 Cu 표면 사이의 접착력을 방해하는 표면 오염물들

② finish 처리의 처리 시간, 온도 등의 과다 처리
③ 특정 혼합물(methane Sulfonic 산, Thiourea)의 침투성
④ S/M 처리 중의 Cu 표면 산화
⑤ S/M 자체의 문제

2) mechanical & chemical 처리의 비교

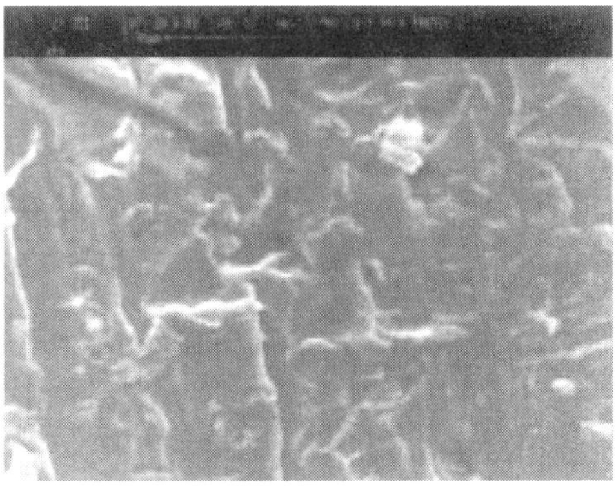

그림 3.150 Pumice Scrubbing 처리된 Cu 표면 사진 (5,000 배율)

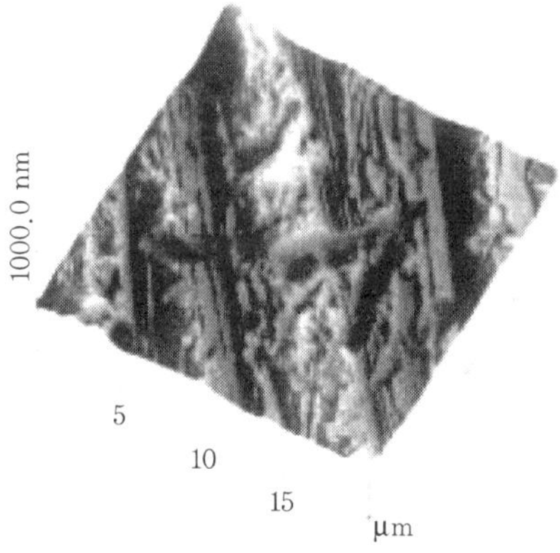

그림 3.151 Pumice Scrubbing 처리된 Cu 표면 (AFM) 사진 (가로 20 x 세로 20(μm))

① mechanical 처리방식의 단점은 Via hole 속의 Particle의 포집 현상, fine Line 및 재료의 손상, Line의 Side wall의 불충분한 거칠기 등이 있다.

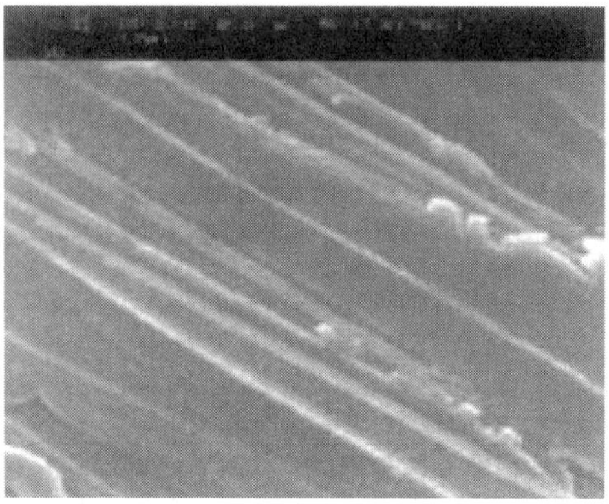

그림 3.152 Brush Scrubbing 처리된 Cu 표면 SEM 사진 (5,000 배율)

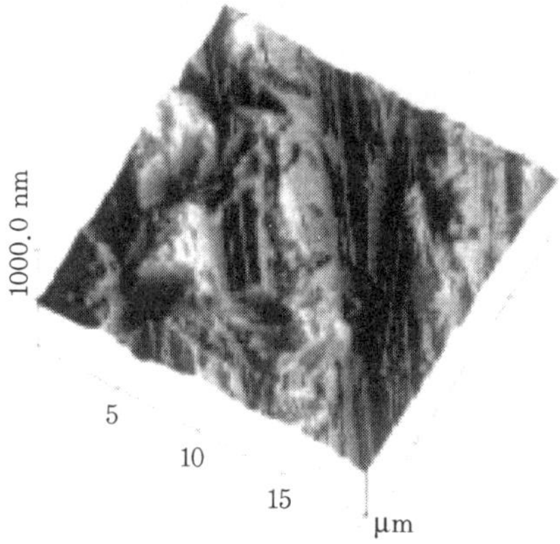

그림 3.153 Brush Scrubbing 처리된 Cu 표면 AFM 사진 (20μm x 20μm)

위 그림 3.150에서 그림 3.153은 mechanical Scrubbing 방식 중 Pumice와 Brush Scrubbing 처리된 Cu 표면을 보여주고 있다.

② Chemical 처리 방식은 micro etchants를 이용하여 표면 거칠기를 제공하는 방식으로, 장점으로는 표면과 회로 Side wall의 거칠기를 제공하고, 오염물의 세척이 가능하며, 표면 구조의 최적화가 가능하고, 산화방지제의 첨가가 가능하며 adhesion Promotor의 첨가가 가능하고, fine Line 및 재료 손상이 없는 것 등이 있다.

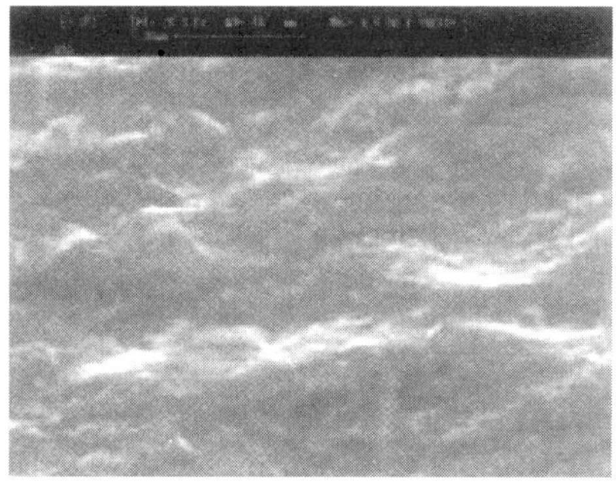

그림 3.154 과황산나트륨의 micro etchats 처리된 Cu 표면의 SEM 사진 (5,000 배율)

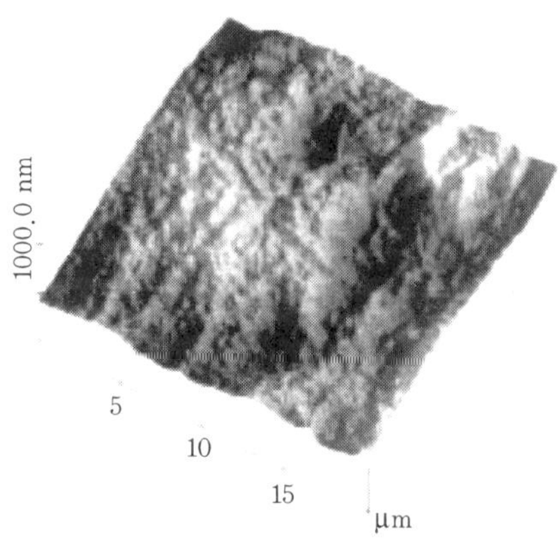

그림 3.155 과 황산나트륨의 micro etchants 처리된 Cu 표면의 AFM 사진 (20μm x 20μm)

③ 과수-황산의 micro etching은 과황산 나트륨-황산의 micro etching 보다 저 cost이지만, 거칠기가 크고, 쉽게 산화되는 단점이 있다.

④ 새로운 Chemical 처리제 개발

황산-과수 type을 개량하여 macro/micro roughness가 동시에 가능하고, 부식 방지층에 의해 Cu 표면의 산화 방지가 가능하다.

그림 3.56, 그림 3.57이 개량된 새로운 chemical로 처리한 Cu 표면의 모습을 보여주고 있는데, 그림 3.54, 그림 3.55의 Cu 표면보다 훨씬 넓어진 표면적을 볼 수 있다.

이 넓어진 표면적은 곧 밀착력의 상승을 의미한다.

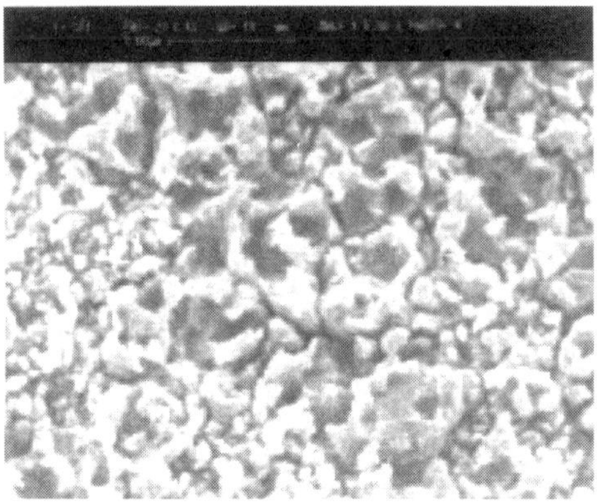

그림 3.156 개량된 micro etchants(adhere)에 의해 처리된 Cu 표면 SEM 사진 (5,000 배율)

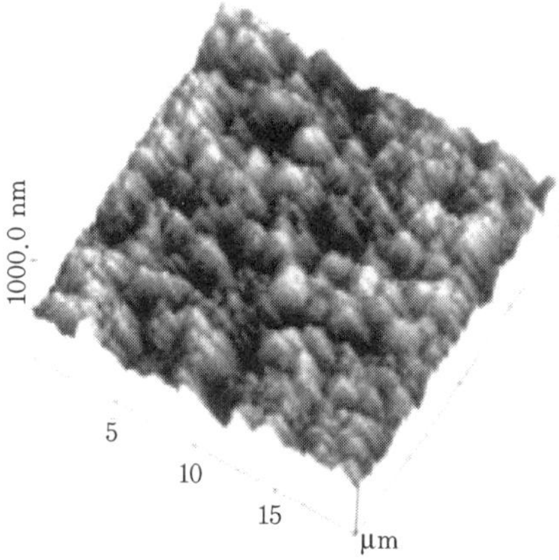

그림 3.157 개량된 micro etchants(adhere)에 의해 처리된 Cu 표면 AFM 사진 (20μm x 20μm)

이 새로운 chemical 처리의 Process는 다음과 같다.

– Process

clean –> adhere (micro etch) –> post dip으로 처리된다.

- etch 액은 매우 조밀한 유기 금속층을 형성이 된다.
  이것은 Cu표면 및 Side wall이 선택적으로 etch가 된다.
- post dip은 Coating 층이 제거되어 S/M 전에 밝은 Cu의 색상을 띄게 하고, 산화 방지 기능은 그대로 Cu 표면에 남게 한다.

도표 3.33 | 표면 처리별 Ra VS Solder mask 전처리

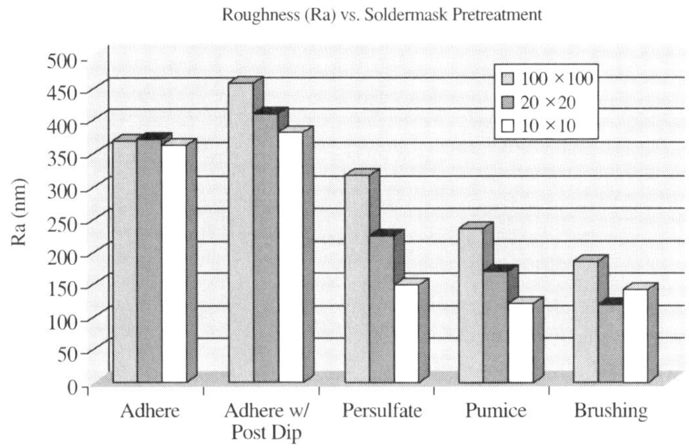

도표 3.34 | 표면 처리된 Rms Vs Solder mask 전처리

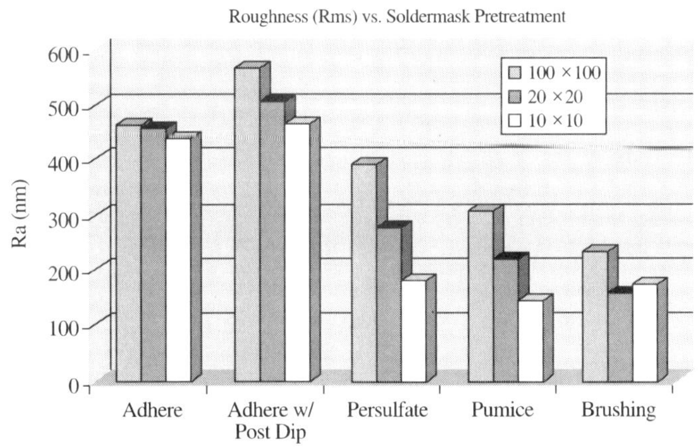

위 도표 3.33에서 도표 3.35까지는 각 표면 처리별 Roughness의 Ra, Rms를 보여주고 있으며 상대 표면적 증가정도를 보여주고 있는데 개량된 Chemical 처리가 기존의 Pumice, Persulfate, Brush와 비교 시 큰 차이를 보임을 알 수 있다.

도표 3.35 | 상대 면적 증가 VS. Solder mask 전처리

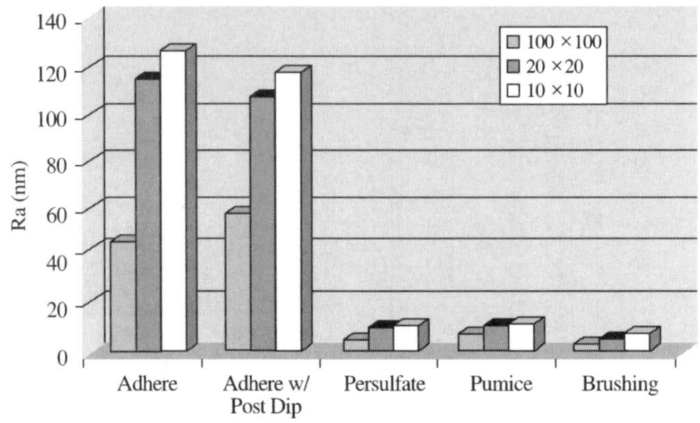

3.16.3 Test

1) Tape Test

Tape로 finish 처리 후 밀착 후 Peeling 하여 S/M의 Lifthing 여부로 확인하여 평가한다.

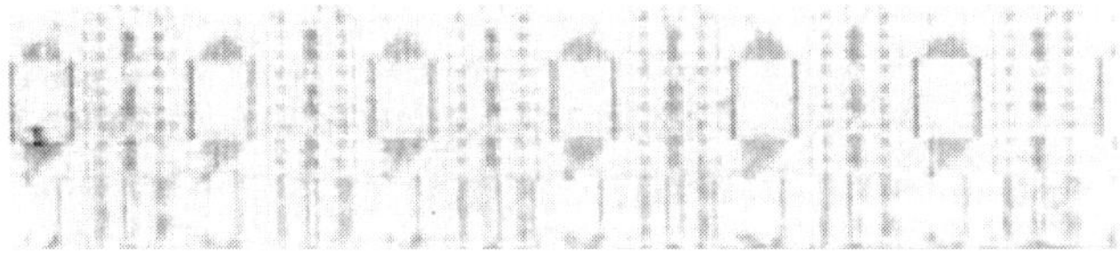

그림 3.158 나쁜 S/M 접착력의 Tape test 결과 사진

위 그림 3.158에서 보듯이 Tape에 의해 S/M가 Peeling 되어 떨어짐을 보이고 있다. 이것은 Cu와 S/M의 밀착력이 약함을 알 수 있다.

2) Tape Test(pattern/columm test)

Circuit Pattern test라 하여 S/M Coating 후 circuit Pattern film으로 노광/현상을 거쳐 Curing 후 및 finish 처리 후에 Tape로 밀착 후 Peeling 하여 Lift 여부를 확인하는 방법이다.

그림 3.159 양호한 S/M 접착력의 Tape test 결과 사진

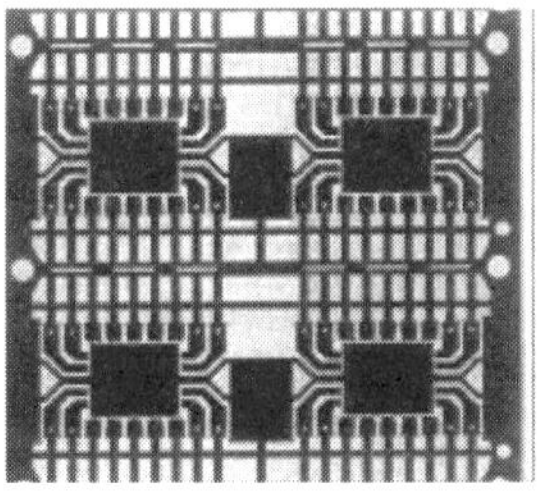

그림 3.160 Circuit Pattern 형상 (Tape test)

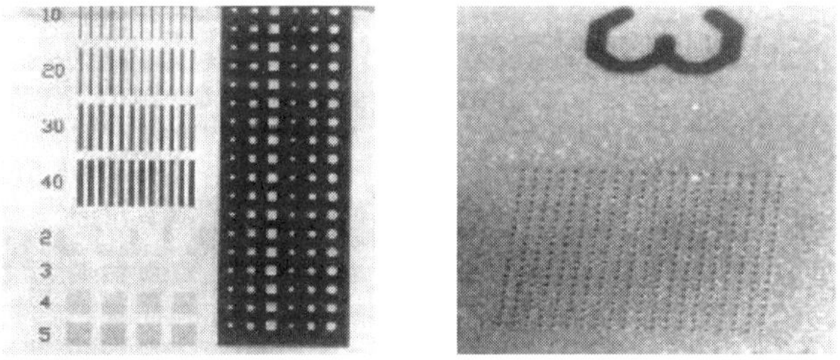

그림 3.161 Columm Pattern 형상 (Tape test)

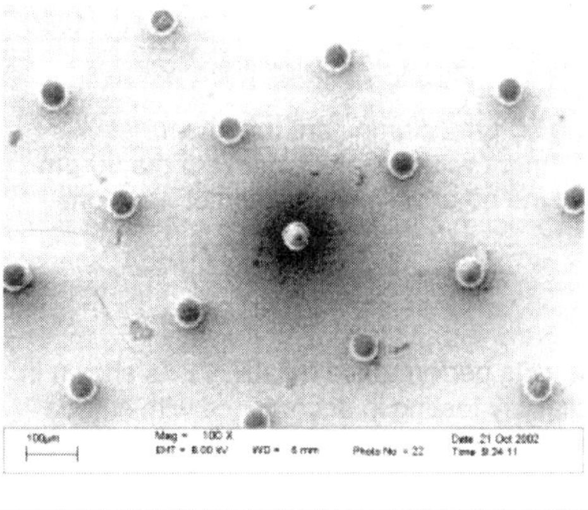

그림 3.162 75μm Columm Pattern SEM 사진

그림 3.163 독립 75μm columm의 SEM 사진

위 그림 3.159는 Tape test후 양호한 S/M 접착력을 보여주는 그림으로 S/M의 Lifting이 전혀 없는 것을 알 수 있고, 그림 3.160, 그림 3.161은 Circuit 및 columm Pattern의 모습과 Tape test 후에도 양호한 모습을 보여주고 있다.

그림 3.162와 그림 3.163은 독립 75μm의 columm pattern이 양호하게 밀착되어 형성된 모습을 보여주고 있고 이것은 밀착력의 정도를 한 눈에 확인할 수 있는 Test 방법에 속한다.

3) 결과

adhere를 적용하여 test 한 결과가 아래 도표 3.36에 나타내고 있다.

도표 3.36에서 보면 S/M 종류별, finish 처리 종류별로 Pattern 및 columm 들에서 모두 Pass 한 것을 알 수 있다.

도표 3.36 | adhere로 적용된 S/M의 75㎛ columm Tape test 결과

Solder Mask	Selective finish	Tape test	
		Pattern Rating[1]	Columns Lost[2]
Taiyo PSR 4000 G23K	Immersion Tin	0	0
Taiyo PSR 4000 BN	ENIG, Immersion Tin	0	0
Taiyo PSR 4000 Z-26	ENIG, Immersion Tin	0	0
Vantico Probimer PR 77S	ENIG	0	0
Peters Elpemer SD 2467 SG-DG	ENIG, Immersion Tin	0	0
Eternal EC7800	HASL	0	0

1: Range of 0 to 5, 2: Total number of columns = 1,600

도표 3.37 | 전처리별 75㎛ columm Tape test 결과

Solder Mask	Selective finish	Tape test	
		Pattern Rating[1]	Columns Lost[2]
Adhere™	ENIG	0	0
Adhere™	Immersion Tin	0	0
Persulfate	ENIG	1	< 23
Persulfate	Immersion Tin	5	1,600
Pumice	ENIG	0	0
Pumice	Immersion Tin	1	1120
Brushing	ENIG	0	18
Brushing	Immersion Tin	2	1300

1: Range of 0 to 5, 2: Total number of columns = 1,600

위 도표 3.37은 전처리 종류별 시험 결과를 보여주고 있는데, Pursulfate, Pumice, Brushing 처리에서 모두 S/M Lift 됨을 알 수 있고 특히, columm에서 많이 발생하는 것을 알 수 있다.

도표 3.38 | 열 신뢰성 Test 결과

시 험	방 법	판 정	결 과
솔다 쇼크	IPC TM 650 2.4.13.1	6회 이상 디라미네이션 없어야 함	디라미네이션 6회 이상 발생 후
열 쇼크	IPC TM 650 2.6.7.2	100회 이상 디라미네이션 없어야 함	250회 이상
솔다 쇼크와 함께 압력 적용	IPC TM 650 2.6.16	디라미네이션 없어야 함	디라미네이션 발생 후

Source: Atotech Customer Results

위 도표 3.38은 열적 신뢰성 Test 결과를 모두 이상 없이 통과하였음을 보여 주고 있으며, 도표 3.39는 최종 신뢰성 시험 결과를 보여주고 있다.

여기에서 보면 표면 절연 저항(SIR)은 합격 기준보다 저항값이 높음을 알 수 있고, Solvent 추출액 저항치는 기준보다 훨씬 적은농도의 Nacl의 발생을 보여주고 있다. migration 저항도 합격하였음을 보여주는데, 이것은 Cu의 표면처리 효과가 S/M의 신뢰성 등급까지 올려주는 결과를 낳았음을 보여주고 있다.

도표 3.39 | 신뢰성 시험 결과

시 험	방 법	판 정	결 과
표면 절연 저항	IPC-B-25 "A" comb patterns 85°C/85% RH 500Hours 50VDC Bias and Measurement Voltage	> 5.0×10^8 Ohms	All>1.5×10^9 Ohms
용제 배출 저항	IPC)TM-650 2.3.25C	< 1.56 μgNaCl/cm^2	<0.2 μgNaCl/cm^2
전기 이온 전이 저항	IPC-TM-650 2.6.14.1	< one degrade reduction in resistance	Passed

Source: Trace Laboratories

결국, 새로 개량된 Chemical 표면 처리는 S/M의 밀착성을 향상시켜 주는 것과 동시에 S/M의 열적, 신뢰성 적인 측면까지 향상시켜 주는 것을 알 수 있었다.

3.17 Carbon Base Direct Metalization (Black hole)

3.17.1 개념

Direct Metalization의 기본 물질을 Carbon으로 하여 처리한 것을 의미하며 Black hole이라 한다. 이 Black hole의 특징은 다음과 같다.

1) 뛰어난 상호 접촉 신뢰성을 들 수 있다.
2) 수평 자동화가 가능하다.
3) 공정이 단순하다.
4) 작업 범위가 넓다.
5) 향상된 작업 안전성을 갖는다.
6) 환경적인 부담이 적다.
7) 총 공정의 단가를 감소할 수 있다.

도표 3.40에서 보면 기존의 electroless Cu 도금, Palladium D.M, Graphite D.M, Black hole의 X-Section의 홀 속 결함을 보여주고 있는데, Black hole이 파격적으로 낮은 결함률을 보여주고 있음을 알 수 있다.

도표 3.41은 홀 속 도금의 문제가 발생하는 IST Cycle Test로 Black hole 의 홀속 도금이 가장 안정함을 보여주고 있는 도표이다.

도표 3.40 | 각 P.T.H 처리별 결함 결과(X-Section)

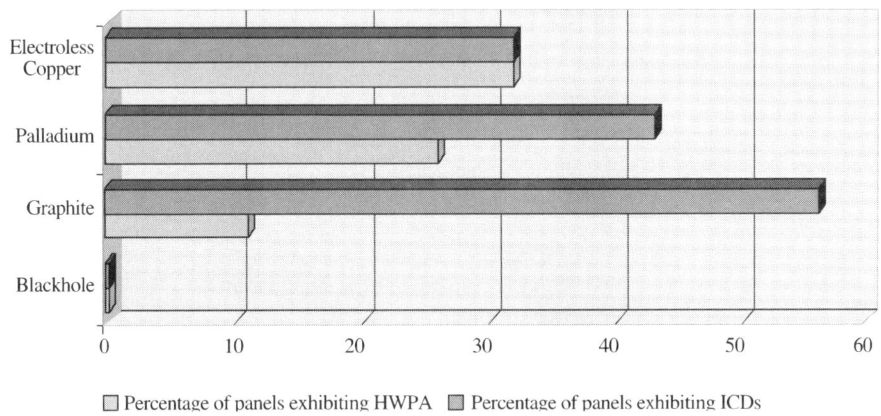

도표 3.41 | 전기 시험 결과

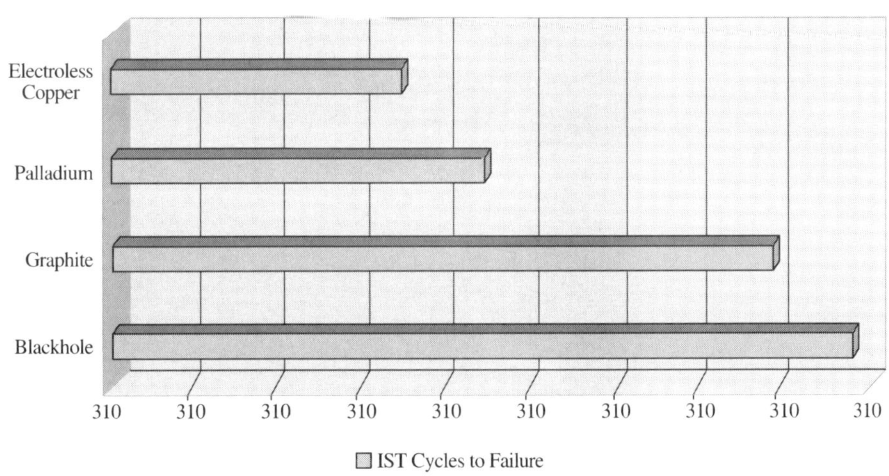

3.17.2 재료 적합성

위 도표 3.42에서 보면 Laminates는 거의 모든 재료에 적용가능하며 그에 따른 PCB 종류도 구애받지 않음을 알 수 있다.

도표 3.42 | Black hole에 적합한 Substrates

적층판 종류	• FR-4 Di, Tetra, Multifunctional (low and high Tg) • Getek • BT(bismaleimide triazine) • Paper/Phenolic • Rigid Polyimide/Kapton • CEM-1, CEM-3 • Teflon
보드 구조	• Flexible • Rigid D/S and M/L • Blind Vias/Buried Vias/Microvias • Copper/Invar/Copper • Backpanels (production up to 7.0mm) • RCC(resin coated copper)

3.17.3 metalization Process

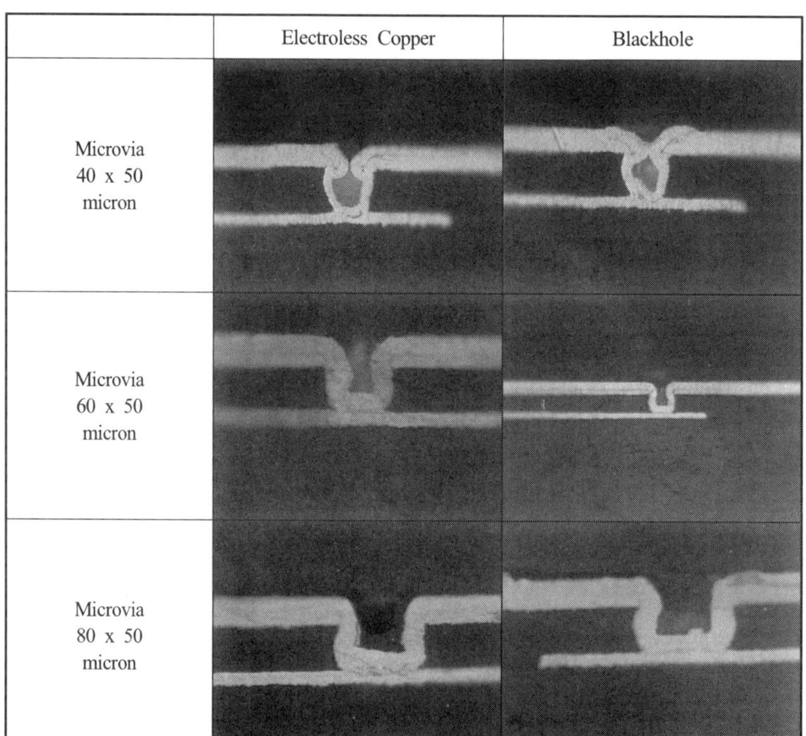

그림 3.164 Black hole과 electroless Cu Plating micro via hole의 도금 비교 (계속)

	Electroless Copper	Blackhole
Microvia 100 x 50 micron	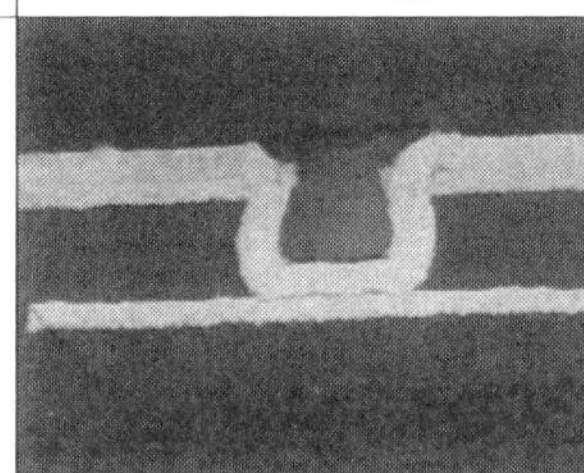	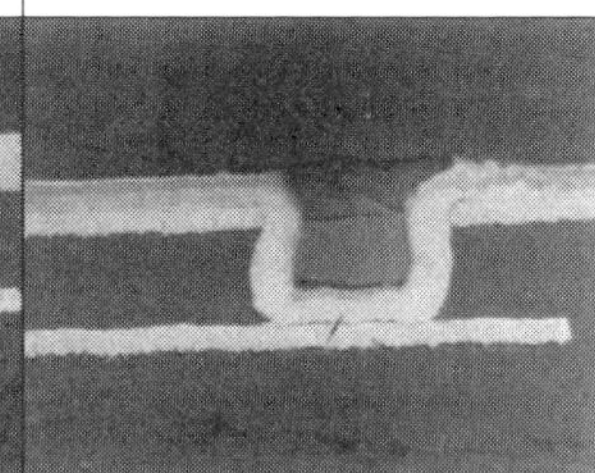
Microvia 200 x 250 micron	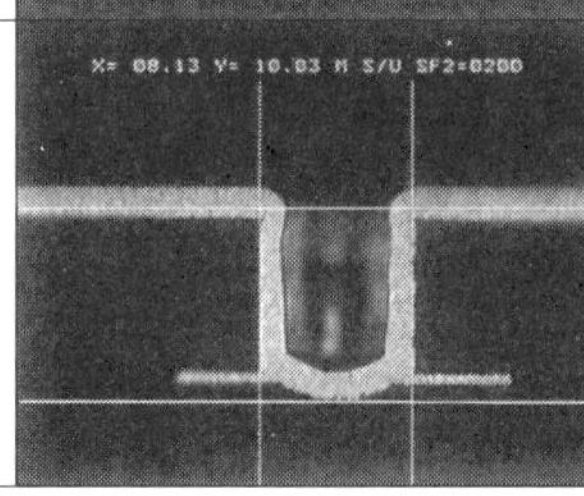	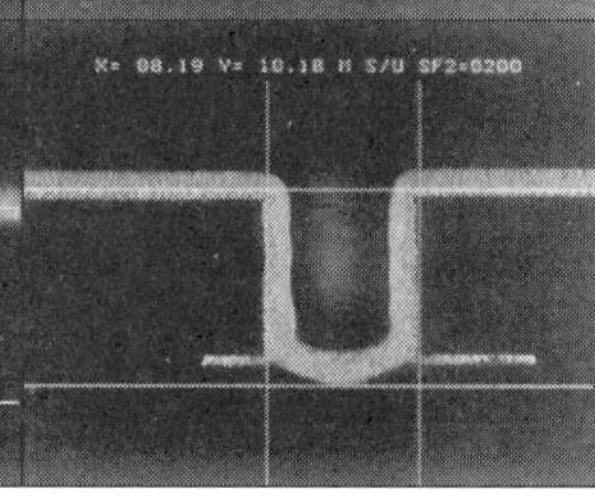

그림 3.164 Black hole과 electroless Cu Plating micro via hole의 도금 비교

3.18 고농도 인(P)을 함유한 ENIG 공정 평가

3.18.1 개요

1) CSF(Complex Surface Finish)가 PCB 산업에 새롭게 주목되고 있다.
   이것은 Cellular Phone과 같은 전자 부품에 사용되는 PCB는 CSF와 같은 OSP + ENIG를 처리하여 보다 양호한 Soldering 성과 Key pad들의 부식 방지성을 향상 시켜줄 수 있기 때문이다.
2) ENIG의 무전해 Ni 층은 엄밀히 Ni/P(인)의 합금으로 P(인) 함량은 Ni 층의 가장 큰 영향인자로써 보통 1 ~ 12% 범위에서 사용되고 있다.

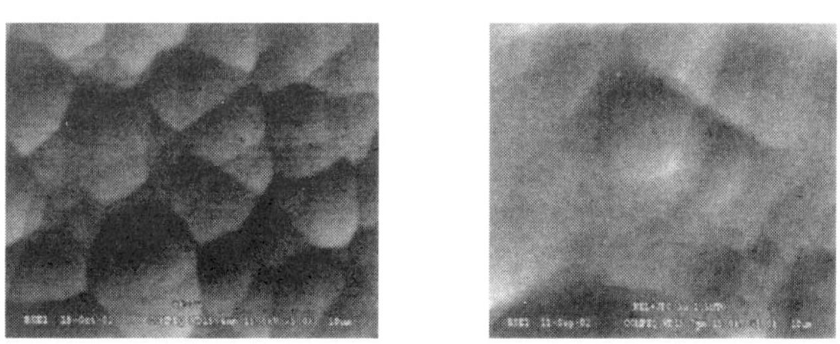

P%: 5~9 (결정)　　P%: 9~12 (비결정)

그림 3.165 Ni 층상 상이한 P 함량에 따른 Ni 표면 구조 사진 비교

위 그림 3.165에서 보듯이 P 함량에 따라 Ni 도금층의 구조가 달라짐을 알 수 있다.

도표 3.43 | Ni/P 합금의 분류

Ni 층의 P 함량	저농도	중간 농도	고농도
	1~5%	5~9%	9~12%
적용	일반 도금 처리	일반 PCB	통신 제품
Ni 층 형상	결정 구조	결정/비결정	비결정
비중 (g/cm^3)	8.5	7.9	7.9

위 도표 3.43은 Ni/P 합금의 P의 함량에 따른 적용 및 Ni 층의 구조, 비중 등에 대한 비교표로써 중요한 정보를 주고 있다.

3.18.2 실험

1) ENIG Process

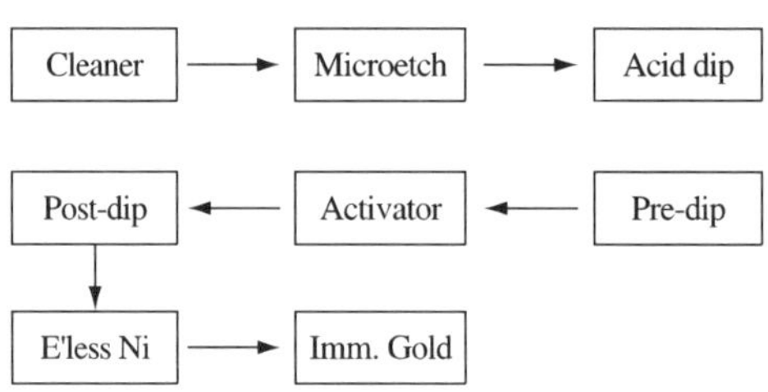

그림 3.166 ENIG의 Process

2) 품질 항목

① 기본 특성 분석

- Au/Ni 두께는 X-ray로 측정한다.
- Au/Ni 표면 구조의 확인이 필요하다.
- Ni 표면층의 P 함량을 측정한다.

② 부식 방지성

- Ni 여과 시험

  20% 염산 수용액에 시료를 8시간 dip 후에 수용액 중 Ni 농도를 측정한다.

– 산 기체 부식 시험

산성 기체 속에 시료를 24시간 접촉시킨 후 꺼내어 Au 표면의 결함을 확인한다.

③ Soldering 성

3.18.3 결과

1) 기본 특성 분석

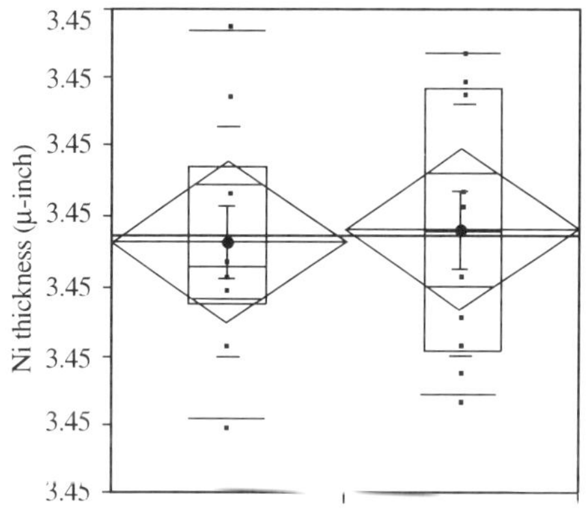

그림 3.167 고농도/중간 농도 Ni/p 합금에 의한 Au 두께 분포도

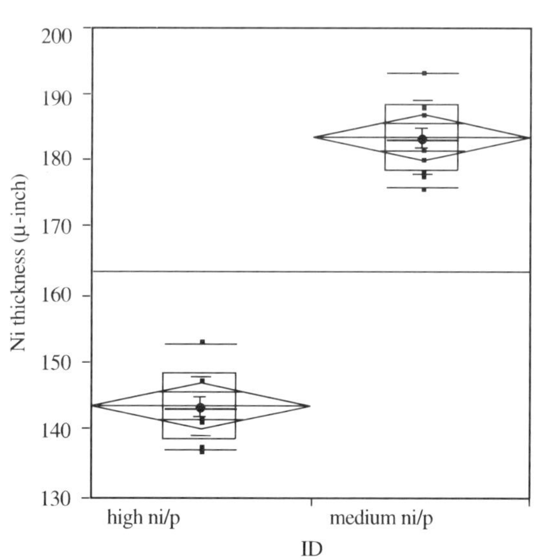

그림 3.168 ENIG 내의 고농도/중간 농도 Ni/p 합금에 의한 Ni 두께 분포도

위 그림 3.167과 그림 3.168에서 알 수 있는 것은 Ni/p 합금에서 p의 농도가 중간 정도에서 Ni 및 Au 도금 두께가 높음을 알 수 있다.

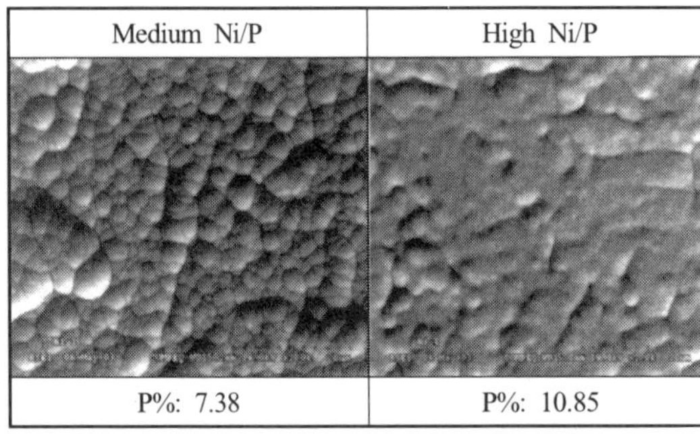

그림 3.169 Ni 표면 형상 & P 함량 (Ni층)

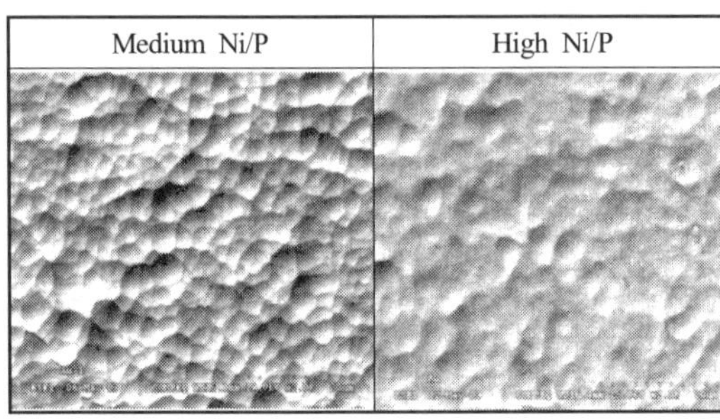

그림 3.170 Au 표면 형상 (2,000배율)

위 그림 3.169, 그림 3.170 역시 Ni/P 합금층의 P의 함량에 따라 Ni층 및 Au층 표면 형상이 다름을 알 수 있다.

2) 내 부식성

위 그림 3.171에 보듯이 중간 농도의 P 함량을 갖는 Ni 층과 고농도의 P 함량을 갖는 Ni 층간의 20% 염산 수용액에 dipping 후, 수용액 중 용해되어 나오는 Ni 농도를 보면 중간 농도의 P 함량을 갖는 Crystal 구조의 Ni층은 dip 시간에 비례하여 Ni이 용해되어 나오지만, 고농도의 P를 갖는 amorphous구조의 Ni층은 dip 시간에 아주 완만하게 Ni이 용해되어 나오는 것을 알 수 있다.

이것은 고농도의 P 함량의 Ni/P 합금층이 내 부식성이 우수하다는 것을 의미한다.

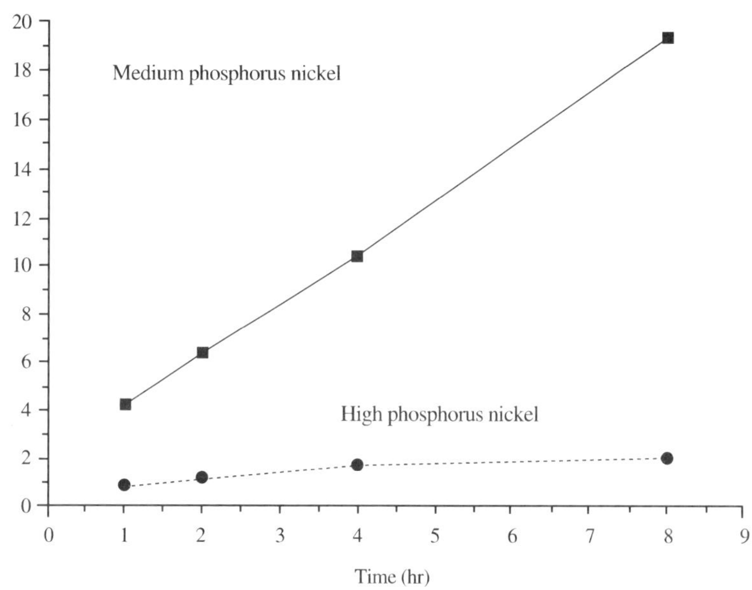

그림 3.171 Ni 여과 VS 침적시간 (P의 함량별)

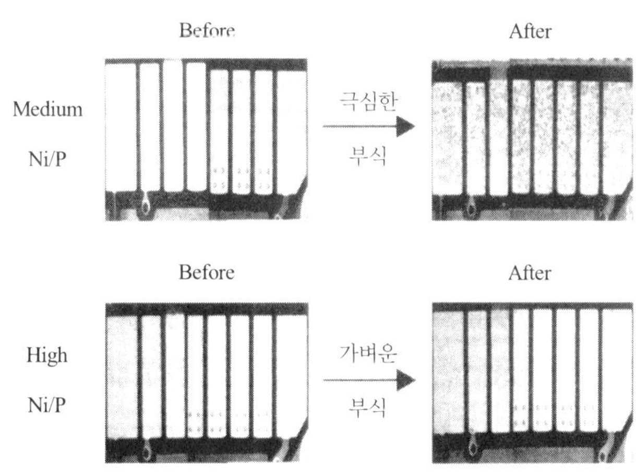

그림 3.172 산성 기체하의 부식 시험 전·후의 Au 표면 관찰

위 그림 3.172에서도 마찬가지로 산성 기체 하에서 산성 gas에 의한 Au표면의 부식 정도를 확인한 결과로 그림 3.171에서 같은 고농도 P를 함유한 Ni/P 합금층 위의 Au가 내 부식성이 우수함을 보여주고 있다.

3) Soldering 성

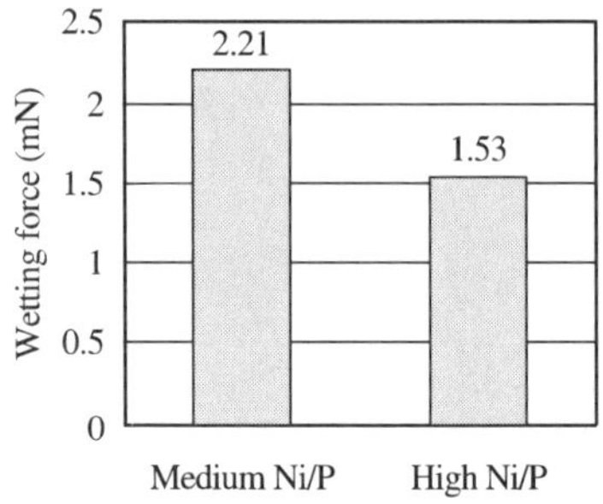

그림 3.173 wetting force 결과

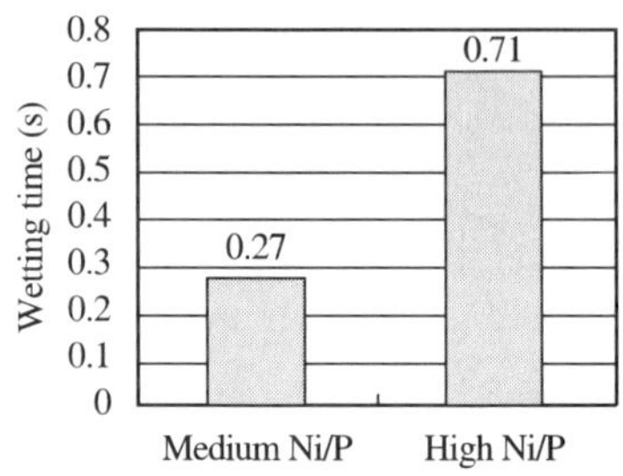

그림 3.174 wetting time 결과

위 그림 3.173과 그림 3.174는 Soldering시 solder의 wetting force와 wetting되는데 걸리는 시간을 나타낸 것으로 Soldering성은 Crystal 구조의 표면을 갖는 중간 농도의 P을 함유한 Ni층이 고농도의 amorphous 표면보다 표면적이 넓기 때문에 좋은 것으로 나타났다.

3.19 OSP (Organic Solderability Perservertive)

3.19.1 개요

1) Surface finish 처리는 ass'y 될 노출된 Cu land 부위의 산화방지 및 솔더링성 향상을 위해서 처리하는 것이다.
2) OSP는 저 단가, 환경 친화, 용이한 처리 공정이 장점이다.
   또한, ass'y시 Cu와 OSP 및 Sn(free Pb시에) 사이에 연결 금속 복합물 Cu_3Sn/

Cu_6Sn_5는 ENIG의 복합금속 Ni_3Sn_4 보다 접착 결합 강도가 높다.

3) Lead free ass'y가 Tin-Lead Process 보다 높은 ass'y 온도가 필요하다.

도표 3.44 | 여러 가지 조성의 Solder의 적정 용융온도

합 금	용융점 (°C)
63Sn-Pb	183
99.3Sn-Cu	227
95.5Sn-Ag	221
95.8Sn-3.5Ag-Cu	217~218
80.5Sn-3.5Ag-Bi	121~189
95Sn-3.5Ag-0.5Cu-Bi	213~216
95Sn-3.5Ag-0.5Cu-Zn	215~216

위 도표 3.44는 현재 사용되고 있는 Solder의 종류별 솔더링시 적정 용융온도를 나타내고 있다.

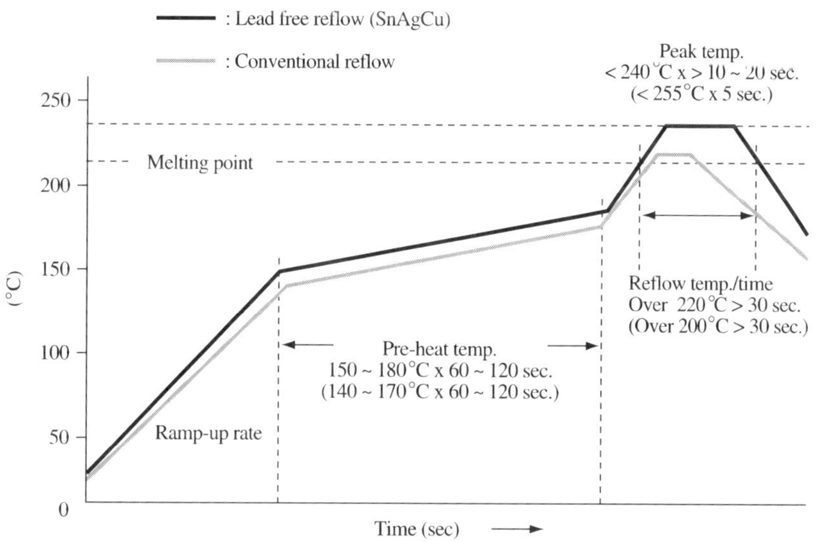

그림 3.175 Tin-lead Solder와 lead free Sn-Ag-Cu-Solder의 IR reflow 곡선

위 그림 3.175에서는 Tin/lead Solder와 lead free Solder의 IR reflow 조건 곡선으로 여기서 알 수 있는 것은 Lead free 조건이 Tin/lead 조건보다 실제 reflow시 온도는 20°C 이상 높고, 처리시간은 10초 이상 짧은 것을 알 수 있다.

3.19.2 OSP Chemical의 발전경로

1) 초기에는 IPA Soluble rosin 복합물이 주로 사용되었다.

이것은 우수한 열적 저항을 갖추고 있고, 긴 수명이 장점이나 두께가 3~5μm 정도로 두꺼워 B.B.T시에 Probe 찍힘에 의한 불량이 야기되는 문제점이 발생되었다.

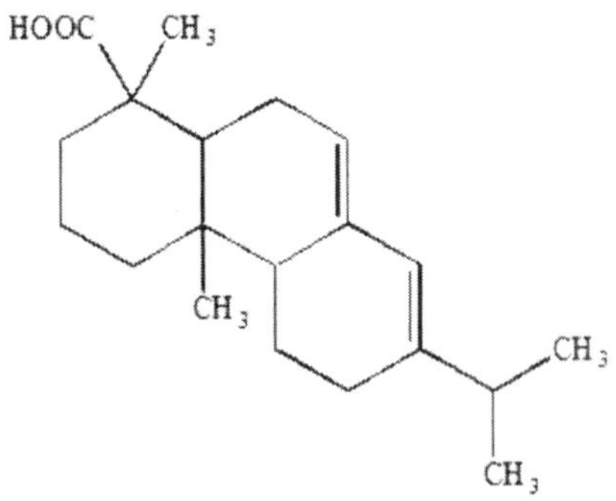

그림 3.176 대표적인 Rosin 복합물(abietic acid)의 Chemical 구조

2) 2세대 OSP

BTA(benzotragole), Imidazole 등이 있는데 이것들은 Cu 표면에 얇은 film을 형성하나 Tin-lead Soldering에만 적용이 가능한 단점이 있다.

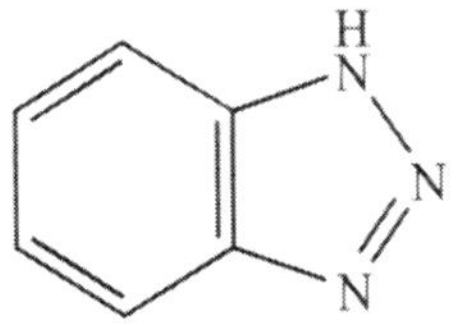

그림 3.177 BTA의 Chemical 구조

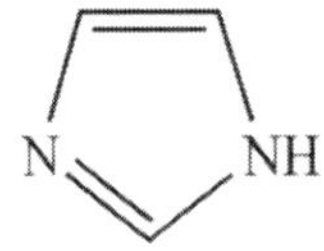

그림 3.178 Imidazole의 Chemical 구조

3) 3세대 OSP

주로 Imidazole 유도체(파생물)로 이것들은 상당히 높은 분해 온도와 lead free reflow 조건하에서 열적 저항을 향상시킨다.

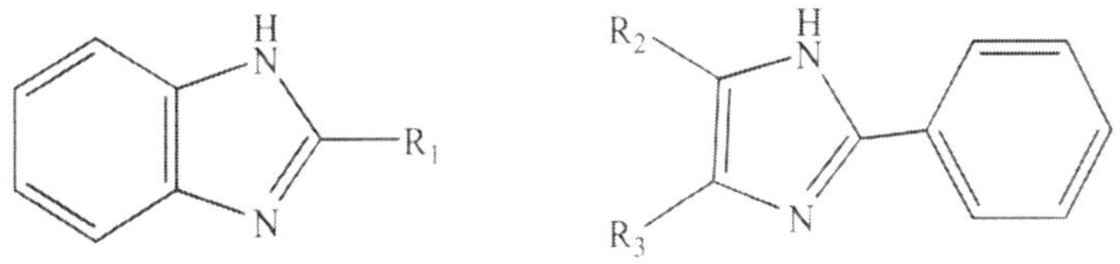

그림 3.179 Imidazole 유도체들

4) OSP film의 완전성에 영향을 미치는 요인

OSP Chemical, OSP film 아래 Cu표면 형상, OSP 두께, ass'y 조건 등이다.

3.19.3 OSP의 완전성에 미치는 Cu 표면의 영향 실험.

1) 실험

시료 Cu표면처리는 SPS와 H_2SO_4/H_2O_2의 두 가지 종류의 Micro etching을 처리하였다.

또한, OSP Chemical은 imidazole 유도체로, 0.2~0.3μm 두께로 처리하였으며, 이 OSP film은 묽은 크롬산에 용해된다.

① SMT Pad의 wettability

처리는 30°C, 85% RH에서 95시간 처리 후에 24시간이내 Hot air reflow -> Solder paste print -> Hot air reflow -> Solder길이로 결정한다.
이때, 인쇄폭보다 2배 이상 확대되어야 한다.

② Through hole의 Solder flow up ability

이것은 30°C, 85%RH에서 96시간 처리 후 -> Hot air reflow -> wave Soldering -> Through hole 내의 solder coverage를 체크한다. 이때, solder는 Sn/Ag/Cu Solder를 사용한다.

③ **Spreadability**

이것은 flux 처리 -〉 Solder Ball 부착 -〉 IR reflow -〉 spreading ratio를 측정한다.

이때, Sn/Ag/Cu Solder Ball을 사용하여야 하며 Spreading ratio는 spreading area/solder ball 부피로 계산된다.

2) 결과

① solderability

H_2SO_4/H_2O_2 처리된 Cu 표면이 SPS 처리보다 좋게 나왔다.

도표 3.45 | SPS 및 H_2SO_4/ H_2O_2 micro etching 용액의 wettability와 solder flow up ability 결과표

시험 항목	마이크로 에칭 약품	결 과
젖음성	SPS	Fail
	H_2SO_4/H_2O_2	Pass
sloder flow up	SPS	Fail
	H_2SO_4/H_2O_2	Pass

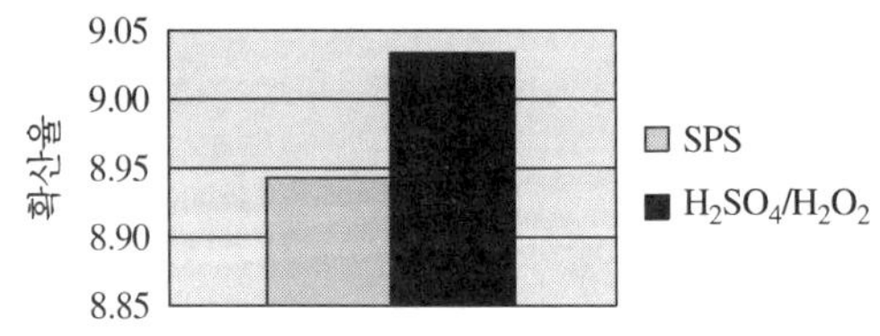

그림 3.180 SPS 및 H_2SO_4/H_2O_2 micro etching 용액의 spreadability

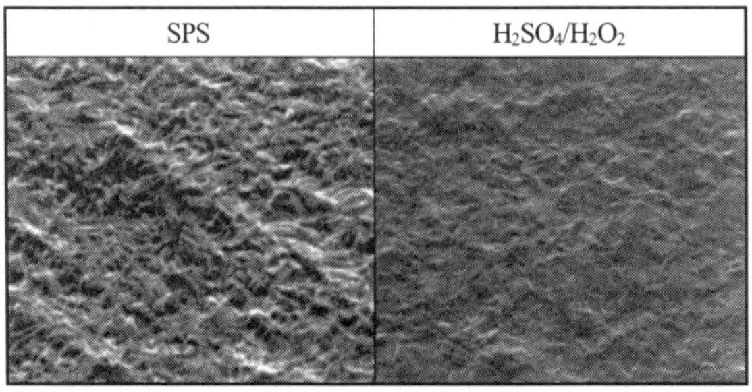

그림 3.181 SPS 및 H_2SO_4/H_2O_2 micro etching 처리후의 Cu 표면 사진과 거칠기 (3000배율, 45° 각도)

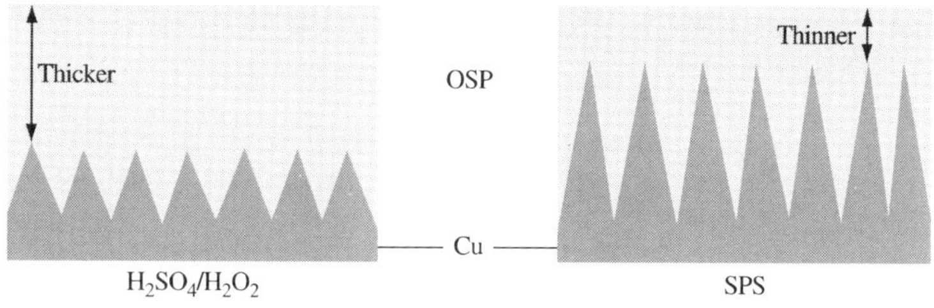

그림 3.182 SPS 및 H_2SO_4/H_2O_2에 의해 처리된 Cu 표면위의 OSP film의 분포도

위 그림 3.181은 SPS와 H_2SO_4/H_2O_2 micro etching 처리후의 Cu 표면 사진으로 SPS 처리표면이 H_2SO_4/H_2O_2 보다 거침을 알 수 있다.

또한, 그림 3.182는 sps와 H_2SO_4/H_2O_2 micro etching 된 Cu 표면 위에 OSP가 Coating 될 때 OSP의 Coating 두께가 H_2SO_4/H_2O_2 micro etching 된 Cu 표면이 두껍게 올라감을 알 수 있다.

② OSP film의 균일도와 micro etching 용액에 의한 Cu 표면 형상에 의해 완전성 측면에 큰 영향을 미친다.

H_2SO_4/H_2O_2 micro etching 처리된 Smooth한 Cu 표면 위에 균일한 OSP 두께 형성을 가능하게 하여 열적 Stress 저항성을 향상시켰다.

3.20 차세대 OSP 및 복합 금속처리 PWB/BGA

3.20.1 개요

가장 대중적이고 우세한 finish 처리는 아직도 HASL이지만 환경 및 안전성 문제, 편편한 표면 요구의 부 적합성, 표면의 ionic contamination의 극저화의 요구, fine pitch device assembly의 요구, 신뢰성, Cost적인 측면에서 쇠퇴하고 있다.

이러한 요구를 충족시킬 수 있는 finish 처리 중 하나가 OSP 처리이다.

3.20.2 복합 금속 finish 처리로의 경향

1) 예전의 OSP는 긴 Chain의 alkylimidazole 복합체와 치환된 bengimidazole 복합체로써 Base Cu의 oxidation 방지 역할과 동시에 Au, tin, solder 표면에 Coating이 되며 Au위의 접촉 저항을 허용치 이상으로 증가시키며 다중의 금속 finish의 경우 OSP film 형성을 방해한다.

2) 하지만 최근에는 Base Cu에만 선택적으로 Coating 되는 OSP가 개발되었고 이것은 처리와 동시에 적은 잔류 ion 오염물이 남고, 다중의 열 방출에도 soldering성을 유지할 수 있는 능력을 갖추고 있다.

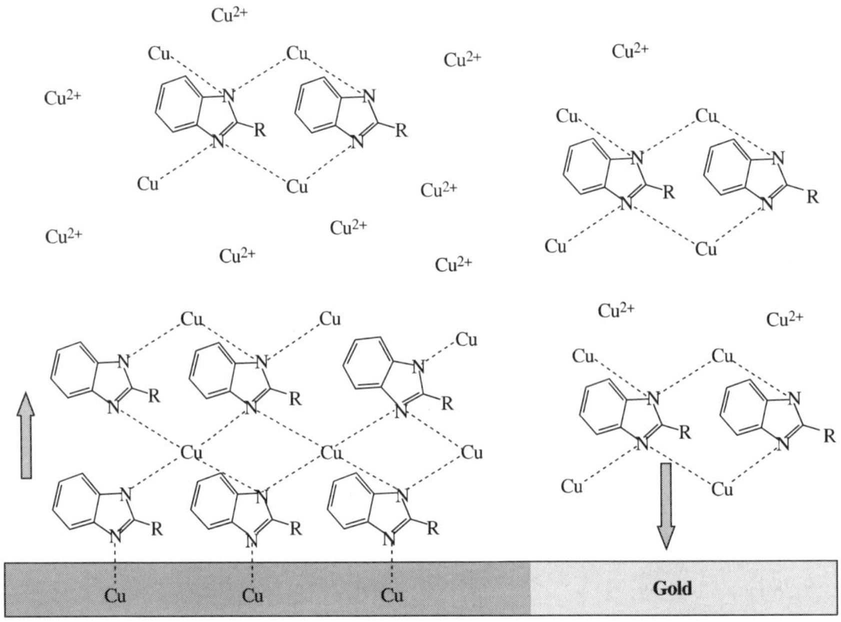

그림 3.183 Gold 위에 Coating 된 OSP

3.20.3 Lead-free Solder 적합성

최근 개발된 OSP인 Arylphenylimidazole은 훨씬 높은 열 안정성으로 lead free solder의 높은 reflow온도에 견딘다.

(보통 220°C 용융점에서 이상 없이 soldering이 된다.)

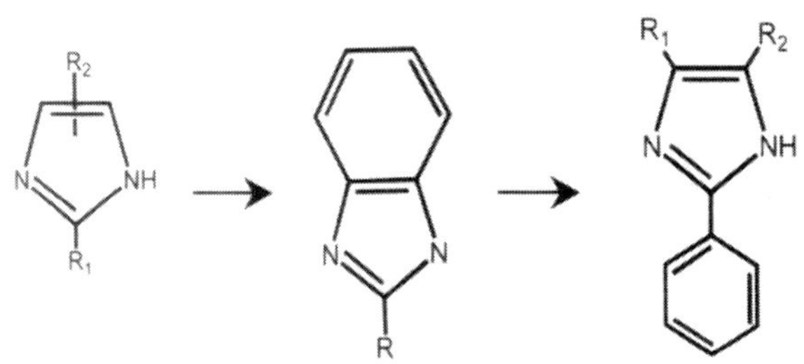

그림 3.184 Arylphenylimidazole의 개발과정

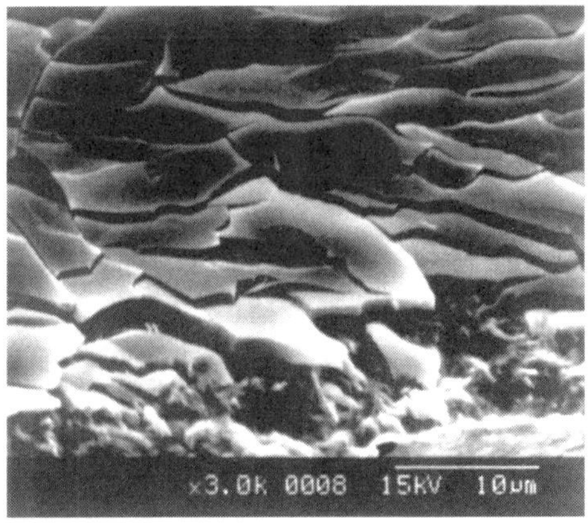

그림 3.185 OSP Coating 모습

위 그림 3.184는 초기 imidazole에서 개발되어 나온 최종 OSP인 Arylphenylimidagole의 분자식을 마지막에 나타내고 있고, 그림 3.185는 Cu 표면에 OSP가 Coating 된 모습의 SEM 사진이다.

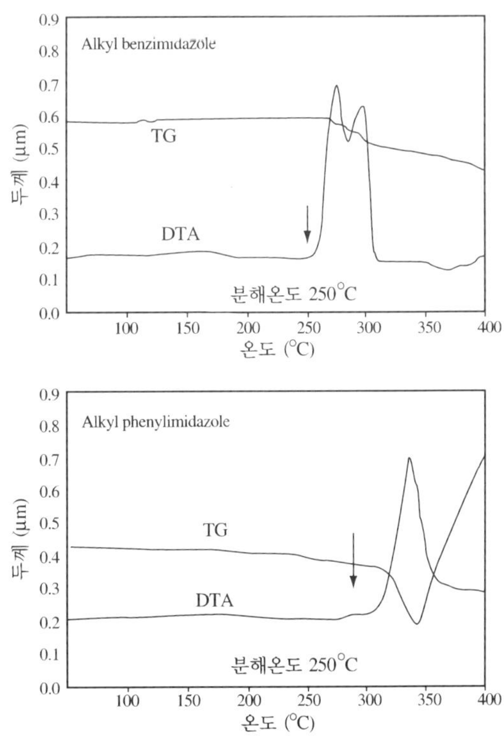

그림 3.186 Alkylbengimidazole과 Arylphenylimidazole의 Tg(DTA) Curve 비교도

3.20.4 공정 chemistry

1) imidazole 복합물은 수용성이며 미량의 acet산을 함유하고 있다. acet산은 form산보다 낮은 휘발성으로 적합하다.

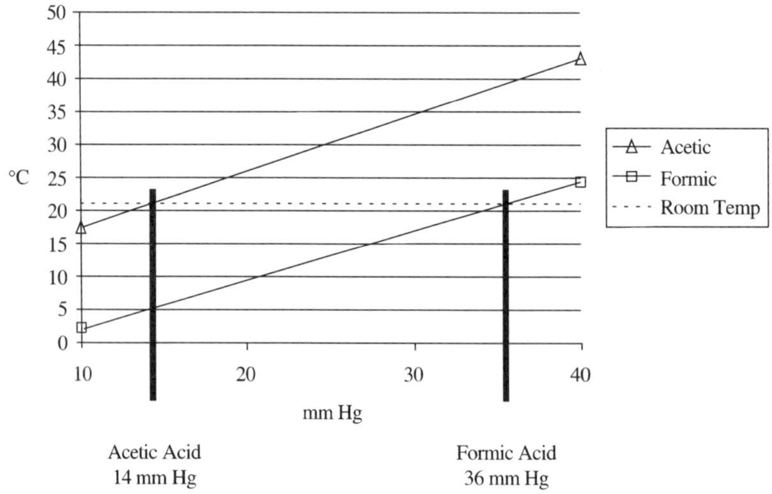

그림 3.187 아세트산과 포름산의 기체 압력 관계도

acet산의 낮은 휘발성은 안정된 PH를 유지하여 Soderability 유지를 위한 균일하고 충분히 두꺼운 organic Coating을 가능하게 한다.

2) phenylimidazole 복합물 중 additive는 Cu표면에만 선택적으로 Coating 되도록 해주는 역할을 한다. 처리공정은 acid cleaner -> micro etching -> OSP Coating (dip, spray, flood)으로 이루어진다.

3.20.5 plasma 방출

BGA의 상면은 Gold clean 되고, solder mask의 roughness 형성을 위해 plasma 처리 시 BGA하면의 OSP는 제거가 될 수 있다.

이때, OSP의 두께는 열처리 중 발생하는 산화를 방지하는 매우 중요한 인자로 작용한다.

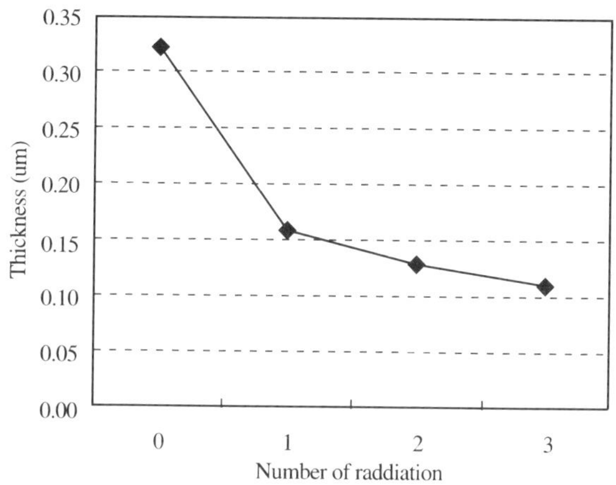

그림 3.188 Plasma 방출&OSP 두께와의 관계도

3.20.6 heating 후의 Cu의 산화

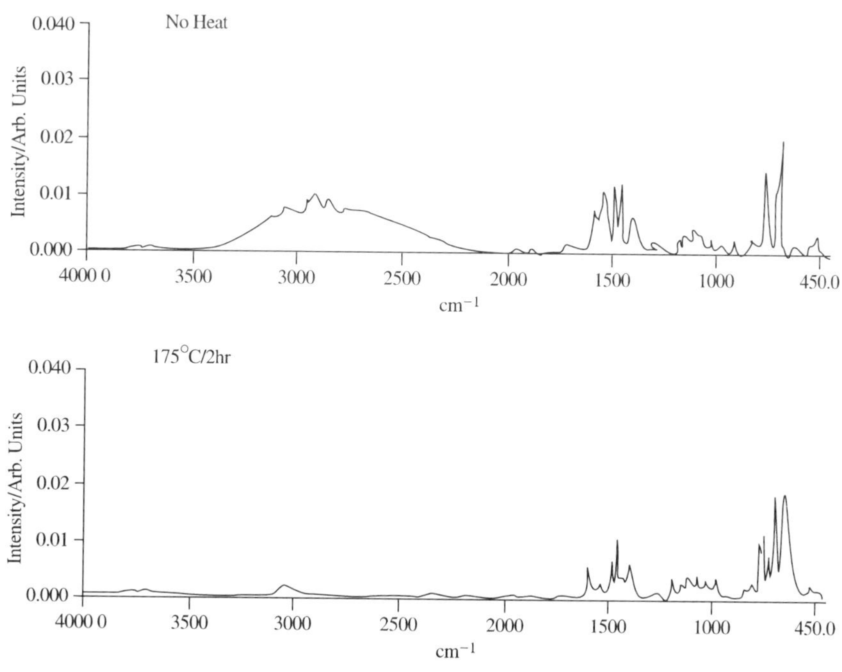

그림 3.189 열을 가한후의 Cu산화

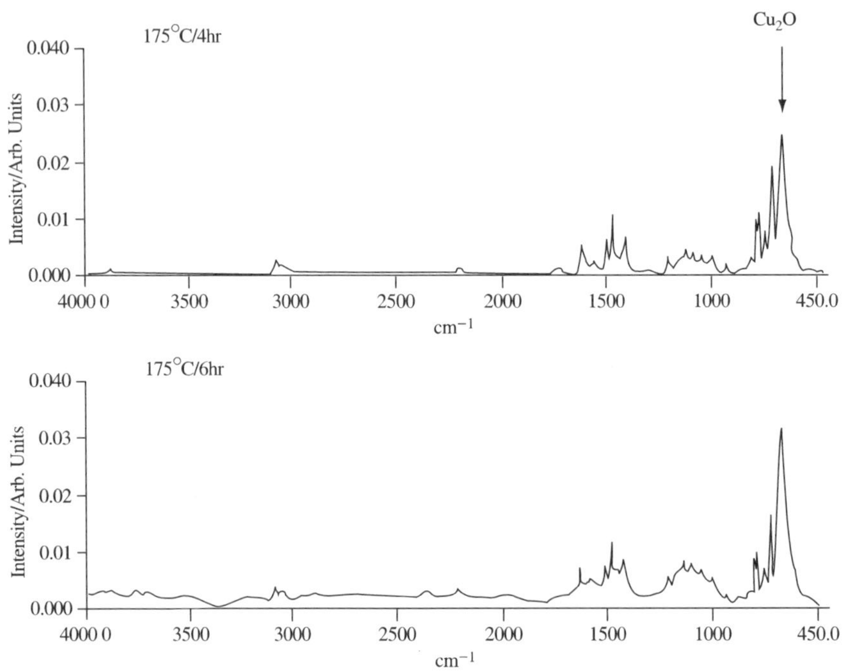

그림 3.189 열을 가한후의 Cu산화

1) 640cm^{-1} 영역의 IR 파장대에서 Cu_2O의 양이 최고치를 보인다.

2) OSP-A, OSP-B, OSP-C 세 종류를 비교한 결과가 아래 도표에 나타나고 있다.

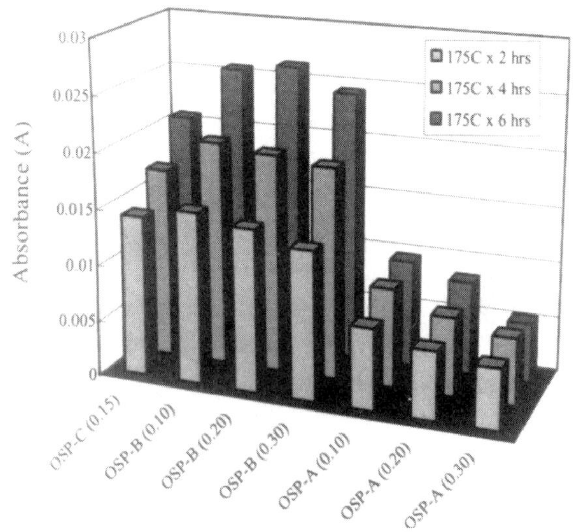

그림 3.190 열을 가한 후 OSP 종류별 Cu 산화비교표

3.20.7 Solder ball spreadability

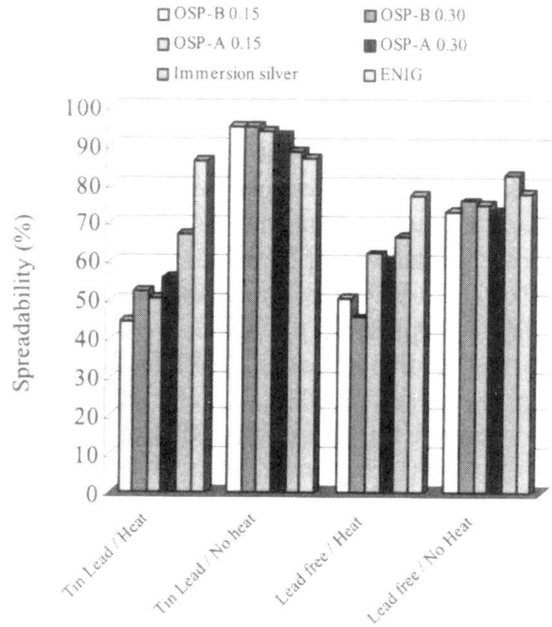

그림 3.191 여러 solder와 surface finish별 solder ball spreadability

위 그림 3.191에서 알 수 있는 것은 우선 finish처리 종류에 관계없이 열을 가하지 않은 것이 solder Ball의 spreadability가 좋아지는 것을 알 수 있고, Tin lead가 lead free보다 spreadability가 좋음을 알 수 있으며, OSP가 immersion silver나 ENIG보다는 spreadability가 떨어짐을 알 수 있는 좋은 data이다.

3.20.8 Solder Ball Pull Strength

pull strength는 BGA에서 가장 좋은 Surface finish를 결정하는 중요한 factor이다.

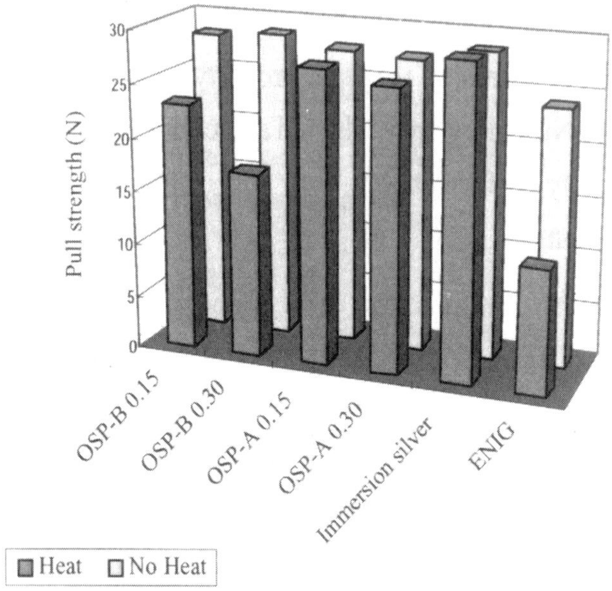

그림 3.192 Tin lead solder의 solder pull strength

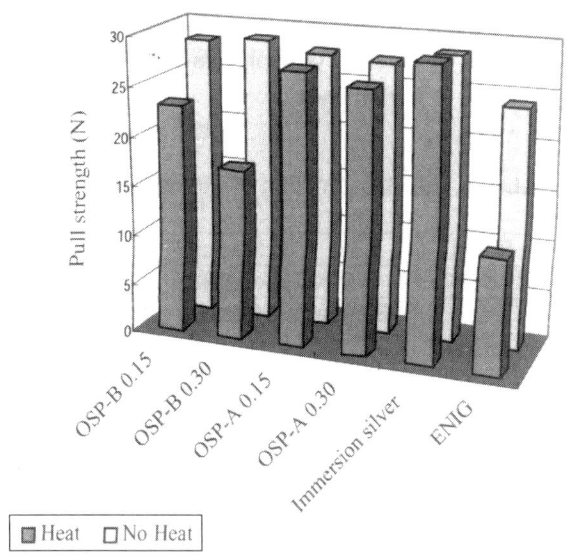

그림 3.193 lead-free solder의 solder pull strength

위 그림 3.192, 그림 3.193은 Tin-lead와 Lead-free solder의 finish 종류별 pull strength를 서로 비교한 data이다.

Tin-lead와 lead-free의 차이는 거의 없음을 알 수 있다. 또한, EING의 Pull strength가 낮음도 알 수 있다.

3.20.9 결론

1) OSP의 활성 성분은 OSP의 내열성을 향상시켜주는 중요 성분이며, lead free solder의 접속 부위에 중요하다.
2) BGA의 열 처리 조건에 맞는 OSP가 개발 되었다.
3) plasma방열 처리 시 OSP두께 조절이 중요하다.
4) OSP는 열처리 후 Tin-lead solder의 접속에서 pull strength가 우수하였다. 특히, ENIG와 비교 시 차이가 큼을 알 수 있었다.

3.21 고주파 신호 손실에 미치는 finish 처리효과

3.21.1 재료와 신호 손실

1) 신호에 영향을 미치는 특성으로는 전도도(conductivity), 유전율(permittivity), 유전정접(dissipation factor) 등이 있다.
2) 회로는 낮은 저항을 가져야 하며 그것은 회로 형태, 폭, 균일한 두께 등이 관여한다.

3.21.2 Surface finish

1) HASL

가장 대중적인 방법으로 dip또는 conveyor방식에 의해 Hot Air를 불어서 solder를 coating하는 것으로 pb 규제 및 변화폭이 큰 표면 형상이 문제로 떠오르고 있다.

2) OSP(organic Solderability perservatives)

얇은 전도성이 없는 유기화합물을 coating하는 방식으로 고속 신호전송에 적은 영향을 끼치는 것으로 알려져 있다.

3) EING(Electroless Nickel immersion Gold)

촉매처리된 Cu위에 2층의 금속을 coating하는 방식이다.

① Gold는 낮은 접촉 저항과 특출한 평면, 양호한 wetting 성을 갖고 있다.
② Nickel은 Cu에 Au의 확산 방지 활충층으로 작용하며 무전해 Ni/p은 불필요한 자기특성과 Cu, Au, Ag보다 낮은 전도성을 가질 수 있다.
③ 고속 신호 유지는 Ni층의 두께 및 회로에 관련이 있다.

4) immersion silver

0.15~0.50μm의 Ag(은) coating하는 방식으로 다음과 같은 특징을 나타낸다.

① 유기물질이 Ag와 함께 coating이 된다. 이것은 Ag의 산화 및 migration되는 것을 방지하기 위함이다.
② 장점으로는 얇은 두께로 coating되므로 고속 신호에 큰 영향은 없다.
③ 편편한 표면 형상과 접촉 표면 성능이 우수하다.

5) finish coating의 두께

finish coating의 두께는 PCB 회로 전송 Line을 통한 전류흐름의 Skin depth 효과로 고주파 신호에 중요하다.

여기서, Skin depth는 신호 주파수, 도체 재료에 따라 변화한다.

도표 3.46 | PCB 금속의 저항

Copper	1.7uΩ · cm
Gold	2.4uΩ · cm
Nickel	7.4uΩ · cm
Electroless Nickel Phos	55 - 90uΩ · cm
Silver	1.6uΩ · cm
Tin	10.9uΩ · cm
Sn60Pb40 Solder	17.0uΩ · cm

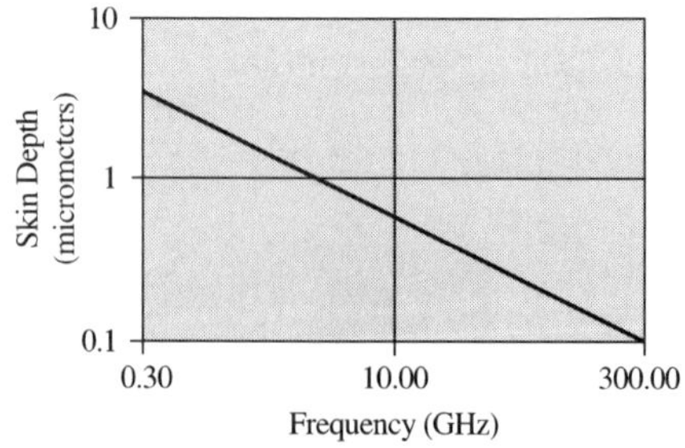

그림 3.194 증가하는 GHz(주파수)에 따른 Skin depth

위 그림 3.194에서 알 수 있듯이 주파수가 증가함에 따라 Skin depth가 감소하는 것을 알 수 있다. 이것은 고주파로 올라감에 따라 Skin depth의 두께가 미세하게 영향을 미침을 알 수 있다.

3.21.3 high speed Laminates

도표 3.47 | Laminate 재료특성

Property	FR-4	RF-35	TLY-5
Permittivity	4.5+/-0.2	3.5+/-0.1	2.2+/-0.02
Dissipation Factor	0.02	0.0018	0.0005
Moisture Absoption	0.20%	0.02%	0.02%
Peel Stength lbs/inch	>8.0	>10.0	>12.0
Flammability	94V-0	94V-0	94V-0

위 도표 3.47에서 보면 FR-4 보다 RF-35, TLY-5가 유전율과 유전정접이 낮아 고속 신호 전송에 맞는 적층판임을 알 수 있다.

여기서 FR-4는 epoxy/woven glass이고, RF-35는 Ceramic filled PRFE/woven glass이며 TLY-5는 PTFE/woven glass로 되어 있다.

1) 실험

① 세 가지 재료로 microstrip transmission Line을 제작한다.
② 다섯 가지 재료로 finish 처리하여 손실 특성을 비교한다.

2) 실험 항목 제조

① OSP
② HASL
③ Low ENIG
④ High ENIG
⑤ immersion Ag

3) 전기적 측정

TDR을 적용하여 각 시편을 측정하였다.
그림 3.195는 TDR M/C를 보여주고 있다.

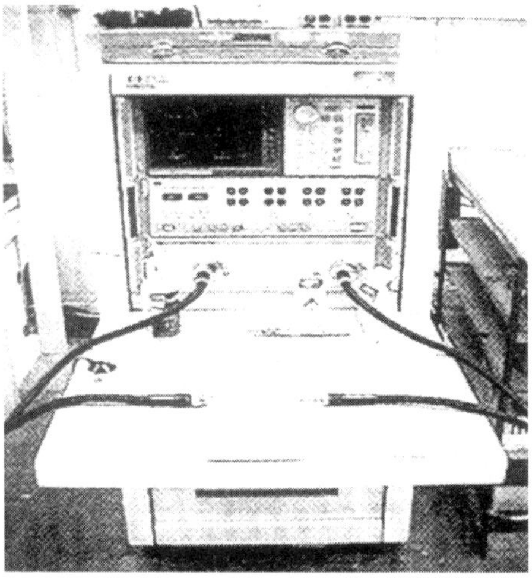

그림 3.195 TDR 측정기

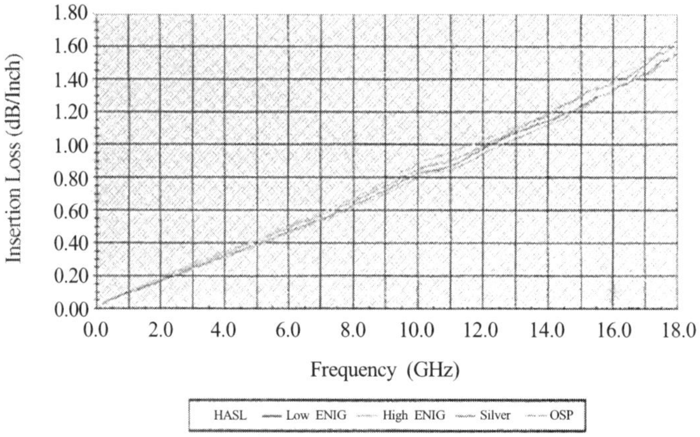

그림 3.196 Test 보드 측정 모습

위 그림 3.196은 Test 보드의 손실 특성을 TDR M/C을 이용해 측정하는 모습을 보여주고 있다.

3.21.3 결과

도표 3.48은 재료별 신호 손실 과 finish 처리 후 손실률을 보이고 있다.

도표 3.48 | 재료와 finish Loss (dB/inch)

	Loss at 10 GHz	△ Due to PCB finish
FR-4	0.80 – 0.89	0.086(10.2%)
RF-35	0.31 – 0.33	0.020(6.2%)
TLY-5	0.20 – 0.24	0.037(16.7%)

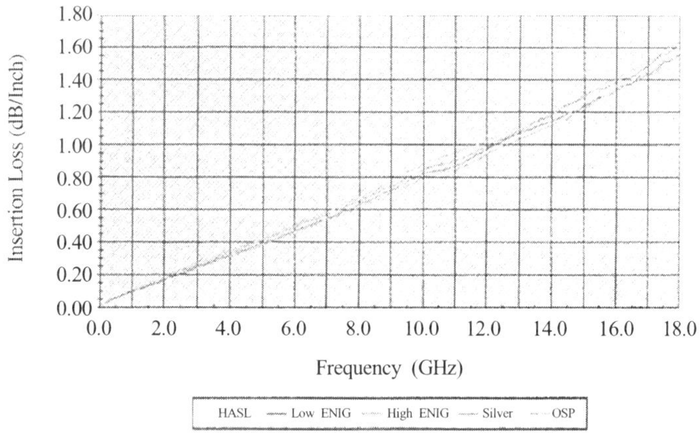

그림 3.197 Loss Vs. Frequency (FR-4)

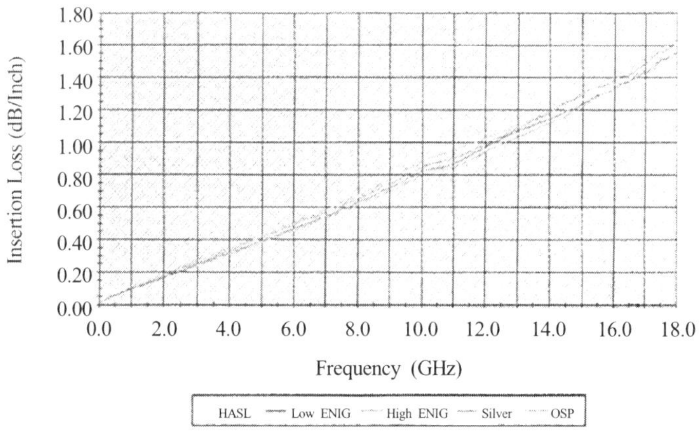

그림 3.198 Loss VS. Frequency (RF-35)

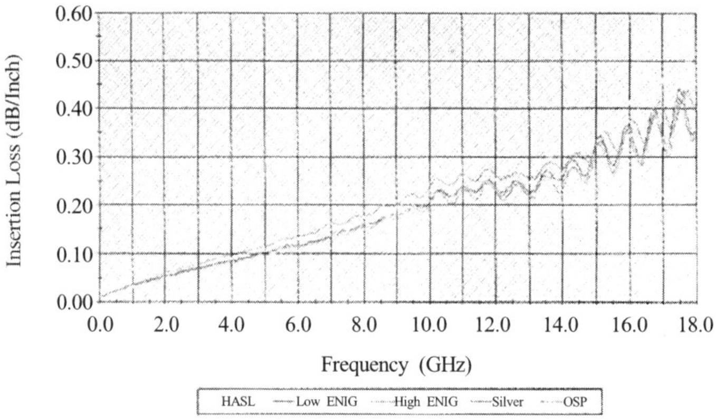

그림 3.199 Loss VS. Frequency (TLY-5)

위 그림 3.197, 그림 3.198, 그림 3.199는 Lanminate 종류별 및 finish 처리별 주파수 변화에 따른 전송 손실률을 나타내고 있고 이로 인해 알 수 있는 것은 TLY-5 〉 RF-35 〉 FR-4 순으로 손실률이 Finish 처리에 관계없이 낮음을 알 수 있으며, finish 처리별은 근소한 차이를 보이고 있었다.

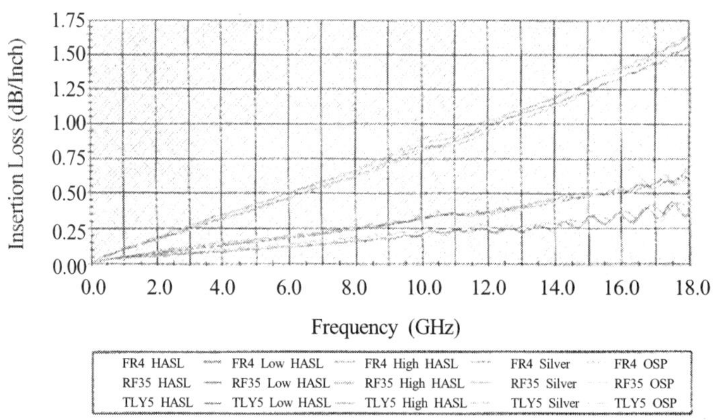

그림 3.200 종합 data

3.22 Selective Direct Metallization process

3.22.1 개념

polymer Base, Carbon Base, pd Colloid Base로 무전해 동도금을 하지 않고

Through hole을 형성시키는 도금 공법이다.

3.22.2 HDI microvia 제조의 특수 요구

1) Small ∅(∅0.25 이하) Via hole 인 경우 Direct Metalization 이 효과적이다.
2) Conductive polymer는 도금 두께가 매우 얇고, 높은 Throwing power를 지닌다.
3) 일부DM은 BMV에 취약(후속 처리인 etch cleaning 필요)한 반면, Conductive polymer는 Selective Coating이 가능하므로 유리하다.

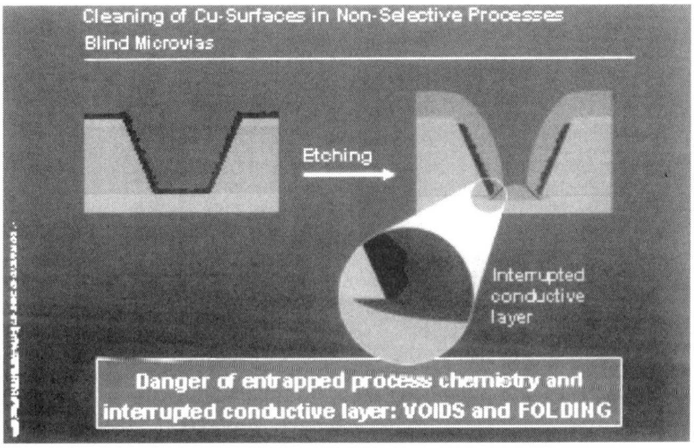

그림 3.201 Non Selective process와 발생 가능한 Microvia 결함

위 그림 3.201은 Non Selective process의 Etch cleaning 공정을 거치면서 BVH와 내층부위의 Void 및 folding이 발생하는 문제를 보여주고 있다.

3.22.3 Conductive polymer

1) process

conditioning -> oxidise(permanganate) -> polymerization으로 완료된다.

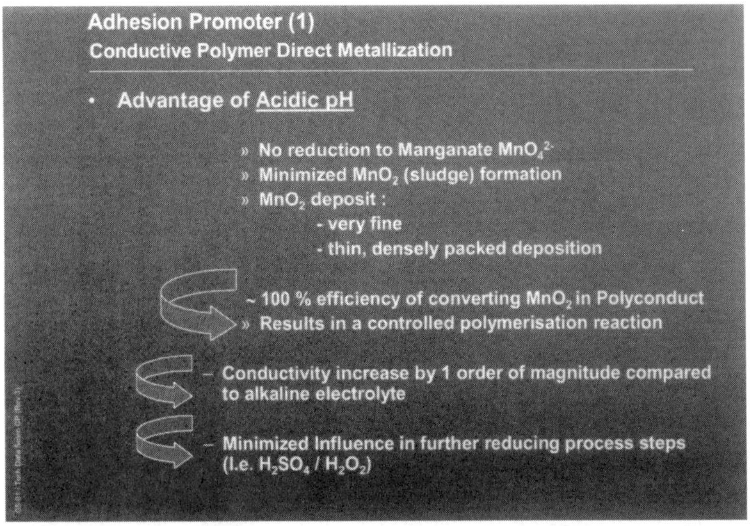

그림 3.202 산성 permanganate adhesion promotor의 장점

2) PH를 유지하기 위해 Buffer system을 사용하여 Low 저항을 유지할 수 있다.

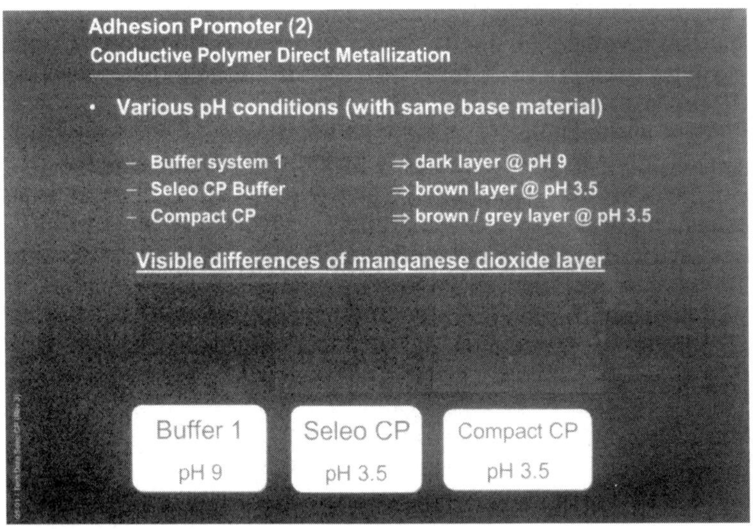

그림 3.203 여러 조건에서 형성된 MnO_2의 외관차이

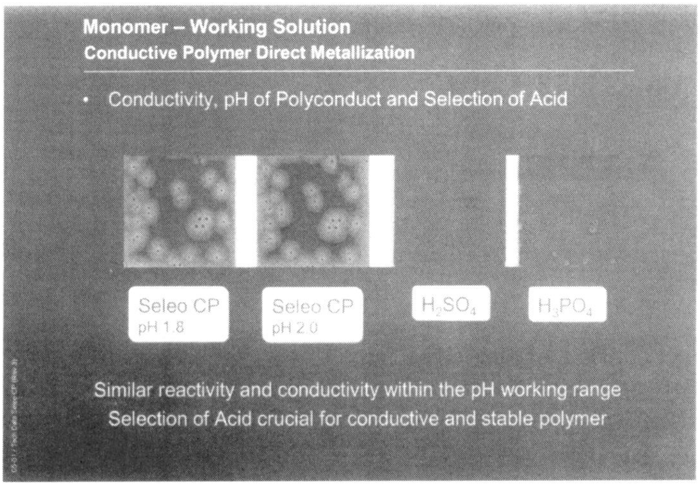

그림 3.204 전도성과 산의 선택

3.22.4 conductivity

중요 factor로는 아래와 같다.

1) adhesion promotor : PH, 안전성, Buffer, 전극의 화학적 특성에 관여한다.
2) polyconductor : PH, 산의 종류에 의해 결정된다.
3) Chemistry의 조합 : adhesion promotor + polyconduct가 중요하다.

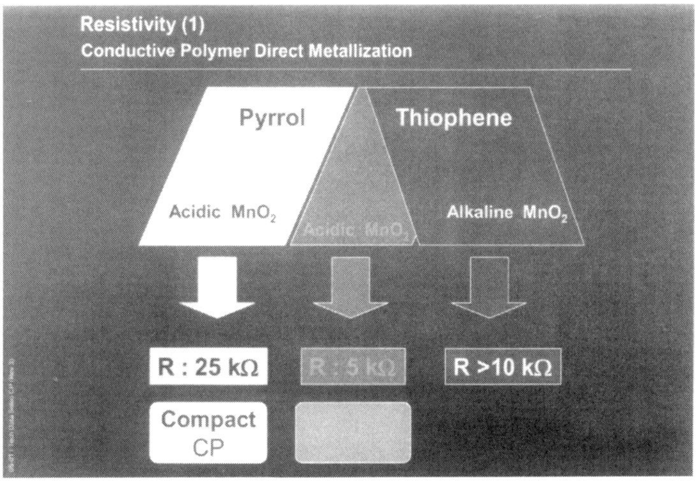

그림 3.205 monomer와 adhesion promotor의 PH의 다른 조합

3.23 New etch Technology

3.23.1 개요

1) 현재 PCB의 고 기능화와 소형화로 CSP, MCM 등의 개발이 이루어지고 있다.
2) 결국 회로의 Line/Space가 협소화되고 있다.
3) Bare chip mounting을 위해 Line 폭/길이가 단축되는 추세이다.

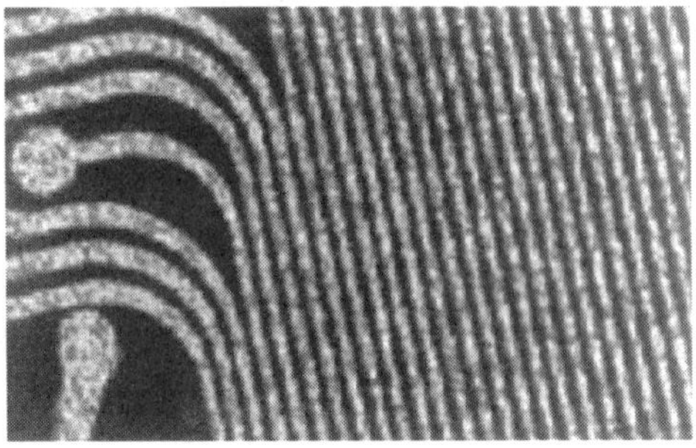

그림 3.206 Line/Space(18/18μm)인 Chip mounting 용 Test Patterns

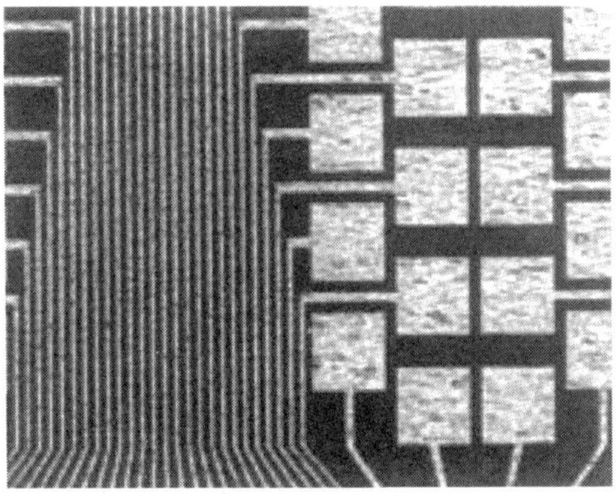

그림 3.207 Line/Space(10/10μm) Test Patterns

위 그림 3.206과 그림 3.207이 대표적인 Chip mount용 Test pattern들을 보여주고 있다.

4) Impedance Control을 하기 위해서 Line 폭 변화율을 최소화할 필요가 있다.
5) fine Line 달성을 위해서 New etch process가 필요하다.

3.23.2 New etch process의 필요성

1) 현재의 Subtractive 공법으로는 Controlled 된 etch process로 75 ~ 50μm space 폭이 한계가 있다. 또한, etch rate/방향성은 space 폭과 깊이의 비(aspect ratio)에 크게 관련이 있다.
2) conveyor system의 spray etching의 문제점

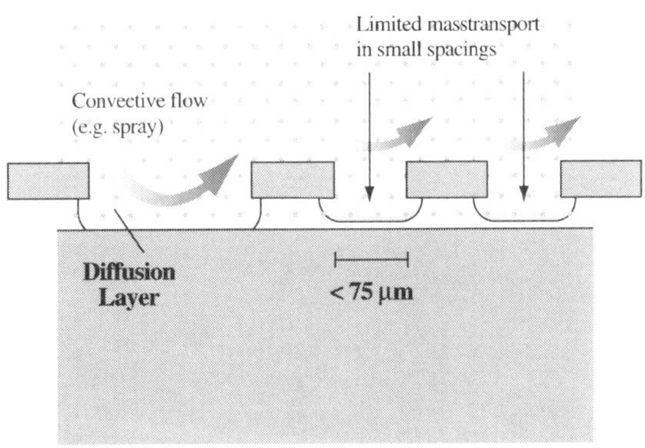

그림 3.208 spray etching 시 space의 etchant의 flow 현상

위 그림 3.208은 spray system에서의 space의 폭에 의해 fluid의 flow 문제점을 보여주고 있다. 즉, space가 좁은 영역에서는 확산층이 제대로 형성이 안 되서 etching이 제대로 안됨을 보여주고 있다.

3) spray 시 PCB의 상·하면의 etching의 flow 원리, 흐름의 차이, resist의 두께, 기계적 구조, 패턴의 형상(밀집/고립) 등 많은 변수가 작용한다.

저자약력

김형록

1989년 인하대 물리학과 졸업

1989~1996년 (주)한일써키트 기술부 근무

1997~1998년 영익무역(주) 기술영업팀장

1999~2000년 주양전자(주) 기술부장

2005년 청운대학원 공학석사학위 취득

2001~현재 혜전대학 디지털 전자디자인과 교수

정가 15,000원

최신 PCB 회로 기술학

2008년 1월 30일 초판 인쇄
2008년 2월 6일 초판 발행
저 자: 김형록
발행자: 우명찬 · 송 준
발행처: 홍릉과학출판사
주 소: 서울시 강북구 수유5동 455-60
142-885
등 록: 1976년 10월 21일 제5-66호
전 화: (02) 999-2274, 996-8341, 903-7037
팩 스: (02) 905-6729
e-mail: hongpub@hongpub.co.kr
http://www.hongpub.co.kr